贝克欧洲史 － 03
C. H. Beck Geschichte Europas

Bernd Schneidmüller

Grenzerfahrung und monarchische Ordnung: Europa 1200 –1500

©Verlag C.H.Beck oHG, München 2011

Arranged through Jia-xi Books Co., Ltd. / Literary Agency.

封面图片为《查理大帝》，现藏于Germanisches National Museum；

封底图片为《卡塔兰地图》，现藏于Bibliothèque Nationale de France。

〔德〕贝恩德·施耐德穆勒—著

Bernd Schneidmüller

边境体验

君主秩序 和

GRENZERFAHRUNG

UND

MONARCHISCHE

ORDNUNG:

EUROPA 1200-1500

1200~1500年的

欧洲

刘 博—译

社会科学文献出版社
SOCIAL SCIENCES ACADEMIC PRESS (CHINA)

丛书介绍

"贝克欧洲史"（C.H.Beck Geschichte Europas）是德国贝克出版社的经典丛书，共10卷，聘请德国权威历史学者立足学术前沿，写作通俗易读、符合时下理解的欧洲史。丛书超越了单一民族国家的历史编纂框架，着眼欧洲；关注那些塑造每个时代的核心变迁，传递关于每个时代最重要的知识。如此一来，读者便可知晓，所谓的"欧洲"从其漫长历史的不同阶段汲取了哪些特质，而各个年代的人们又对"欧洲"概念产生了何种联想。

丛书书目

本卷作者

贝恩德·施耐德穆勒（Bernd Schneidmüller）是鲁普雷莱希特－卡尔斯－海德堡大学（Ruprecht-Karls-Universität Heidelberg）的教授，主讲欧洲中世纪历史，已出版《中世纪的皇帝》（*Die Kaiser des Mittelalters*）、《中世纪的德意志统治者》（*Die deutschen Herrscher des Mittelalters*）等著作。

本卷译者

刘博，2010年毕业于曼彻斯特大学，现定居英国，从事慈善业。兴趣广泛，十年前因热爱而自学德文，此后机缘巧合，有幸成为本书译者。INFJ，爱猫。

目　录

第一章
1200 年前后的欧洲

1 欧洲：一言难尽的历史

在中世纪后期，"欧洲"（Europa）既不是一个有着明确边界的地理空间，也不是一个政治意义上的价值体系。如同所有宏大的秩序概念，"欧洲"这一概念也被使用它的人赋予了完全不同的意义。"欧洲"这个词成为一种可以为各种不同目的所用的词语。人们不必为"欧洲"这一概念的含糊不清而感到遗憾，因为一个基础概念一旦在文化研究中被精确地定义，那么它的用法也就被固定了。而只有那些在历史和文化的变迁中能够不断承载新的意义的符号才会成功地流传下来。因此本书的开头并未给"中世纪后期的欧洲"下一个精确的定义。本书的原则是坚持以下这个信念，即"欧洲"这个概念一直在追随变化不断的观念，至今仍然如此。这一点既适用于中世纪时或并存或先于其存在的术语，也适用于其后数百年来的语义变化。

我们对于历史的关注源于我们对当下的体验，这种体验潜移默化地影响了我们对于过去的描述。这一点特别适用于对历史的排序和对个别传统的偏好。设若欧洲分别在 13 世纪和 15/16 世纪被卷入了蒙古帝国（Mongolisches Reich）和奥斯曼帝国（Osmanisches Reich）的大一统，那么现在我们就不会书写关于欧洲历史的书籍了。欧洲旅行家们"发现"新

8　世界，进而欧洲诸国跨越大洲不断扩张，随之而来的"欧式"规则、价值和解释模型一度统治着世界上的大片地区。在频繁交替的融合与排挤的历史背景下，现代欧洲共同体逐渐发展形成——这一切都唤醒了人们希望重建历史基础以及揭示先决条件的热情。

直截了当地展现从过去到现在这种线性化的历史进程如今正在被质疑，这种质疑是合理的。或许正是历史学家人为创造了历史中的因果关系，或许他们的概念和模型扼杀了真正的过去，而后才使得一条清晰的从昨日到今日的时间脉络显现出来。后殖民主义主张审视西方世界的文化模式，将欧洲"地方化"。因此，差异、非对称性、非主流道路、倒转、偶然性事件以及突变——这些都要重新去发现。如此就形成了人们对于历史的一种新的尊重。历史不再仅仅被解释为后续时代的先决条件，而是出于其自身固有的尊严被人们接受。

历史的书写定然难以从古为今用中解脱出来，因为人们对于历史的兴趣并不能脱离时代的存在。然而如今历史学家面对中世纪后期的欧洲，书写其历史却不再仅仅出于探究此欧洲作为21世纪欧洲的先决条件以及两者之差异的目的。现在，引领他们认知的是这样一种愿望：揭示诸多异类性，斩断那些过于顺滑的历史线性脉络及因果关系，最终抛弃那种将整个时代同质化的做法。

"欧洲"这个词在中世纪后期并不意味着一个在政治上、文化上或宗教上统一的概念。甚至在"欧洲"的空间范围上，历史学家的看法都大相径庭。许多地图各不相同或者彼此交叠。无论作为哪种主题，"欧洲"这个概念对于同时期的人来讲都是不适用的。如若人们在1200~1500年的羊皮卷和纸卷

9　中探寻"欧洲"这个词的内涵，虽然不会遇到一个空集，但用到这个词的地方却也寥寥可数了。"欧洲"这个词在中世纪末

才被极少数重量级的作家赋予实在的意义。这些罕见的凭据今日却被经常引用，因为它们看上去适宜于二战后欧洲命运共同体的构建。与之相对的是，大部分中世纪后期的各类著作对"欧洲"这个词的用法是回望过去的——回望的是古典时期和中世纪初的神话或学院式的定义。

即使是地理意义上的边界划分，欧洲也仅在三个方向上得以确认。南边以地中海（Mittelmeer）为界，将欧洲与非洲（Afrika）分隔开；西边的大西洋（Atlantik）则形成了"大地之尽头"（finis terrae）；斯堪的纳维亚（Skandinavien）自公元9世纪"基督化"以后也定然属于欧洲，而此前的民族志的作者们仍记载着哥特人（Goten）自斯堪的纳维亚来到欧洲，此后欧洲大陆在北方即与"永冻之海"接壤（语出圣依西多禄/Isidor von Sevilla）。

然而对于东部界线的看法，目前仍不统一。在现代的世界地图上，欧洲看起来就像广袤的亚洲大陆的一个"零头"，人们并不能找到一条自然的分界线来表明欧洲这个"小附件"是从哪里开始的。于是人们对亚洲和欧洲的分辨就建立在文化设定上。这种分界法通过不断的重复才形成了人们地理上的认知，而这种认知对于13或14世纪的中国人的世界观来说恐怕是陌生的。

西哥特主教（Der westgotische Bischof）圣依西多禄（卒于公元636年）在其伟大的拉丁中世纪教科书《词源》（*Etymologien*）中将自亚速海边的麦欧提斯沼泽（Mäotische Sümpfe am Asowschen Meer）起，越过顿河（Don）至萨尔马提亚海（Sarmatisches Meer，即波罗的海）的这一条线称为欧洲的东部边界。而在学者们的意识中，欧洲东部长久以来都是以顿河为界的。恩尼亚·席维欧·皮可洛米尼（Aeneas Silvius Piccolomini）——教宗庇护二世（Papst Pius Ⅱ.，卒于公元 1464 年）——追随了圣依西多禄的权威，在他对于亚洲和欧洲的描述中这样写道："欧洲与亚洲通过一条山脉相连接，它绵延于麦欧提斯沼泽和萨尔马提亚海之间，直至顿河发源地。"[1]

10

亚、非、欧三大洲的边界是一个反复被讨论的话题。威尼斯僧侣弗拉·毛罗（Fra Mauro，卒于公元 1459 年）在他的世界地图中将尼罗河（Nil）描述为亚洲和非洲的分界线，却不太愿意去断定亚洲和欧洲的分界线在哪里："关于大地的划分，即亚洲、非洲和欧洲的分界线问题，我在诸多宇宙志研究者和历史学家那里发现了如此多样化的观点，以至于超出了我能言说的范围。古时希腊人和罗马人断定……尼罗河隔开了亚洲和非洲，塔内斯河（Tanais，即现在的顿河）隔开了欧洲和亚洲……另外一些人表达了现代的观点，他们的考量是，汇入里海（Kaspisches Meer）的艾迪尔河（Edill，即现在的伏尔加河 /Wolga）比塔内斯河的源头更靠近北方，因此他们认为这条河流更适合作为欧洲和亚洲之间的边界线。第二种观点似乎更清晰、更有说服力，而且比起前一种划分方式其所需要的虚构的线条更少。我不会去讨论这种划分方式的细节，不过我认为指出这种更接近真相的观点是合理的。"[2]

顿河以东的地区，在马丁·瓦尔德泽米勒（Martin Waldseemüller）或者杰拉杜斯·麦卡托（Gerhard Mercator）于 16 世纪所做的大地图册上是不属于欧洲的。尚未有定论的是，这样一种划分仅仅是由于他们对"偏远之地"缺乏兴趣还是因为罗马天主教和东正教的信仰共同体之间的分歧。基督教与欧洲的渐进融合完全可以被考虑为边界变动的缘由。在 15 世纪，波兰和匈牙利作为对外的"基督教的堡垒"（antemurale christianitatis）被极度赞誉。1572 年，在纽伦堡（Nürnberg）出版的亚伯拉罕·奥特柳斯（Abraham

Ortelius）的地图集将莫斯科公国（Moskowien）毫不含糊地归于欧洲，而乌拉尔（Ural，Zona mundi montes）还居于亚洲之中。[3] 直到 18 世纪，随着俄罗斯帝国的扩张，欧洲的边界才被推至乌拉尔一线。

　　与俄罗斯扩张欧洲东部边界相对的当然是奥斯曼帝国苏丹穆罕默德二世（Sultan Mehmed Ⅱ.）的大军于 1453 年征服君士坦丁堡（Konstantinopel）。即使在土耳其人的传统中，他们也依然长期保持着"君士坦丁堡"或者"拜占庭"的旧称，直到 20 世纪，"伊斯坦布尔"（Istanbul）这个名称才被正式引入。数百年来，拜占庭帝国一直是古罗马帝国的唯一继承者，并将欧洲与亚洲连接在一起。这种高傲的自信帮助拜占庭挺过了历史上的所有灾难直至 15 世纪中叶，这也让欧洲与亚洲之争显得毫无必要。直到基督徒失去了博斯普鲁斯海峡（Bosporus）边的这座备受尊崇的帝都，拉丁基督教会的"欧洲"观念才受到了持久的影响。

　　虽然奥斯曼帝国的统治自 14 世纪起就已扩张至东南欧，但欧洲与亚洲仍以博斯普鲁斯海峡为界。然而，拜占庭帝国的灭亡导致基督教丢掉了欧洲东南部的前哨，这使得拉丁礼①欧洲忧心忡忡。1054 年以后，罗马教宗（Papst）和君士坦丁堡的牧首（Patriarch）关于基督教中的正统地位和排位的矛盾一直处于不可调和的状态。所有为了消除西方教会和东正教会之间分裂的或暴力或和平进行的努力也都失败了，即使 1453 年君士坦丁堡的陷落迫近眼前。西方教会立刻意识到了来自奥斯曼帝国的伊斯兰教的威胁。如此一来，出于政治和宣传的需要，拉丁礼欧洲将基督教与欧洲画等号的做法进一步加剧了。

　　把一种宗教与一个大洲绑定在一起的做法无论在《圣经》

---

① 拉丁礼是基督教礼仪的一种，于拉丁礼教会（又称西方教会）中通行。——编者注

11

的《新约》中还是在基督教的历史中都是没有依据的。毕竟《圣经》中的大使命是将福音传与普天下万民听的。基督教的扩张是从巴勒斯坦开始的，也就是说从亚洲开始，蔓延至欧洲和非洲。直到 7 世纪伊斯兰教的胜利进军，才使得基督教主要局限于欧洲。而即使如此，基督教在亚洲和非洲的传承一刻也不曾完全中断。几个世纪以来基督教的福音帮助基督教会攫取了中东欧、北欧和西欧，并在东欧取得了最后一次显著的成功——立陶宛（Litauen）在 14 世纪改宗为基督教。

12　　　虽然各种学说都把欧洲封为基督教大陆，但中世纪后期的欧洲事实上并非如此。在基督徒生活的区域也有许多犹太人群体。在边缘地区，伊斯兰教或维持现状或持续发展，在巴尔干（Balkan）地区，伊斯兰教不断寻求扩张，在东欧和伊比利亚半岛（Iberische Halbinsel）南部也是如此（直至1492 年）。这三大一神教的并存、冲突以及交融，最近越来越被看作欧洲历史的基石。而关于多神的异教，研究者对其系统化的融入却认识不足。今日欧洲广大地区异教化的发展或许可重新唤起研究者对于这方面研究的重视。直至进入中世纪后期，欧洲各民族不得不与异教的持续影响力互相较量（古普鲁士人、立陶宛人），而且要把自己信仰异教的史前史融入本民族的叙事中。成书于 13~15 世纪的《法兰西大编年史》（*Grandes Chroniques de France*）、维杜金德·冯·科维（Widukind von Corvey）于 10 世纪所著的《萨克森人事迹》（*Sachsengeschichte*）和萨克索·格拉玛提库斯（Saxo Grammaticus）于 12 世纪所著的《丹麦人事迹》（*Taten der Dänen*）都有意识地把异教信仰的往事与后来基督化的民族史连接在一起。此外，希腊的异教哲学和政治学说也成为对中世纪后期思想史的发展尤为重要的推动力。自 12 世纪起，高等学院和大学的基督教学习课程吸收了亚里士多德的相关思想内容——这是最明显的例证。

从 11 世纪到 15 世纪，与这种向自身异教传统回归的趋势相对立的是异教徒在宗教战争以及基督教传教活动中的体验。长期以来，西方编年史一直误认为穆斯林是偶像崇拜者。因此，看似是多神教信众的穆斯林被归为异教徒（pagani）。穆斯林信仰一神的这种见解仅部分地被西方人接受，而且他们对此并未形成一种合适的称谓，以便使穆斯林与简单的异教徒标签区别开来。基督徒在内部的争端中也喜欢通过指控为异教来污名化他们所憎恶的族群［比如迦他利派（Katharer），施泰狄根农民（Stedinger Bauern）］或个体。在波罗的海地区，基督教的传播更是经历了挫折和反复。拉脱维亚神父亨利希（Der Lettenpriester Heinrich，卒于公元 1259 年后）讲述了刚刚改宗的利沃尼亚人（Liven）是如何用道加瓦河（Düna）的水进行洗礼的，以此来把令人厌憎的基督教的仪式送回德国去。[4]

近年来，历史研究的兴趣点从传统上被认为是欧洲核心区域的地区转向了那些边缘社会。它们与敌为邻，经历了交流、排斥与挤压，如西南欧的卡斯蒂利亚（Kastilien）、东南欧的塞尔维亚（Serbien）或东欧伏尔加河畔地区。这些"复合"的、混杂的文化明确地反映出必须要修正以往人们认为欧洲是一个拥有统一的基督教文化的大洲的旧观点。跨文化——对于持续的影响力与反影响力叠加、转变的认知——取代了固定模块的认知。非对称或者不对等的模型比起旧有的中心与边缘、历史上有影响力的地区和边缘地区、主动创新与被动接受的地区的等级结构更有助于评估欧洲的多样性。

那么，欧洲不是基督教之地吗？任何一个在中世纪末期从欧洲大陆的边缘观察欧洲大陆的人，只要不把那些小规模犹太社区忽视掉，都会对这个问题给予肯定的回答，即使当时欧洲绝大多数人是受过洗礼的基督徒。而在西方基督教的古老核心中，出现了另外一种观点。恩尼亚·席维欧·皮可洛米尼的话很有名。1453 年君士坦丁堡被攻陷后，他的应对措施是创造了"欧洲人"（Europaei）这个概念，并援引了天主教信仰中的欧洲命运共同体这一概念。他在 1454 年的土耳其演说（Türkenrede）中将欧洲包装为一个统一的祖国、自己的家园、自己的居所。

这些话是为了激励人心。因为在君士坦丁堡沦陷之后，基督徒的五座圣城中有四座落入了伊斯兰教的统治之中——耶路撒冷（Jerusalem）、安条克（Antiochia）、亚历山大（Alexandria）和君士坦丁堡。罗马是基督教世界中仅存的一座圣城。出于对沦陷和威胁的深刻体验，皮可洛米尼在他对土耳其人的描绘中驳斥了关于法兰克人（Franken）与土耳其人（Türken）同源的法兰克古老神话。他不再认为土耳其人的祖先是特洛伊人（Trojanern），而是提出他们是斯基泰人（Skythen）的后裔。在如此坚决地撇清土耳其人与欧洲各族的亲戚关系的同时，他也将土耳其人作为奸淫、放荡无耻的亚细亚野蛮人排斥在欧洲之外。[5] 在这种新的"欧洲"思想中，皮可洛米尼将对于外来野蛮人的恐惧和对于自身作为天选之民的信仰统一起来。欧洲与基督教信仰的结合，最初是出于实用性的目的，即罗马教派和希腊教派的联盟。但随后，这种思想发展出了一种意识形态潜力，在其中形成了欧洲的使命感。16 世纪末，在制图师塞巴斯丁·缪斯特（Sebastian Münster）所制的地图的基础上诞生了一幅著名的地图画，画中欧洲是一个女性形象，与世界的其他部分分隔开来并被描绘成一位女王，这幅画名为《欧罗巴女王》（*Europa regina*）。

欧洲是真正的信仰和文化的庇护所，这一理念是在自 1453 年以后的危机中形成的，它伴随 16 世纪以后欧洲势力在全世界的成功扩张，以及将各民族分为文明民族和野蛮民族

14

的做法。然而，从中世纪本身并不能明确地推测出这样的发展轨迹。相反，具有排他性质的"欧洲"这一概念的工具化在当时既不明显，也不普遍。教宗庇护二世鼓动人心的话语受到欧洲内部的民族意识的抵触。另一个与之针锋相对的理念是不带感情色彩地将欧洲融入已知的三大洲共同的世界史中。当菲利普·德·科米纳（Philippe de Commynes，卒于公元 1511年）描述各势力的对抗时，他只愿讲述欧洲，因为对其他两部分，即亚洲和非洲，根本没有足够的了解。

因此，欧洲作为基督教守护联盟以一种向前的、激进的方式被孤立出来并非典型的情形。相反，典型的情形其实是欧洲融入整个世界，融入所有民族的历史。当时，天堂被认为处于东亚。埃伯斯托福地图（Die Ebstorfer Weltkarte，可能绘制于 1300 年前后）显示，天堂位于印度以东。在《新约》和中世纪预言中，基督教的救世史起源于耶路撒冷，也终结于耶路撒冷。而欧洲各民族——据民族志文本所记载——起源于漫长的人类迁徙。譬如神话中古罗马人的先祖、中世纪的法兰西人及其他许多共同体起源于亚洲的特洛伊，而萨克森人（Sachsen）或起源于传说中的亚历山大大帝（Alexander der Große）的军队，或越过远在云端的海洋来自北方（根据维杜金德·冯·科维的观点），或来自作为诸多民族发源地的斯堪的纳维亚［根据约达尼斯（Jordanes）的观点］。

对古代世界知识的接受和进一步发展，为起源于 7~15 世纪的关于欧洲是世界的一部分的开放思想奠定了基础。这一开放的欧洲图景的一系列组成部分值得仔细研究：（1）欧洲是三大洲之一，并且其面积占世界的四分之一；（2）耶路撒冷是世界的中心；（3）世界史的统一性；（4）各民族起源的一致性及其在历史过程中的分化；（5）历史上统治、信仰和知识的变迁；（6）移民是所有政治共同体的基础。

15

古典时期和中世纪的世界图景被划分为三大洲——亚洲、欧洲和非洲。世界地图将其以著名的"T"字形排列展示。亚洲占据了世界的上半部分，欧洲和非洲各自占据位于下方的四分之一。12 世纪以后，耶路撒冷一直是世界的中心。在此地，基督教救世史以耶稣基督的复活升天拉开了序幕。根据中世纪的末世论著作，此后终有一天，基督徒最后的王将使所有非基督徒改信基督，或使之灭绝，建立一个和平的国度，并带领信徒最终迁往耶路撒冷。上帝的永恒国度将从那里开始。这种整体性的解释对地理学和救世史的作用是决定性的。直到 12 世纪人们才开始对自身所在的欧洲大陆从东到西，从斯基泰到不列颠（Britannien）进行梳理。

《圣经》中将世界按照诺亚（Noah）的三个儿子——闪（Sem）、含（Cham）和雅弗（Japhet）——进行划分。圣依西多禄重新解释了民族谱系并将雅弗及其后裔定位于托鲁斯山脉（Taurus）向西延伸的地区，包括亚洲的一部分、整个欧洲以及直到不列颠的海域。在《圣经》的传统中，三个大洲上的三个族群共同组成了世界。12 世纪，人们从社会史和价值观史

图 1　圣依西多禄《词源》印刷本中的中世纪世界地图，1472 年

的角度分析地理，认为人类自太初以来以三种状态存在——自由民、武士及奴隶。自由民源于闪，武士源于雅弗，奴隶源于含。此时，欧洲人认定自己是武士群体，与他们的兄弟，即自由民亚洲人和被奴役的非洲人并列。这种解释模型自此之后在

图 2　基督持有以耶路撒冷为中心的世界，13 世纪作品，
藏于伦敦大英图书馆，编号 Add. MS 28 681

17

世界史中占有一席之地。中世纪盛期的拉丁神学家们自豪地宣扬他们作为欧洲武士的使命感，然而未曾预见到将来的后果。

中世纪盛期，关于欧洲是世界历史上最伟大的进步大陆的观念加入了这一整合模型。弗赖辛主教奥托（Otto von Freising，卒于公元 1158 年）的学说认为，统治、科学和敬虔的信仰是自东向西传播开来的，这最终使得欧洲变为政治、文化和宗教发展的集大成者。在此过程中，自巴比伦（Babylon）以后四个帝国接连出现，自东向西推进至最后一个帝国，即罗马帝国。罗马帝国起先抵达法兰克，随后又到达德意志。这种 12 世纪的发展模型将西方赞颂为历史的目标和顶点。在接受了古典一神教之后，中世纪欧洲在遥远的巴勒斯坦找到了自己信仰的根基及其历史进程在末世的终点站。

从诸民族与诸国的起源故事中，欧洲人也逐渐有了对漫长的迁徙的认识。存在于公元 6 世纪至 8 世纪的大法兰克王国（Die fränkische Großreichsbildung）终结了欧洲的古典时代，彻底改变了欧洲的面貌。欧洲的重心不再位于地中海地区，而是在高卢（Gallien）和日耳曼尼亚（Germanien）。建立一个恰当的起源学说，是法兰克人建立大业的一部分。正如罗马人用维吉尔（Vergil）所著的起源神话《埃涅阿斯纪》（Aeneis）解释自己的起源问题，自 7 世纪起法兰克人则推断自己的祖先来自特洛伊，并作为罗马人的兄弟民族跻身名门。他们的祖先离开特洛伊之后，据称经过了漫长的迁徙，并分成了两组：一组成为法兰克人——得名于国王法兰西奥（Francio）——并向欧洲腹地进发，另一组成为土耳其人——得名于国王托克特（Torcoth）——并留在了多瑙河畔。正是由于其祖先都来自特洛伊，法兰克人和土耳其人成了兄弟民族。

这样一个来自亚洲特洛伊的起源学说在当时是地位和权势的保障。同时它也传递了一种确切的信息：中世纪秩序是在民族迁徙的过程中建立并发展起来的。早在 6 世纪，史学家约达尼斯就已将殖民和占领土地描述为欧洲民族史的中心原则。"像蜂群一样"，哥特人离开斯堪的纳维亚"岛的怀抱"，向欧洲进发。由此，大陆北方成为"诸多民族诞生之地"。民族在人类迁徙和殖民聚居的过程中产生——这样的观点也被中世纪其他民族、共同体和王朝所认同。

《韦尔夫史》（*Welfengeschichte*）的作者（来自南德）于 12 世纪对韦尔夫王朝起源于特洛伊的观点提供了一个有力的论据："如果觉得这不太可信的话，就去读一读民族史吧。你会感受到，几乎所有国家都曾被武力征服，被外族占有。特洛伊人被赶出自己的领土后经常这么做，哥特人、阿兰人（Alanen）、匈人（Hunnen）、汪达尔人（Wandalen）以及伦巴底人（Langobarden）和其余各部落也同样如此，但最主要的是那些来自北方的部落。"[6]

这样的纪事与那些主张"欧洲堡垒"的人的现代思想格格不入。而钟情于将欧洲看作一个分隔于世界的欧洲以及认为欧洲有其独特性的人，在见到这些中世纪的纪事的时候，会感到失望。古籍向我们传递了那个世界及相应历史的持续的动态：在中世纪，整个欧洲及其中的各国、各文化之所以能够存在，是因为它们具有巨大的吸引力并乐于接受外来的民族和信仰。当时，在历史上留下胜利印记的是旅行者，而不是固守家园的人。欧洲的兴起不是一蹴而就的——它诞生于动荡、迁徙和征服之中。

至少中世纪欧洲的记忆是这样告诉我们的。只有当启蒙时期的近代欧洲人从古代的起源神话中摆脱出来时，这个时代的欧洲各民族才认为自己自太古以来就扎根于欧洲土地上。随后这块大陆成了现代文明史的源头和衡量所有文明的标杆。这两种解释——属于整个世界的欧洲和有着特殊地位的欧洲——

的转折点发生在 15 世纪末和 16 世纪，这个时代也产生了恩尼亚·席维欧·皮可洛米尼的先锋创举，即提出欧洲这一概念。曾经创造出辉煌文明的东方已沦陷，而南方与西方也面临攻击。在这种灾难的冲击下，欧洲学者们创立了新的叙事模式，即强调欧洲的独特性以及深植于故土的情节。

在中世纪至近代的转折时期，德意志的人文主义者们骄傲地抛弃了法兰西人将自身的起源往特洛伊靠拢的观点。在康拉德·策尔蒂斯（Conrad Celtis）看来，日耳曼人是"源居者"，自古以来就生于同一片天空下，长于同一块土地上。关于德意志的位置和德意志人的生活习性，他在公元 1500 年前后这样写道："未曾被战胜之民，盛名举世皆知，自古居于大地之弧形倾向北极之处。忍寒暑，耐劳苦，不容忍懒散度日。

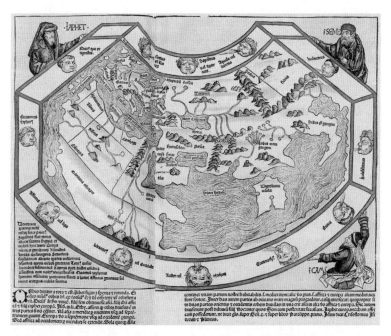

图 3　哈特曼·施德尔（Hartmann Schedel）世界编年史中的世界地图，1493 年

这是源居之民，并非起源于别处的异族，而是诞生于固有的这 [20]
一片天空之下。"[7]

从中世纪被广泛接受的迁徙而居的观点到近代德意志的
源居论，欧洲的起源学说经历了一条怎样的发展道路？第四块
大陆——美洲的发现，使世界的图景随之改变。在 16 世纪末，
欧洲脱离了与其他大陆的组合，并以女王的形象出现——现在
偶尔也如此。在近代之初，古老的特洛伊起源传统仍被诸王朝
或族群在其家谱结构中维持着。然而，民族和王国之间的竞争
消解了旧式的起源历史。自 17 世纪至 19 世纪，旧起源史完全
倒在启蒙时期的历史学家们的嘲讽之下。历史学家们尽情地揭
露世界史、救世史和世俗史的旧模式，以宣扬民族是人类天然
的生活方式。在他们看来，欧洲已成长为一个属于权力和民族 [21]
的大陆。

在殖民史之后的今天，全球史的新概念艰难地对抗着欧
洲和北美史学界为了理解世界而发展出来的解释特权，而后者
的学说、理论现在已然被普遍地接受了。对中世纪"欧洲"概
念的回顾有助于对这一概念的修正。中世纪的欧洲概念不认为
欧洲是女王，而是强调其在旧世界整体结构中的平凡地位。后
期"欧洲"概念被赋予的意义无论如何都不可能从中世纪谦卑
的观点中演绎出来。现代分隔于世界的欧洲的想法也同样找不
到历史的根基。过去的欧洲人所知道的其实是：所有重要之
物——宗教、文化和族群都来自移民。

整体与其部分的关系正如同欧洲与其各王国的关系。这
种紧张局势在中世纪晚期已经出现，但它也仅仅在例外的情况
下指向欧洲。这是因为普遍性的要求并不是基于欧洲大陆，而
是基于其他参照点。罗马—德意志的国王们本已脆弱的权力主
张并非以欧洲为中心，而是以罗马帝国的传统为基础。这个帝
国在古典时期将欧洲、亚洲和非洲这三个大陆连接在一起。经

过中世纪帝权的转变，帝国统治的范围自 10 世纪起缩减为阿尔卑斯山（Alpen）南北两侧。直到 1453 年，神圣罗马帝国（das römisch-deutsche Reich）还不得不忍受与拜占庭帝国的竞争。而这个自信满满的拜占庭帝国最终也只能统治博斯普鲁斯海峡周边的疆域及希腊的几块小平原。

教宗也从未将自己的权力局限在欧洲。教宗作为使徒之长彼得（Apostelfürst Petrus）的继承人将行政权威与教义权威扩展到整个基督教世界，并通过传教任务进而扩展到了全世界。11 世纪 /12 世纪以后，一个以罗马教宗为中心的等级制度在拉丁礼教会成功地建立起来。实际上，这仅限于欧洲的部分地区，包括西欧、北欧、中东欧、中欧以及南欧部分地区。

原则上，普世的有效性主张不可能集中于一个大陆。这也就解释了为什么在中世纪晚期"欧洲"这个词在政治上很少被使用。这个概念不符合任何基本理论，因为既没有支撑群体也没有机构需要"欧洲"。远远比"欧洲"更深入人心的整体性概念是基督教或者帝国。另外，"欧洲"不是作为一个整体而存在，而是由多元化的各部分组成。1288 年科隆大教堂神父亚历山大·冯·罗伊斯（Alexander von Roes）命名了欧洲四大帝国，但丝毫没有否认其邻国的独立性："欧洲有四大帝国，即东部的希腊帝国、西部的西班牙王国、南部的罗马帝国和北部的法兰克王国，而其他国家都在此四大国的庇佑之下存续。在此四大国之中有两个尤为重要，即罗马帝国和法兰克王国。"[8]

亚历山大将基督教信仰共同体等同于以欧洲为中心的罗马教会。与神圣的三位一体相类比，他列出了基督教的三大国，它们各自担负着不同的职责。他指出："由此论述可以看出，基督教，即罗马教会是人类的最高典范，因此，由基督教的变化可觉察出时代的变迁。现在，罗马教会共同体在欧洲拥有自

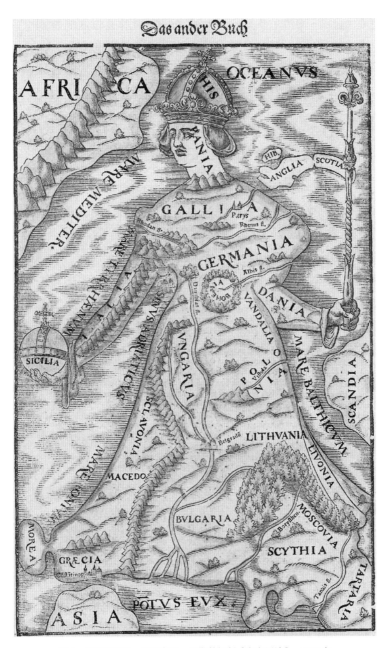

图 4　女王欧罗巴，塞巴斯丁·缪斯特新版《宇宙图论》，1588 年

己的地位，而其在罗马帝国和法兰克王国的地位尤为特别。这些国家可以划分为三部分：意大利、德意志和法兰西。因为三位一体的圣父、圣子和圣灵的意志就是由教宗、帝国和学府共同组成一个教会。因此，既然基督的信仰是由这三个权力——教宗、帝国和学府——来管理的，既然教宗在意大利维护这一信仰，帝国在德国维护这一信仰，而学府在法兰西通过宣教维护这一信仰，很明显，基督教的信仰团体是建立在这三个主要国家之上的。"[9]

在中世纪后期的政治概念中我们会碰到许多欧洲学者使用"祖国"（patria）一词。"祖国"可以指出生地、家乡、自身所在的王国。恩尼亚·席维欧·皮可洛米尼亦知晓这个词含义丰富。他称锡耶纳（Siena）为他的祖国，但也称德意志为自己的祖国。他当然知道，天上的祖国才是基督徒真正的家。而欧洲仅仅有一次成了他的"祖国"，但这仅有的一次就为欧洲进入近代指明了方向。因为在此之前，"欧洲"这个概念既没有得到情感上的认同，也没有成为政治上的工具。

在中世纪，"欧洲"对于那些使用这个词的人来说，是一个用法多样的概念。"欧洲"一词起源于希腊—罗马古典时期，作为腓尼基（Phönizien）公主的名字一直非正式地存在着，后来这个词进入了中世纪学校所教的知识中。这样一来，这个词变得易得易用，并且可以用来描述世界和历史。当我们用21世纪的视角去观察中世纪晚期时，首先必须要容忍"欧洲"这个词当时的用法与现在不同。当时，这个词尚未成为一个洲的代名词。

2　惯例中的所谓中世纪晚期：一个时代的划分

在本书中，笔者容忍了时间和空间上的模糊性。在描述了"欧洲"这个概念许多中世纪的用法之后，现在将"中世纪"或者"中世纪晚期"仅作为概念上的惯例加以介绍。在历史进程中，人们对于时代以及秩序的感知是随着时代的变化而变化的。其实，将某些特定的时期——由于其能够加速历史的进程——当作时代分界线或者马鞍型过渡期（Sattelzeit）的决定，并不是历史研究成果的结果，而完全是历史回顾性论断的结果。这些秩序成果所依照的标准是为人熟知的。然而，它们的合理性依然充满着重重争议。

划时代概念是对历史进程的反向建构。它们的有效性不是来自客观的合理性，而是来自整体的接受程度和人为的安排。由于历史每天都会变长一点，新的观点比如欧洲化或全球化正在重塑或者取代旧观点，每个时代都将不断发生变化。因此，时代边界所体现的更多是其创造者的想法，而不是以这些边界划分的那个时代本身的样貌。现在定义各大时代（古典时期、中世纪、近代早期、近代或者当代）的标准的前提是大幅降低历史的复杂性。在这一过程中，出现了后来对表象感兴趣的基本模式，这使得历史困于自身。

尽管以上内容使时代的划分从根本上被相对化了，但划分并非没有意义。它的作用是在看似纷杂的历史多样性中提供必要的结构，并区分哪些是相当快速的历史转变，哪些是普通的转变。只要它能够清楚地保持自己作为一种"构造"的特征，那么时代划分法就可以作为一种思考过去的惯例而存在。13世纪的人不太可能理解他们生活在中世纪，也不知道他们所生活的时期为什么属于"晚期"。因此，中世纪晚期是后人对那个时代的双重建构。而这对本书来说意味着什么？中世纪晚期作为时代的边界——作为仅仅基于公众认可的一种时代划分惯例——又是如何产生的呢？

这里所说的"中世纪晚期"是欧洲历史上从 1200 年前后

到 1500 年前后的三个世纪。选择使用大概的数字来说明时代的边界体现的是对精确边界日期的摒弃。回望之下，这更多体现的是关于延伸的过渡时期，这些过渡期形成了所选时间域的开端和结尾。所以，本书首先要考虑的是"中世纪"这个时代名称，然后是它的内部划分：早期和晚期，或者早期、盛期和晚期。

时代及其区分

26

长期以来，学术上习惯将 13 世纪至 17 世纪单独划分出来，一个关于中间时代或者中世纪的想法由此而产生并发展开来。这种划分源于欧洲，指向的是欧洲历史。这一点必须得到强调，因为后世将其平移到其他文化圈造成了巨大的、常常是不可克服的冲突。如果说这种时代划分的概念有用的话，那么它首先适用于欧洲历史。[10]

中世纪词语发展史与概念发展史的前半部分，延伸到处在争议之中的这个时代。一个被认为是新时代的时代，淘汰了被认为负面的中间时代。这样就产生了欧洲时代三部曲：古代—中世纪—近代。对古典文化的复兴是这三部曲的总方向。后世又赋予了 14 世纪至 17 世纪的某个转折点一种重生的特质（文艺复兴）。中世纪处于二者的间隙，因此它不得不忍受被污名化为黑暗、残酷、死气沉沉的时代。人们认为只有通过对个体的重新发现、打破狭隘的世界观、动摇牢固的等级制度或宗教教义才能将欧洲引向新的文化繁荣。虽然文化学研究已经在这个所谓的中世纪里发现了欧洲独特的文艺复兴现象，即加洛林王朝（Karolinger）时期或者 12 世纪时欧洲向古典教育传统的回归——但这对于改变中世纪欧洲固有的形象来说无济于事。

如此一来，根据文化差异而进行的观察就标记出这种常见的"中世纪—近代"时代划分法并一直持续至今。种种革命性的创新代表着 1450~1520 年欧洲发生的深刻变革，这种变革其实是——根据惯例——由多种元素引发的。以下列出历史转变中的加速现象（先后顺序与重要程度无关）：

·意大利人文主义的回归与复兴：（1）自弗兰齐斯科·彼特拉克（Francesco Petrarca）1341 年获得诗人桂冠以后在文学领域产生了文学天才的个体化倾向；（2）由契马布埃（Cimabue，卒于公元 1302 年前后）或乔托·迪·邦多纳（Giotto di Bondone，卒于公元 1337年）在绘画领域所开创的视角化和个人化的绘画技法。

·帝国延续模式的改变：（1）1453 年奥斯曼征服君士坦丁堡之后东罗马帝国覆灭，东正教的转变；（2）自 1508 年以后罗马—德意志的国王们不再遵守前往罗马举行皇帝加冕礼这一硬性要求。

·知识的民族化：（1）在民族背景下，人文教育理想得到越来越广泛的传播，民族归属的情感化倾向增强；（2）法国国王查理八世（König Karl Ⅷ. von Frankreich）于 1494 年进军意大利，标志着欧洲强权政治的到来。

·交流：西方对活字印刷术的革新（发生于德国的美因茨市，1448~1454 年），书本从手写到印刷的转变，使得人们读写能力提高以及知识的传播变得更加容易。

·实证探索改变了人们地理意义上的世界观：（1）葡萄牙人环绕非洲航行并到达印度（1498 年）；（2）克里斯托弗·哥伦布（Christoph Kolumbus）向西航行发现了美洲大陆（1492 年）；此前世界分为三大洲（亚洲、欧洲、非洲），后扩展到了第四块大洲——美洲；人类实现了环球航行（1521 年）。

· 天文学意义上的世界观、时间观念的转变：（1）尼古拉·哥白尼（Nikolaus Kopernikus，卒于公元 1543 年）的日心说取代了地心说，太阳成为诸行星之中心，地球失去了万物中心的地位；（2）彼得·亨莱恩（Peter Henlein）发明可随身携带的怀表（1510 年），从而使人们更加容易获知时间。

· 拉丁礼基督教中宗教等级制度的瓦解：（1）罗马教宗的教义权威与行政权威被打破；（2）自 1517 年以后改革派教义认为，每一个基督徒无须中间媒介都能来到上帝面前，并且仅承认《圣经》的权威［改革派主要人物包括马丁·路德（Martin Luther）、菲利普·梅兰希通（Philipp Melanchthon）、乌尔里希·茨温利（Ulrich Zwingli）、约翰·加尔文（Johannes Calvin）］；（3）天主教与改革派在教义方面持续竞争；（4）新教地区教会的确立及宗派化。

如果从这些因素对中世纪欧洲和近代欧洲之间的传统时代界限的意义这一角度来看，那么文化和政治特色以及鲜明的"欧洲中心主义"就凸显出来了。这既是优点，也是缺点。欧洲人的世界观、宗教观念和政治理念在 1450~1520 年确实经历了深刻的变革，这些变革也通过欧洲势力的扩张不断增强欧洲在整个世界的影响力。

而在社会进步和经济发展层面上，却无法观测到类似的加速过程。土地与官职的封建世袭制在 15 世纪至 16 世纪的转折时期之后依然存在，同样，守旧的社会生活方式和生产方式也是如此。真正的革命性转折点在 18 世纪和 19 世纪之交才出现。20 世纪下半叶，法国和德国的研究主要借助所谓的马鞍型过渡期来区分前现代和现代。美国独立战争（发生于 1774 年）以及法国大革命（爆发于 1789 年）动摇了君主制的统治模式，废除了保障神职人员和贵族持续拥有特权的封建制度，并使市民阶层成为新的社会力量。在产业革命中，乡村和城市传统的生产关系和生活关系瓦解了，并让位于资本主义的经济形式。大众所经历的主要变革包括农奴制的废除［从萨伏依（1761 年 /1771 年）至俄罗斯（1861 年）］、人权和自由权利之表述与落实以及渐进的民主化进程。

因此，对中世纪欧洲的终点在哪里这个问题可给予不同的回答，这主要取决于采取文化—宗教视角还是社会史和经济史视角。在所有的变革中，在 15 世纪至 16 世纪和 18 世纪至 19 世纪的转折期，可以以不同的方式观察到历史变迁的两次重大加速。因此，许多相关研究尤其是来自法国的研究一再主张"长跨度的中世纪"概念，呼吁舍弃中世纪的文化主义定义。美国历史学家决定将美国独立战争前后各自分为不同的时期。在这里，以欧洲的先决条件为基础，民族体验成为历史进程结构的衡量基准。

马克思主义对历史的解读专注于经济基础。这种解释方法将古典时期的奴隶社会、中世纪的封建社会同近代的市民资本主义社会区分开，并期待在一段时间的阶级斗争后实现无阶级的共产主义社会。这个模式坚定地远离受到欧洲和西方影响的文化主义时代划分方式，并明确地瞄准整体的人类历史。卡尔·马克思和弗里德里希·恩格斯在 19 世纪的史学理论思考正是从全球维度出发，提出了他们的解释及主张。当然，社会发展的严重不同步使得这种理论受挫。其假定的不同文化中封建生产方式以及社会制度的模式，只有在相当大的宏观历史宽容度下才能进行比较。为此不得不相应地使中国或印度的"中世纪"历史比欧洲早一千年开始。

29

选择"封建主义"（Feudalismus）——这个词从中世纪拉丁文"封地"（feudum/feodum）一词引申而来——这样一个概念是不幸的，因为这个"选择"仅仅在起源期容易被理解。这种时代名称可以被这样合理地反驳，即封地制度仅仅通过个人层面的纽带将社会精英凝聚在一起，而绝非将整个社会团结在一起。因此封建制度仅仅整合了精英阶层。无论是在中世纪盛期随着欧洲城市市民阶层的发展萌发的城市运动的力量，还是庄园主在农业中的依附关系，所遵循的原则都不同于建立在封地基础上的租佃之规：分封是领主的恩惠，以获得封臣的建议和辅佐作为回报。然而，这种对于概念选择的批评一向无法消灭对新的历史时期划分的热情，这些尝试更多地基于生活现实或者社会秩序和经济秩序。对于乡村家庭的日常生活来说，农奴制的废除是比美洲的发现或者哥白尼的新天文学主张还要大的变革。

自 19 世纪专业历史学在大学中得到制度化建设以来，这种相对化始终伴随专业史学的发展。历史被分成了各个片段，并通过专门的研究对先前的全局史进行分解，这在欧洲和北美促成了与中世纪历史相关的教授职位或者院系的设立。尽管初学者课程总是强调时代边界人为构造的特征，但学术教育实际上是建立在既有的历史专业划分的基础之上的。而这些专业倾向于从旧有的、普遍接受的时代划分中划定自己的界限，即使其合理性受到质疑也在所不惜：中世纪只是一种约定俗成的说法。

此间并不缺少将历史三段论——即古典时期—中世纪—近代——废除的激进声音。文化和经济研究学者长期以来就呼吁一个由各种视角引领的、可变换的时期划分，以摆脱"中世纪"这一人文主义时代错误。他们认为，考虑到现代科学的复杂性，几乎没有什么比一个仅仅三项的秩序模型更简陋、比

"中间的时代"这个标签更平庸的了。在生命科学知识迅速累积、传统的学科边界不断模糊的背景下，史学界恐怕要因为坚持三段论而自取其辱了——三段论是在五百多年前为了庆祝当时的现代性而设计的。这些反对三段论的声音因此无法被驳倒。然而——也许可以狡猾地加上一句——面对大量看起来杂乱无章的学说，偏偏这个最简单的模型拥有巨大的吸引力，因为在这个模型里只需要从一数到三。

31

"中世纪"这个时代概念却不再是一个分析模型。但是关于中世纪的谈论仍然作为一种惯例而存在，它可以被重复到令人生厌，它可以作为疑难问题被用来讨论，或者人们可以干脆忍受着，直到大家就新的世界史形式达成共识。这提供了一个实用的平台：在认识到所有有关历史秩序构建的模型的前提下，创造性地探寻过去时代的种种差异性。在此基础上，这里将介绍：(1) 人文主义中世纪概念的发端；(2) 来自中世纪的完全不同的时期划分模式。

三个时代不断变化的结构

哈雷大学（Universität Halle）辩论学和历史学教授克里斯托夫·策拉留斯（Christoph Cellarius，卒于公元 1707 年）为了构建史学模型，将世界历史分割为三大时代。在他的三卷本史学著作中，第二大时代包括蔡茨（Zeitz）于 1688 年所作的《中世纪历史》（*Historia medii aevi*）中的内容，时间限定于自君士坦丁大帝（Konstantin der Große，卒于公元 337 年）时代至土耳其人攻占君士坦丁堡（1453 年）。后者至今仍被提及，而君士坦丁大帝执掌帝国时期和古罗马帝国的基督化现在仅仅被当作对古典时期内部阶段的区分。

早在策拉留斯将世界史划分为三大时代的序列之前，一个关于中间时代的构想就已成型。在 20 世纪活跃的世界史研究中，学者们碰到了一个比一个早的"初始证据"，并区分出了概念发展史上的两个阶段：1450~1520 年的人文主义阶段以及14 世纪——或许提前至 13 世纪——的早期人文主义阶段。[11]

据推测，在 1453~1461 年出现的一篇法语预示文章（Heroldstraktat）将历史划分为三部分，并提到一个"中间的时代"（temps moien）的概念。阿莱里亚主教乔瓦尼·安德烈亚·布西（Bischof Giovanni Andrea Bussi von Aléria）也于 1469 年谈及"中间时代"（media tempestas）的概念。在他之后是瑞士的人文主义学者约阿希姆·瓦迪安（Joachim Vadianus），他于 1518 年提到"中间时代"（media aetas），从而使这个时代与早期 / 中期古典时代（prisca/media antiquitas）划清了界限。1531 年，"中间时代"（media tempora）这个说法又出现在一本书的书名上。

更早的关于中间时代（medium Tempus）的证据——弗兰齐斯科·彼特拉克（卒于公元 1374 年）或者科卢乔·萨卢塔蒂（Coluccio Salutati，卒于公元 1406 年）所提到的——则充满了争议。他们的说法在含义上仅仅指一个在年代学上并没有精确定义的中间过渡期，似乎太过笼统，不适合充当时代的概念。与之相对的是，在方济各会总会长（Franziskanergeneral）圣波拿文都拉（Bonaventura，卒于公元 1274 年）的著作中发现了令人惊讶的先声：早在1255 年，他就在教会史秩序中将自己所在的时代称作末代（ultimum tempus），并与一个中间时代进行了对比。区分两者的标准是托钵修会（Bettelorden）为履行使徒规范而执行的贫困原则。[12] 这种历史三段式的划分主要是对应于后世的人文主义战胜了中世纪，而在当时中世纪被污名化为衰落期。根据圣波拿文都拉的观点，三个时代依次为：（1）属于使徒和使徒弟子的早期时代（primum tempus）；（2）属于聪明的、有

读写能力的人的中间时代;(3)属于自愿的穷人的末代。因为
历史的发展并未倾向于一个充满托钵修会的世界,这种充满自
我意识的划分模型也就没有了未来。

然而这个史实在三个方面是有指导意义的。首先,它把研
究路径指回了 12 世纪和 13 世纪教会史三段式的划分,这一点
我们接下来会继续讨论。其次,它让我们对现在这个被称为中
世纪的时期的其他历史秩序模型产生了兴趣。最后,它唤醒了
我们一种对当下所处的时期进行历史阶段划分的嗅觉,从而使
我们有意识地了解到自己所处的时期或处于时代完结之前,或
已处于时代盛期。

教会史这种历史认知主要基于宗教期望,这种期望将个
人和全体人类引向终极存在以及与上帝共处的未来。在中世
纪欧洲,末世论的力量可在犹太教、基督教和伊斯兰教中以
多种形态被观察到。世界史以救世史的面貌展现出来。它的
起源是上帝的创造,它的进程由上帝对人的行为决定,它的
目标是天堂的实现。即使在后来的非宗教的乌托邦中,世界
史中的时代划分也不时地遵循了这种三段模型:(1)理想的
开端时期;(2)待完成的中间过渡时期;(3)刚刚或即将降临
的黄金时期。

耶稣升天以后,基督徒就生活在对耶稣再次降临的恒常
盼望中。当耶稣再次降临时,今世将被消解。而耶稣再度降临
的推迟使解释和忍耐成为必要。《新约》的最后一章《约翰启
示录》早已想象了末世的情景:恶者的恐怖统治、历史的终
结、最后的审判,最终人类在上帝那里得到安息。中世纪的末
日文学不断为这种未来景象充实细节,并讲述基督的出现以及
最后一位信仰基督的王的命运——他将走向耶路撒冷,并在那
里放下自己的王冠。从创世到耶稣基督为拯救世人受难而死再
到基督再度降临——神学家和历史学家将世界历史作为神圣启

示的历史嵌入其中。他们的这种历史划分方式完全不同于近代的世俗模型，其差异性有助于我们了解每个历史时代的文化依赖性。

作为时代秩序的救世史

《圣经》和神学家将人类历史划分为三个历史时期：（1）前律法时期（ante legem），自创造人类至上帝启示十诫，即从亚当（Adam）到摩西（Mose）；（2）律法时期（sub lege），自摩西至耶稣基督；（3）恩典时期（sub gratia），自耶稣基督至世界的终结。12 世纪，巴黎的神学家圣维克托的休格（Hugo von St. Viktor）将这种对三个重要时期的理解与人生中具有象征意义的参照标记相联系。[13] 重要的时期包括耶稣基督的诞生和将来时代之终结。上帝与其子民缔约的旧约时代由自然律法时期和成文律法时期组成，伴随此时代的是族长、法官、国王和祭司的相继出现。与之相呼应的是，人从婴儿至成年的五个人生阶段，即婴儿、童年、少年、青年、成年。新约时代被认为是恩典时期，对应于人的暮年阶段。而在新约时代终结之后的第三阶段，基督徒便可盼望永恒的安息和复活。

从自然律法时期到成文律法时期再到恩典时期，这个三部曲遵循的是犹太教圣籍《塔木德》的主张。该书将人类 6000 年的历史划分为以下三个阶段：《妥拉》（*Thora*）之前的 2000 年为虚空时期，中间的 2000 年为《妥拉》指引之下的时代，最后的 2000 年为弥赛亚（Messias）时期。12 世纪和 13 世纪编纂的世界史最终为六个历史时期赋予了人生六个阶段的意义，类比的是上帝于六日之内创造世界。[14] 这种构造的主要来源仍是《圣经》和神学家——诚然，他们对历史的预测必须随着历史的延长而不断更新。

神学家俄利根（Origenes）于公元 3 世纪提出了世界六个时代的模型。每个时代延续 1000 年。每个千年分别以亚当、诺亚、亚伯拉罕（Abraham）、摩西、大卫（David）和耶稣基督为起点。在基督教第一个千年之后，基督徒不得不学习象征性地解释这些数字，并使这种千年模式与时间的流逝相匹配。他们需要不断地适应一个混杂的世界，在这个世界中神圣之物与凡俗之物相互交织。神学家奥古斯丁（Augustinus，卒于公元 430 年）对"上帝之城"和"大地之城"（civitas Dei, civitas terrena）进行了区分。弗赖辛主教奥托（卒于公元 1158 年）将上帝的救赎次序与世俗的种种逆境结合在一起，发展出了人类历史经验的基础模型。从此出现了两个分别关于救世史和世界史的时代划分方式。弗赖辛主教奥托将"上帝的国"按照基督化进程分为了三个时代：（1）从异教徒统治世界之初到皇帝狄奥多西一世（Kaiser Theodosius，卒于公元395 年）在罗马帝国推行基督教；（2）自基督化开始至时间的终点；（3）天国荣耀。弗赖辛主教奥托在教宗和皇帝的争斗中看到"上帝的国"的存在有被动摇的风险，只有通过僧侣的努力才能使此国得以保存。这位编年史家将希望寄托于将要来临的时代之终结。在中世纪的世界编年史中，这种对上帝末日审判的盼望一直占有一席之地。

35

除了基督教的时代划分，弗赖辛主教奥托还将四个世界帝国的相继出现视为不断变化的"世上的国"的特征。在这方面，他也融入了古老的传统。这些传统基于《旧约》先知书《但以理书》（*Daniel*，第 2 章第 7 节），该书给出了四个世界帝国：古巴比伦（Babylonier）、米底（Meder）、波斯（Perser）、古希腊（Griechen）。神学家圣哲罗姆（Hieronymus，卒于公元 419 年）将米底王国和波斯王国合并，为时代最后一个帝国——罗马帝国空出了该模型中的第四个位置。班贝格圣弥额尔修道院（Michelsberg in Bamberg）的福禄佗浮（Frutolf）在 1100 年前后描述了四个世界帝国的交替（translatio imperii）次序，这成了中世纪世界编年史学的基础。他按照四个世界帝国——古巴比伦、米底/波斯、古希腊、古罗马——的顺序对历史时代进行了划分。在中世纪盛期与后期，一种在此划分基础上的更新取得了广泛的认可，即罗马帝国在查理曼（Karl der Große）治下传给了法兰克人，在奥托大帝（Otto der Große）治下传给了德意志人。他们的统治被认为能够确保"世上的国"的延续并抵挡敌基督的入侵。

在 12 世纪晚期，意大利南部的修道院长菲奥雷的约阿希姆（Joachim von Fiore，卒于公元 1202 年或 1205 年）及其弟子提出了救世史的三部曲。他们通过类比法进行了精确的年代计算。他们认为，在圣父的国度（《旧约》）和圣子的国度（《新约》）之后，应该是第三个国度——圣灵的国度（永恒福音），这就区分了过去、现在和未来的时间。在这种递进的时间序列中，人类及其文化分三步演变：（1）奴仆—子—友；（2）律法—恩典—爱；（3）困苦—行动—冥想；（4）实用知识—智慧—认知的圆满；（5）平信徒/已婚之人—教士—僧侣。[15]

约阿希姆的预言所指向的是第三个国度的愿景。他预言，这个国度将不再拥有自己的圣典，将给人们以圣城新耶路撒冷的所有欢乐，它的存在基于默观修道院的活动。敌基督将在从圣子的第二国度过渡到圣灵的第三国度时出现，并将被一名教士击败。约阿希姆预言，第三国度即将开始。根据《圣经》中的世代顺序，他算出从亚当到约瑟夫（Josef）的旧约时代有42 代，从耶稣基督到第二国度结束的新约时代也必将有 42 代。如果每一代都乘以 30 年的寿命，那么就可以分别得出圣父的国度和圣子的国度各延续 1260 年。这种末日计算法的影响力是如此深远，以至于第三国度被期待于 1260 年或者 1293 年开始，这取决于第二国度，即圣子的国度，始于基督诞生之时还是始于基督死于十字架之时。

就像所有的具体化处理，当到了算好的时间却不见末世或者基督复活出现的时候，这样的末日计算就失去了它的魔力。约阿希姆关于双重敌基督或圆满的第三国度的预言确实在中世纪结束后仍在不同的背景下得以保留。尽管不断失败，但神学家们预测的热情却不曾消减。德国神学家库萨的尼古拉（Nikolaus von Kues，卒于公元 1464 年）预测敌基督将于1700~1734 年被战胜，教会的胜利由此开始。法国枢机主教皮埃尔·德·阿伊（Pierre d'Ailly，卒于公元 1420 年）预测的时间是 1789 年，意大利著名人文学者乔万尼·皮科·德拉·米兰多拉（Giovanni Pico della Mirandola，卒于公元 1494年）预测的时间是 1994 年。[16]

人文主义的时代划分模式与中世纪完全不同，它采用了"古典时代—中世纪—近代"的划分模式，类似于上帝六日创世的六个时代，四个世界帝国，圣父、圣子和圣灵的三个国度。这种秩序从《圣经》的权威中获得力量，将人类历史理解为基督教的救世史。后来，随着欧洲民族化和世俗化进程的推进，这种圣经式的和帝国式的时代划分便逐渐消解了。

中世纪的人们对自身生活环境的危机感、对未来黄金时代的希望仍以各种各样的形式存在。也许我们可以这样概括多种多样的欧洲模型：历史被理解为线性的进程。在这种前提下，历史的进程从后到前可以划分为多个阶段，并且有着一个共同的目标。而划分标准和乌托邦式的愿景却是不断变化的，它们在文化变迁的过程中不断被重新约定。最近，在全球范围的比较中，其他形式的历史进程也变得显而易见。并不是所有的文化都有过去和未来，并不是所有人都按照属灵的或者世俗的圆满这个目标而生活——这是我们通过对比欧洲和亚洲时间概念学到的。对这类差异的认识将在未来有力地动摇时间线的有效性。

中世纪晚期

如果说"中世纪"这个概念可以追溯到人文主义的时代历史三段论，那么对中世纪本身的划分就是 19 世纪至 21 世纪各国历史学专业化的结果。关于"晚期"的设想首先接受了中世纪的时代化。从中世纪过渡到新时代的最后阶段被构建为整个中世纪大概念中的一个特殊子单元。不仅历史学，其他文化研究领域也根据不同的准则使用这个概念，并得到了不同的时代边界。中世纪晚期结束于著名的 15 世纪和 16 世纪之交的说法已被广泛接受，但根据各国的学术传统，对中世纪晚期的起点有着不同的说法。中世纪晚期的起点从 11 世纪或 12 世纪一直延伸至 14 世纪中叶，而它的持续时间在 150~500 年。

因此，这种划分比整个中世纪的时期划分更加摇摆不定。由于内部划分的多变性，人们必然得不到一个统一的欧洲历史进程。中世纪晚期这一概念源于各民族对历史概念的工具化利用。这个概念对欧洲历史进程的作用基于两种不同的视角，两者所依据的都是生物学的解释模型。一个视角是，历史进程的形式是从开始到结束，从少年到老年，从春到秋，从黎明到黄昏。在这种视角下，中世纪后期代表着圆满或者完成。另一个视角是，在中世纪的最后几个世纪中寻找对欧洲近代发展过程具有决定性意义的起始点。这样，中世纪的最后几个世纪便获得了作为觉醒期的魅力。[17] 以下列出这种视角的关注点：

- 欧洲向亚洲、非洲和美洲扩张的起点——欧洲扩张以跨越边境为目标，源自开创性的野心；
- 帝国与民族之间的竞争——作为开创政治秩序的原则、民族独立的原则、多元协调的原则；
- 经院哲学方法的发展，这是复杂的知觉和成熟细致的推理的前提条件；
- 脱离群体束缚的个性化和自由意志的表达；
- 属灵和属地的区分，教会领域和世俗领域的区分。

人们可以轻而易举地为看似属于现代的那些特征在中世纪中找到镜像：知识的局限性、教条的力量、狂热者的不宽容、对暴力的迷恋。然而此举的目的不在于将中世纪生硬地挤压进现代的模式中，而在于跨越传统的时代划分，找出连续性。这种更新后的观点基于选择性认知，往往忽略了那些阻滞的因素。

与"近代的曙光"相对立的模型是人文主义划分出的"险恶的时代"，这种划分至今影响着人们对中世纪的看法。在大无畏地向近代起航之前，是中世纪的"暮年"，此时的欧洲危机重重，矛盾日渐激化。文艺复兴和宗教改革中的觉醒由以下节点所标记：

- 个人主义和古典文明的重新发现；
- 摆脱宗教上的不成熟；
- 直接与上帝"对话"，而无须复杂的中间媒介；
- 选择信仰和宗派的能力。

即使是这些进步意识也要面对自身对日常生活的影响微弱的问题。在启蒙运动、革命和民主化的衬托下，中世纪晚期似乎是黑暗时代的高潮：它是瘟疫和肮脏的时代、教会专横和道德堕落的时代、残酷和无知的时代、暴力和恐吓的时代。

与这种负面衬托相对的是约翰·赫伊津哈（Johan Huizinga）的名著《中世纪之秋》（*Herbst des Mittelalters*，1919年初版），该书已被翻译成多种语言。该作者描述了在一次散步中的主观经历。当时他洞察到，"中世纪晚期不是宣告来者，而是宣告往者的逝去"。[18] 弥漫在赫伊津哈的书中的并非自以为是的进步思想，而是柔和的忧伤。书中讲述了一个时代的迷人之处，但对这个时代的描述几乎仅限于勃艮第或法兰西，而不是着眼于整个欧洲大陆。"对更美好生活的渴望""英雄主义的梦想""爱的风格""爱的风度""田园生活图景""宗教唤起与宗教幻想""生活中的艺术""新形态的到来"——这些就是《中世纪之秋》各章的标题。赫伊津哈在开篇就阐释了西欧中世纪后期的独特魔力："当世界比现在年轻五百年时，人们生活中的种种事件具有比现在鲜明得多的外部形态。那时，苦难和喜悦之间、悲惨和幸福之间的距离似乎比我们所经历的要大；那时人所经历的一切，还具有一定程度的直接性和排他性，如同今天的孩童心中的悲喜一样。"[19] 近一个世纪后，历史学家们就不再写这样的句子了。但是他们仍然惊叹于这种令人印象深刻的、用图像创造世界的文笔的惊人力量。赫伊津哈的《中世纪之秋》成了一幅让人感同身受的"字句之画"，也成为对灰黑色荒原的向往与反衬。因此这部文学大作属于现代对中世纪的众多反向挪用（konträre Aneignungen）。[20]

正是不同的欧洲民族历史导致人们对中世纪后期的开端众说纷纭。在德意志，中世纪后期的起点是斯陶芬王朝的灭亡、君主一体化能力的削弱、诸侯的崛起以及1250年领土的分裂。这种看重统一和力量的历史评价使德意志民族认为，中世纪后期就是危机四伏和衰落的时代。于是在德国发展出了一个特别的中世纪盛期，那是德意志彰显帝国威力的时代，其荣耀由奥托王朝（Ottonen）、萨利安王朝（Salier）和斯陶芬王朝（900~1250 年）保证。这样一个中世纪盛期主要起创造民族意义的作用。这种民族意义使起源于法兰克（500~900 年）的德意志民族崛起，并在中世纪盛期上升为欧洲霸主。

在法兰西，自腓力二世·奥古斯都（Philipp Ⅱ. Augustus，1180~1223 年在位）或"圣人"路易九世（Ludwig Ⅸ. der Heilige，1226~1270 年在位）以后，国王权力的扩张塑造了一个独特的中世纪后期。与德意志历史叙事不同，这里不需要将中世纪分为早期、盛期和晚期三部分。较简单的对早期和晚期（haut moyen âge/bas moyen âge）的区分是在不同的时间框架内进行的。在意大利，中世纪无法充当近代民族诞生的根基，但它在艺术和文学上取得了世界级的声望，尤其是以但丁和彼特拉克为代表的光辉的 14 世纪。

在英格兰，1066 年的诺曼征服（die normannische Eroberung）产生了属于自己的民族历史结构。在伊比利亚半岛，基督教王国与穆斯林王国的争端以及在收复失地运动（Reconquista）中基督教逐渐向南部的扩张，形成了被后世赋予历史意义的各个阶段。东南欧在自我主张中或反抗奥斯曼帝国扩张的失败中确定了自己的时代边界。俄罗斯的历史源于莫斯科的崛起以及从蒙古朝贡统治中的解脱。斯堪的纳维亚各国以及欧洲中东部自第一个千禧年以后随着基督化形成了自己的身份认同。

根据这些历史节点，欧洲各部都形成了不同的中世纪时代划分，这些划分无法彼此联系。即使是"危机时代"这个流行的标签也无法用来描述这种很长的时间跨度，也不存在必然的时代单元——"中世纪晚期"用来概括欧洲历史中的一个阶段。为了使 1200 年这个起始点看起来更加合理，就有必要考

图 5　1250 年前后的欧洲

虑一个多形态的软性转变，并与拉丁礼基督教的世界经验相提并论。

3 1200 年前后的欧洲: 一个时代的定格

人与数字

欧洲人口在 1000~1340 年翻了一番。当然，所有数据都是基于容易出错的模型计算出来的。中世纪的人口普查和综合统计数据资料都没有留存下后。因此我们的判断基于个别城市和地区（13 世纪以后）零星的人口数据以及各处的考古发现。拥有精确的人口名册的城镇和村庄极少见。灶税表仅仅反映了家庭数量的变化，而家庭规模是各不相同的（平均在 3.5~5.5 人）。城市的税簿和新市民名册只能反映出纳税群体的情况或者其空间流动性。近代的教会簿籍可以几乎完整地记录基督教徒受洗、结婚和死亡的情况，但遗憾的是这种簿籍并不多见。

从有限的知识出发，对单个国家或整个欧洲的人口数量和规模进行计算，要求人们对估值范围有更大的接受度，并敢于留下缺口。因此，人口数据只是通过对模糊的现实进行大胆推算来得出的近似结果。人口增长的趋势似乎更清晰一些。由于在人口聚集的地区进行土地扩张，12 世纪下半叶和 1300 年前后欧洲人口出现了大幅增长。在森林、沼泽和欧洲中部山区进行的土地开垦取得了成功（即内部殖民）。此外，大范围的人口迁徙增加了——在法国和西班牙从北到南，在德国从西到东。温暖的气候促进了粮食产量的增长。所有这些因素都有力促进了欧洲人口数量的增长。

可以这样假设，欧洲人口数量从 1000 年的 3800 万增长至 1340 年的 7400 万，几乎翻了一番，但在 1347/1348 年开

始的鼠疫灾难中又显著地萎缩（减少 20%~35%）。人口的这
次缩减直到中世纪末才得到补偿。1450 年，欧洲大约有 5500
万人口，1500 年人口增长至 8000 万。值得注意的是，在人口
密度和人口增长情况方面存在很大的地域差异。1000~1340 年，
今天的法国和荷比卢（Benelux）地区的人口从 600 万增长至
1900 万，德国和斯堪的纳维亚的人口从 400 万增长至 1300
万，意大利人口从 500 万增长至 1000 万，不列颠群岛的人口
从 200 万增长至 500 万。

　　增长速率清楚地反映了欧洲各大创新地区的经济繁荣。而　　45
在其他地区，人口增长幅度要小得多：在伊比利亚半岛，人
口数量从 700 万升至 900 万，在匈牙利从 150 万升至 200 万，
在巴尔干半岛从 500 万升至 600 万，在波兰和立陶宛从 200 万
升至 250 万，在俄罗斯从 600 万升至 800 万。中东欧各王国
尤其受益于中世纪末的合并，其人口增长率是 1340 年的三倍。
在法国（包括荷比卢地区）、意大利、巴尔干地区和俄罗斯，
直到 1500 年前后才再次达到这样的水平。相比之下，德国和
斯堪的纳维亚、伊比利亚半岛和不列颠诸岛的人口数量则有所
减少。

等级社会

　　欧洲这个时期人口中的绝大部分——占总人口的
80%~90%——生活在农村地区，大部分情况下他们在法律上
依附于贵族或来自教会的庄园主。中世纪下半叶，农民拥有自
由的情况仅仅在少数地区存在，尤其是在具有历史影响力、经
济繁荣或统治力强盛的地区的边缘地带（如北海海岸、阿尔卑
斯地区）。在持续匮乏的状态下，人口中压倒性的大多数用粮
食生产的微薄剩余供养了一小部分从事其他任务的群体。自千
年之交以后，这种联系被人们越来越清晰地认知，并且被神职

人员以等级社会的模型呈现出来。农民负责劳作和侍奉，神职人员负责救赎灵魂，贵族负责军事保护。统治与依附、上层与下层、自由与奴役——这些从人类历史之初亚当与夏娃的堕落中得到了解释。上帝本就愿意让一部分人拥有权柄并以此来统治另一部分人，从而使得地上的罪恶不至于泛滥。因此，等级社会中的三方职能分工被视为神赋的、不可动摇的秩序。

46　　　　人们通常以躯体或房屋的整体性来描述各等级之间的关系。这揭示了神职人员的等级观念，即民众附属于他们的牧养人和统治者。12 世纪，奥坦的奥诺雷（Honorius Augustodunensis）将社会比作一座教堂建筑：精神导师好比窗户，在阻挡风暴的同时也让阳光照射进来；主教是支柱，撑起这座建筑；君王则是横梁，起到连接作用；骑士是屋顶上的瓦，用来挡雨，拒外敌；民众是脚下的地板，尽管他们以侍奉工作维持着基督教。[21]

　　这种想象中的静态的等级秩序与社会的动态变化相冲突，使神职人员、贵族和农民等群体日益分化。中世纪盛期，欧洲市民阶层作为新的社会阶层出现在封建社会中，并不断发展壮大。城邦（Stadtkommune）的发展始于 11 世纪的意大利北部，到 13 世纪几乎遍布整个欧洲。市民阶层作为一股新的力量冲击着刚刚确立的由神职人员、贵族和农民组成的三元体系。城市不仅因其坚实的城墙、密集的建筑、高度的中心化、较高的人口密度或精细的劳动分工而区别于农村地区，城市的法律体系还赋予了作为城市独特群体的市民以个人自由、市政方面的特权和政治上的参与权利，具有开创性意义。在 12 世纪和 13 世纪，欧洲产生了一种新的生活模式，它源于与原有的君王、教会和贵族城市领主（Stadtherr）的合作或对抗。

　　在和平和法律社会中建立起来的团体秩序使得贸易和手工业的经济繁荣成为可能，并保护城市免受外部边界的影响。当然，统治者无法做到让所有的居民都参与到城市的发展决策过程中，而只能让享有特权的市民参与进来，这导致市民之间的贫富差距越来越显著。一方面是城市中快速获取巨额财富的机会和日益向贵族靠拢的市民阶层排场文化（Repräsentationskultur）；另一方面与之相对的则是，工薪者、许多所谓的贱业者（比如刽子手和剥皮工）和边缘群体（比如乞丐和妓女）艰难的生存环境。在最小的空间里，最明显地展现出社会差异的地方莫过于城市。

47

13 世纪建立城市的浪潮为生活在乡村环境中的人们提供了理想的出路。此前，没有自由的农民被牢牢捆绑在他们的土地上。而今尽管有官府的各种禁令，但对获得市民权利和财富的渴望吸引着人们逃向城市。在欧洲大部分地区，许多人开始迁徙，人口的空间流动性伴随社会的流动性。仅仅从居民人口规模各异的城市的数量上看——在这方面我们还是依赖于估计——这种动荡就很明显了。在神圣罗马帝国，1125年前后大约有 30 座拥有远距离交易市场的城市，其中生活着 1000~5000 人。到 1320 年城市数量蹿升至 3200~4000座，其中 50 座城市的居民超过 5000 人，200 座城市的居民在2000~5000 人。

通过欧洲范围内的比较，实际的差别变得更加清晰。1300 年前后，米兰（Mailand）、佛罗伦萨（Florenz）、热那亚（Genua）和威尼斯（Venedig）各自容纳了 80000 人以上。博洛尼亚（Bologna）、布雷西亚（Brescia）、克雷莫纳（Cremona）、巴勒莫（Palermo）、比萨（Pisa）、锡耶纳（Siena）和维罗纳（Verona）的人口也超过 40000，超过了德国"大城市"科隆（Köln）、埃尔福特（Erfurt）、美因茨和施派尔（Speyer），在同一时期，这些城市的居民人数几乎不超过 20000。在中世纪末，科隆作为德国最大的城市有大约

45000 名居民，而巴黎拥有多达 225000 名居民，在米兰、那不勒斯（Neapel）和威尼斯也居住着超过 100000 人。巴黎、伦敦（London）和君士坦丁堡等欧洲大都市和拥有少于 1000 名居民的小城市之间的差距，清楚地展示着城市生活之间的巨大差异。[22]

随着欧洲的城市化发展，1200 年前后出现了货币经济。在加洛林王朝时期被确立为支付方式的银币，长久以来与实物税以及物物交换方式竞争。在 12 世纪末 13 世纪初，银币几乎占据了所有经济领域和生活领域。欧洲经济的扩张伴随新的银矿的开发和更大币值的银币的铸造。意大利北部海上贸易城市的发展体现了这种趋势。在古老的迪纳厄斯币（Denar）的使用区域，含银量仅为 0.1 克或 0.2 克的这种银币不再适用于支付大宗货物，威尼斯自 1194 年开始铸造格罗索币（Grosso），其含银量为 2.19 克。法国自 1266 年开始铸造大托诺币（Gros tournois，一个大托诺币相当于 12 个旧迪纳厄斯币），此举刺激了波希米亚（Böhme）、英格兰和德意志的新一轮铸币活动。

1252 年佛罗伦萨和热那亚以金币铸造的复兴书写了铸币史，威尼斯于 1284 年紧随其后。佛罗伦萨、热那亚和威尼斯的金币达克特（Dukaten，含 3.53 克或 3.54 克黄金）所使用的黄金大多来自北非。很快，这种铸币发展为地中海区域占统治地位的交易货币，并最终遍及整个欧洲。14 世纪，匈牙利、神圣罗马帝国及其他地区也都开始了金币铸造活动。

具有更高支付能力的金币被广泛接受，这为 13 世纪各大长途贸易区域的互联提供了动力。北海沿岸城市和波罗的海区域的汉萨同盟城市（hansische Städte）建立了航运联系，其地位逐渐与传统上具有重要意义的地中海海上贸易并列。在地中海区域，从黎凡特（Levante）、拜占庭和北非到威尼斯、热那亚、马赛（Marseille）和巴塞罗那（Barcelona）运行着长长的贸易航线。在北方，位于伦敦、布鲁日（Brügge）、卑尔根（Bergen）、诺夫哥罗德（Novgorod）的四个汉萨同盟交易站逐步组织建立起了交会于吕贝克（Lübeck）和维斯比（Visby，位于哥特兰岛）的长途贸易航线。而在内陆则形成了正规的商品交易会系统。和更古老、更成熟的制造商直接与终端消费者接触的年市（Jahrmarkt）不同，商人与商人在定期举行的交易会上进行交易，大批货物或者货币远距离流动。除了少见的奢侈品，还有大宗商品，如布匹、亚麻布、单面绒布（棉与亚麻的混纺）、贵金属、有色金属、金属制品、羊毛、葡萄酒、鱼、皮毛、蜡、盐、蜂蜜等被交易。

49

　　12 世纪，位于香槟（Champagne）地区的城市特鲁瓦（Troyes）、奥布河畔巴尔（Bar-sur-Aube）、马恩河畔拉尼（Lagny-sur-Marne）以及普罗万（Provins）的商品交易会推动了西欧、意大利和东方之间的贸易往来。13 世纪，韦特河（Wetter）流经地区的诸多城市也开始举办交易会，法兰克福（Frankfurt）是其中的佼佼者。跨地区的更大范围的交易会系统在弗拉芒地区（Flandern）、南英格兰以及布拉班特（Brabant）逐渐形成。威尼斯、热那亚和马赛成为地中海最重要的贸易中心。在中欧和西欧，纽伦堡、莱比锡、伦敦和安特卫普（Antwerpen）发展成为各自区域同东欧、中东欧或北海地区、波罗的海地区进行贸易交换的枢纽。

　　这种大范围的货物交换使得欧洲各地区更紧密地连接在一起，并促进了通用语的传播。在罗马天主教会的世界以及学术世界，拉丁语占据统治地位，它在整个中世纪作为欧洲的父语与诸多国家的母语并列。此外，通俗拉丁语随着意大利商人在地中海地区的贸易活动而得到传播，法语作为骑士—宫廷文化的语言在欧洲通行。大约在 1250 年，一名斯堪的纳维亚商人这样告诫儿子："如果你想要得到完整的知识，那么你就要学习各种语言，尤其是拉丁语和法语，因为这两种语言的使用范围最广，但你也不应该因此忽视自己的语言。"23

尽管市民阶层在经济方面充满活力，但贵族作为拥有特权的独立精英阶层，在中世纪社会中守住了决定性的权力地位。十字军东征（Kreuzzug）以战争和暴力的方式推行基督教的传播，这决定性地强化了贵族的重要性以及自我形象。起源于法国北部、低地国家（die niederen Lande）和南英格兰并迅速传遍整个欧洲的骑士—宫廷文化，于 12 世纪至 13 世纪形成了一种独特的行为和规范体系。时刻准备战斗的战士个体逐渐演化为耶稣基督的战士（miles Christi），其个人情感在此过程中被引导和升华。在与外部尤其是与异教徒的战斗中，耶稣基督的战士需要的是无条件的高度侵略性。而与之相对的是，宫廷共同生活的特点是温和、稳定和公正。描写宫廷爱情的艺术作品中的人物，往往将情欲转化为对遥不可及的女性自我牺牲式的崇拜。当然，这种流传甚广的理论概念和论述掩盖了中世纪贵族不断争斗和实施暴力的倾向。

骑士这个概念整合了不同的贵族阶层，从罗马皇帝到统治乡村农民的自由领主。骑士阶层存在的基础是美德、伦理义务、荣耀观念、权力主张和排他性。君主和大诸侯（Fürst）的宫廷具有形成这类结构的作用，贵族在宫廷中举行庆典聚会，他们被艺人和吟游诗人环绕。宫廷、盛宴、诗歌、音乐和绘画紧密地成为一体，并使得民间诗歌取得了文学地位上的重要突破。归属感通过亲临现场得到表达。在这种团体亮相中，具有主导地位的是场景设计（Inszenierung）、身份以及界限。纹章与马上剑术比赛（Turniere）使得骑士的级别与形象清晰可见。马背上的骑士的形象被遮掩个体的铠甲所定义。只有纹章或旗帜才会突出骑士的形象，才会在秩序井然的马上剑术比赛中为骑士赋予名分，才能使战场上的敌友双方区分彼此。

　　进入骑士阶层也有一套仪式，用来纪念这种身份转变。在引导和净化过程中表现出的虔诚的谦卑姿态就和佩剑或受封一样，是仪式的一部分。对于那些在基督教中特别的地点——比如耶路撒冷和罗马——取得这样一种荣耀的人来说，这种经历是终生难忘的。取得骑士身份的人在骑士团（Ritterorden）、骑士圆桌（Tafelrunden）和马上剑术团体中培养和铭记友谊。基督教骑士团将基督教的献身精神与慈善任务和军事任务结合在一起，并迅速形成等级森严的组织结构。骑士团起源于12世纪的巴勒斯坦［圣殿骑士团（Templer Orden）、医院骑士团（Johanniter Orden）、条顿骑士团（Deutscher Orden）］，伊比利亚半岛［阿维斯骑士团（Avis Orden）、卡拉特拉瓦骑士团（Calatrava Orden）、雅各布骑士团（Jacobusorden）、阿尔坎塔拉骑士团（Alcántara Orden）］和波罗的海诸国［宝剑利沃尼亚兄弟骑士团（Schwertbrüderorden）］。随后是14世纪和15世纪的骑士团体或骑士联盟，其建立的基础是仪式化的团体和社会纽带以及特定的政治动机。众多或多或少具有重要意义的地区性联合体以及国王和公爵们在中世纪晚期带着自豪感创立的骑士团，巩固了高级贵族与宫廷的融合，并创造了代际传承模式。其中一些骑士团至今仍然存在，如英格兰的嘉德骑士团（Hosenbandorden）和勃艮第金羊毛骑士团（Orden vom Goldenen Vlies）。

51

　　具有团结作用的骑士精神并不能掩盖贵族之间相当大的差异。12世纪和13世纪，封建社会的发展和分化越来越明显。这时，几个世纪以来维持着共同体的个人纽带，在重大冲突中受到了严峻的考验（如在法国、英格兰或神圣罗马帝国中的封地诉讼），并且反映在越来越多的方面：分封领地的规范（领主对封地的动用权、封臣的继承权）、领主和封臣的具体权利和义务（封臣对领主的保护义务、两者在宫廷中的义务及战争义务）、人际交往的形式与标志（封地契据、封地符号），以及作为社会意义上的理解模型的封建制度（纹章制度）。

由此，贵族之间愈加分化。骑士群体和自由领主（男爵）之上是伯爵，伯爵之上是公爵，公爵之上是国王，即各个领域一切统治权力的源头。在 12 世纪末 13 世纪初，这种结构通过文字或图画表现为垂直分层的形式。在中世纪早期，贵族将自己的兴起归功于自生的统治权或者对国王所尽的义务，而此时他们的思想和行为都体现出等级色彩。这一点在婚姻行为和宫廷排场上体现得尤为显著。人们为自己的孩子尽可能寻找门当户对或者出身更高贵的婚姻伴侣。聚会中的座位安排越来越明显地与个人在整体社会结构中拥有的身份等级相对应。贵族们围绕统治者右边或者左边的座位、在庆典游行中的先后次序，以及在剑术比赛和打斗中的排序进行较量和争夺——在某种程度上可以称为血腥的争斗——在今天的我们看来十分奇异。然而，在一个没有成文宪法的世界里，秩序只能源于空间上的位置排列，源于无休止的练习、展示和重复。

如此一来，仅控制着自己的城堡和几个村庄的低级骑士与大公爵之间的沟壑越来越大，后者掌管着大片田产，拥有极大的特权，并且拥有与国王共同进行审判的大权。因出身而有别于市民和农民的贵族阶层内部也存在层级分明的组织结构。这个组织结构的每一个成员都知道自己可以从谁那里获得领地或者应该对谁尽义务：自由领主从伯爵处获得领地并对其尽义务，伯爵从公爵处获得领地并对其尽义务，公爵从国王处或者某教会统治者处获得领地并对其尽义务。在同级别者面前自贬身价的人，会降低自己和后代的地位。贵族的仪式日益正规化，于 14 世纪和 15 世纪集中表现为家谱、纹章体系和繁复的晋升仪式。

相对罕见的贵族爵位大多来自宫廷中的特别功绩或者联

姻，并且常伴有领地的扩大。但各地在这方面的差别相当大。法国国王在 1290~1483 年发出了近 1900 份贵族诏令，而罗马统治者在 15 世纪仅授予了约 200 个爵位。英格兰的贵族爵位（peerage）特别有限，1388~1424 年甚至没有一个人被授予爵位。这种差别可能是由经济因素造成的。在德意志和英格兰，爵位对人们的经济状况几乎不起什么作用，而在法国和西班牙，贵族的免税权提升了人们对贵族头衔的兴趣。

传令官（Herolde）作为这类新的贵族封爵知识领域的专家，监管并塑造了这一系统。许多由他们撰写的书籍讲述了贵族姓氏、纹章和等级的辉煌发展史。这些书最近再次得到重视，因为人们越来越认识到符号交流的重大意义。12 世纪以后，贵族世家本身成为历史编纂的主题。自此，王族家史的数量不断增加，包括中世纪末形成的贵族自述文献。卡斯蒂利亚贵族迭戈·德·瓦莱拉（Diego de Valera，卒于公元 1488 年）在于 1444 年写的论文《真正贵族之镜》（Espejo de verdadera nobleza）中表达了自己对于欧洲各国贵族未来的看法。贵族世界跨越国界连接起各个王国，因为那个时代的高级贵族同今日一样，不是基于地区或国家而存在，而是基于等级进行跨国活动和联姻。

从我们得到的史料中，我们了解到许多关于贵族间的竞争、细微差别、荣耀观念重要性的信息。而贵族在中世纪王国中仅仅是一个很小的精英集团。同样，我们必须依靠估算得出他们所占的比例。英格兰的贵族尤其具有排他性。1500 年前后，在英国 250 万人口中只有 60 位贵族精英，约 6300 个士绅（gentry）家庭，贵族占人口的 1.2%；在法国这个比例可能稍高一些（占比在 1.5%~2%）；与此相对的是，在卡斯蒂利亚大约 500 万人口中有约 10 万个各个等级的贵族家庭，贵族大约占人口的 10%。[25]

君主秩序

站在贵族阶层顶端的是国王。他们的统治逐渐将欧洲变成了一个君主制大陆。只有不属于帝国、实行寡头政治秩序的威尼斯处在王国组织结构之外。1200 年前后，有两个帝国在实力各不相同却各自保持独立的诸王国的舞台上争霸。它们的这种地位源于古罗马帝国的遗产。拜占庭帝国宣称，因为君士坦丁大帝从罗马迁都至君士坦丁堡（希腊文中称为拜占庭，公元 330 年成为圣城）并于此延续君主统治，拜占庭帝国的优先地位名正言顺。理论上，各地势力皆应臣服于拜占庭皇帝（巴西琉斯，Basileus），君士坦丁堡的基督教牧首亦应归附于他。然而 1200 年前后，这个曾经横跨整个东地中海区域的高傲的帝国退缩至巴尔干半岛南部以及小亚细亚（Kleinasien）的西部和北部，并受到北方的保加利亚（Bulgarien）和东方的伊斯兰国家罗姆苏丹国（Sultanat Ikonien）的严重威胁。环绕帝都拜占庭 / 君士坦丁堡的绞索越收越紧，直至进入 15 世纪，最终奥斯曼帝国征服了拜占庭帝国最后的残余。

1054 年罗马教宗和君士坦丁堡牧首将彼此逐出教会，拜占庭帝国和拉丁礼欧洲的关系因此长期受创。谁是基督教中上帝的第一侍奉者，谁是独一无二的通向基督的中保，这些问题已经无法得到解决，并且变得比所有神学上关于三位一体的本质或者图像在礼拜中的意义的专题辩论更加重要。这种分裂导致了两种基督教神学以及两种基督教等级制度的产生，并分隔了希腊礼① 欧洲与拉丁礼欧洲，以及东正教与罗马天主教。东方与西方的这两个基督教帝国之间的竞争也被牵扯到这场冲突中。西方斯陶芬王朝的皇帝将自己看作加洛林王朝、奥托

---

① 希腊礼，又称拜占庭礼、君士坦丁堡礼，是基教礼仪的一种，于东正教会中通行。——编者注

王朝和萨利安王朝的合法继任者，因此他认为自己就是罗马帝国的继承人。他对罗马教会的宗主权以及在罗马使徒之墓（Apostelgrab）举行的皇帝加冕礼也奠定了其优先于拉丁礼基督教其他所有国王的地位。

55

　　然而这种地位很难衡量。在 11 世纪最后 20 年里，皇帝和教宗之间旧有的统一被破坏，此时，君主统治与教士体系之间的意见分裂决定了西方的发展。围绕主教授职礼（Investitur）的论争只发生在西方，而不是拜占庭帝国。这种根本性的分歧变得比关于具体教义的讨论更为重要。皇帝们自古典时期后期以后就宣称对罗马教会拥有宗主权，而此时教会不再心甘情愿地接受。因此，西方帝国的对普世权力的主张止于其国界。在斯陶芬王朝时期，间或有模糊的、关于统治天下的思想被表达出来，但这种思想从未得到持续发展或概念化。同样的，东方基督教帝国的历史发展也源于紧张的对峙，但从未能一统欧洲。政治意义上，帝国的普世性仅仅存在于羊皮卷上。东、西两个罗马帝国的历史在这一点上与同时期的蒙古帝国（Imperien der Mongolen）或中国不同。

　　虽然曾有一位被称为"大诗人"（Archipoeta）的无名诗人将他的皇帝腓特烈一世·巴巴罗萨（Kaiser Friedrich Ⅰ. Barbarossa，1152~1190 年在位）称为"世界之主""地上的万王之王"，但 12 世纪末的西方皇帝们并非作为世界君主进行统治而仅是在较狭窄的运作框架之内取得了若干成就。他们的统治区域由三个王国组成：阿尔卑斯山以北的德意志王国（大体为现在的德意志联邦共和国加上荷比卢、瑞士和奥地利、法国东部，以及控制程度不一的波美拉尼亚、波希米亚、摩拉维亚、斯洛文尼亚部分地区和北意大利）、位于如今意大利北部和中部的意大利王国，以及从高莱茵（Hochrhein）至地中海的勃艮第王国。通过有技巧的政治联姻和君主继承权上的意外事件，斯陶芬王朝的皇帝于 1194 年又获得了西西里王国（Königreich Sizilien）国王的尊荣，该王国的疆域除了西西里岛还包括整个南意大利。此时，曾经位于地中海中心的诺曼王室（die normannische Monarchie）与这个跨越阿尔卑斯山南北的大帝国联合在了一起。从吕贝克到阿格里真托（Agrigent）的统治范围包括圣彼得（Hl. Petrus）在意大利中部的罗马和安科纳（Ancona）之间的土地，这块土地自加洛林时期以后就是各代教宗自有的领地。在皇帝与教宗的冲突中，帝国这个概念遭遇危机，与此相呼应的是，斯陶芬王朝在疆域上扩张至最大。

帝国的二元对立于 1204 年被打乱，那时威尼斯人将一队对抗穆斯林的十字军引向君士坦丁堡。位于博斯普鲁斯之滨的这座尊贵的帝国之都被征服，并被肆无忌惮地劫掠。此后，城中的圣髑和财宝装点着拉丁胜利者们的国都。这次偷袭抢夺行径的动力既出于威尼斯人在东地中海的经济利益，也出于希腊礼教会和拉丁礼教会之间的旧怨。数百年来，此举困扰着两个基督教会之间的关系、希腊礼教会对欧洲族群的信任，以及其对基督教十字军东征的构想。教宗授权的宗教战争首次指向了拥有共同信仰的群体而非穆斯林。然而拉丁礼基督教的胜利并没有持久。仅数十年后，由拉丁礼皇帝与在君士坦丁堡听命于罗马教宗的拉丁礼牧首组成的体系就崩塌了。东罗马统治者退守至位于小亚细亚的尼西亚（Nicäa）帝国，成功抵挡住了西方的入侵者直至 1261 年，并统治拜占庭帝国直至 1453 年。1204 年，在黑海（Schwarzes Meer）边的特拉比松（Trapezunt）又兴起一个帝国——该帝国直到很久之后才臣服于穆斯林苏丹——这样一来，基督教帝国的数目短暂地翻番至四个，随后又回到了东方和西方的对峙状态。

在政治实践中，西方帝国很少在中东欧地区建立境外势力范围。波希米亚于 14 世纪崛起为神圣罗马帝国中最尊贵的选帝侯之国（Kurfürstentum），而与此不同的是，在第一个千年之交兴起的波兰王国和匈牙利王国是独立发展起来的。随着东罗马帝国在 1204 年的解体，保加利亚人和塞尔维亚人在东南欧建立起各自独立的王国。处于更遥远的东方的俄罗斯诸公国很快屈服于不断寻求领土扩张的蒙古人，长久以来仅能在朝贡体系中维持自我的存在。

　　在拉丁礼西方，法兰西王国和英格兰王国成长为欧洲的领先力量。在这里，帝国的优先地位被否定，而政治独立性得到了强调。1202 年教宗英诺森三世（Papst Innocenz Ⅲ.）在他的教令"Per Venerabilem"中确认，法国国王在世俗事务中不必承认更高等级的存在。法律学者们进一步发展了这个教令。法律学者让·德·布拉诺（Jean de Blanot）于 1256 年写下这样的句子："法兰西国王在其王国之内为至高无上者（princeps），因为他在世俗事务中不承认更高等级的存在。"后来在这个基础上产生了欧洲国家的主权学说。

　　与拜占庭帝国类似，1204 年对于西欧历史来说同样是一个具有重要意义的转折点。法国国王腓力二世·奥古斯都夺取了英格兰国王在欧洲大陆的大部分所有权。1066 年的诺曼征服将英格兰王国与法国境内辽阔的统治疆域融合为一体，其范围自诺曼底至加斯科涅（Gascogne），远远超过了法国统治者的王室领地面积。然而，盎格鲁 - 诺曼（anglonormannisch）国王为了在内陆的所有权，必须承认其对法国王室的封建依附关系。这就给了法国国王腓力二世机会，他以一场封地诉讼起诉英格兰国王约翰（König Johann von England），并利用诉讼的判决取得向西开战的合法性。1204 年诺曼底作为盎格鲁 - 诺曼的核心区域归于法国王室。这场冲突奠定了英法王室关系的基调，其影响延续到近代。在充满波折的战争中，法

58 国国王征服了英格兰在欧洲大陆的剩余土地，直至进入 15 世纪。1558 年英格兰在欧洲大陆最后的堡垒加莱（Calais）落入法国人之手。另外，英格兰国王将威尔士（Wales）和爱尔兰纳入自己的统治体系中。而英格兰国王欲征服苏格兰的举动却激起了苏格兰当地贵族的反抗，他们成功坚守住了自己的边界。

丹麦作为斯堪的纳维亚的第一个王国在 10 世纪接受了基督教。第一个千禧年时期在挪威和瑞典兴起了更多的王国。国王哈根四世（König Håkon Ⅳ., 1217~1263 年在位）统一了挪威，其统治范围囊括了北海北部以及北大西洋上的岛屿［法罗群岛（Färöer）、设得兰群岛（Shetlands）、奥克尼群岛（Orkneys）、赫布里底群岛（Hebriden）、马恩岛（Man）、冰岛和格陵兰岛（Grönland）］。从 13 世纪起，条顿骑士团在波罗的海东岸的普鲁士国建立起他们的统治区域，并通过暴力传教与波兰竞争，扩大了自己的统治范围。立陶宛大公（der litauische Großfürst）雅盖沃（Jagiełło）于 1386 年接受了基督教洗礼，并通过与波兰公主的联姻将他的王国立陶宛与波兰合并。此时，整个欧洲的基督化在波罗的海诸国画上了圆满的句号。

伊比利亚半岛上的各个王国整个中世纪都在与摩尔人（Mauren）的统治进行对抗。他们与统治着伊比利亚半岛南部以及北非、地中海海岸的伊斯兰穆瓦希德王朝（Almohaden）和穆拉比特王朝（Almoraviden）的战争被基督教诸国王认为是收复失地的运动，是对沦陷于 711 年的西哥特王国（Westgotenreich）的重新征服。起初是纳瓦拉（Navarra）王国、阿拉贡（Aragón）王国、卡斯蒂利亚王国和莱昂（León）王国自北方推进拓展。巴伦西亚（Valencia）王国［包括巴利阿里群岛（Balearen）］于 13 世纪在阿拉贡联合王国（Krone

Aragón）中兴起，而发端于 12 世纪的葡萄牙王国则保持了政治独立性。与此相反的是，西班牙各王国之间的共存、对抗和联合持续至中世纪末才结束。

在某种程度上，我们可以将基督教十字军在巴勒斯坦建立的统治也算作欧洲君主政权：安条克公国（das Fürstentum Antiochien，1098~1268 年）、埃德萨伯爵领地（die Grafschaft Edessa，1098~1144 年）、耶路撒冷王国（das Königreich Jerusalem，1099~1187/1244 年）、的黎波里伯爵领地（die Grafschaft Tripolis，1102~1289 年）、奇里乞亚亚美尼亚王国（das Königreich Kleinarmenien，1198~1375 年，前期 1081~1083 年），以及塞浦路斯王国（das Königreich Zypern，1192~1489 年）。这些王国的精英和王国本身的存续完全仰赖于拉丁礼基督教世界的支持。在穆斯林的包围下，这些王国在东地中海的边缘进行了一场欧洲政治的试验。这场试验的颓势自 1187 年基督教王国丢掉耶路撒冷以后就几乎无法被阻止。最终，1291 年马穆鲁克（Mamluken）对阿卡（Akkon）的占领宣告了这场试验的终结。只有塞浦路斯作为拉丁礼基督教王国在东地中海继续存在，直至 1489 年。此后，该岛（以及早在 1204 年就易主的克里特岛）先是归于威尼斯，后来又归于奥斯曼。

尽管经历了许多变动和变革，君主统治的模式还是在中世纪欧洲得以建立。各王国、公国的重要性和国力都各不相同，王位传递的方式也都各异。中世纪的神圣罗马帝国建立了由各诸侯进行皇帝选举的模式。当时人们乐于以罗马皇帝特殊的、尊贵的地位来解释这种特色。实际上，斯堪的纳维亚和中东欧的君主国也保留了贵族进行国王选举的原则。然而，在实践中这些地方的王位总是由父母传给子女。

在 12 世纪和 13 世纪，其他大部分君主国实行长子继承制，

59

在缺少男性后代的情况下作为女性后代的公主拥有将统治权传给丈夫或孩子的权利。接受这种王位继承方式，就意味着无视民族身份。这导致会出现现存的各王国在王位继承中统一在一个君主之下的情况。这种"共主邦联"（Personalunion）有时仅短暂存在，有时延续若干代，有时甚至会扩张（波兰—立陶宛—匈牙利、斯堪的纳维亚诸王国）。在 15 世纪和 16 世纪之交，阿拉贡和卡斯蒂利亚也通过两个王室的联姻成功地将两个王国联合在一起。

在实际情况中，君主继承权的分量超过了诸王国中各民族在实践中习得的互相共存。王朝化塑造了欧洲历史的轮廓，其影响延续至近代。王权继承的偶然性直到许久之后才基于民族认同的原则得以消除。在 13 世纪至 15 世纪，从血缘关系衍生出来的王位继承权与管理自身事务的权利相互竞争，而各等级贵族其实并不能摆脱其统治者家族中的世袭巧合。

此外，如果暂时忽略威尼斯这样的特殊例子以及那些正在寻求或实践自治的最初迹象，君主秩序仍然是唯一可以想象的统治模式，这一点毋庸置疑。冰岛的自治于 1262/1264 年结束，随后该岛归于挪威国王统治，此时，哈根王室（Håkonssaga）利用了教宗的枢机使节（Kardinallegat）萨比娜的威廉（Wilhelm von Sabina）的权威。在他的斯堪的纳维亚之行中，这位教宗代理人为新出现的挪威国王对冰岛的统治提供了理由："这个地方没有像世界上其他地方一样归顺于一个国王，这是十分错误的。"[26]

普世的边界

12 世纪，欧洲早已形成了君主制的多元化。这一点在实践中并非笼罩在普世的统治模型之下，而是有完全相应的各种自我归因。东方的罗马皇帝或许将自己看作众多国王的首领。

此外，古希腊将世界划分为文明的本国和野蛮的外邦。在 12 世纪，这种划分只能在他们的直接统治范围内，或者在拜占庭接待外国君主的宫廷礼仪中得以维持。至迟在 1204 年，经常受到压力的君士坦丁堡拉丁皇帝被降级为欧洲统治者，充其量只有一个比国王更好的头衔。

自查理曼于 800 年加冕或奥托大帝于 962 年加冕以后，西方的罗马皇帝就从对罗马教会和基督教世界的宗主权中发展出了自己的优先地位。这种自信在 11 世纪至 14 世纪皇帝与教宗之间反复的争斗中发生了明显的动摇。12 世纪斯陶芬王朝寻求脱离这种合法性困境的出路，即建立神圣罗马帝国（sacrum Romanum imperium）的模型，与神圣罗马教会（sancta Romana ecclesia）的概念相抗衡，并确立了自奥古斯都（Augustus）以后一条连贯的王位传承线的思想。在概念上，帝权的合法性回归德意志诸侯进行的皇帝选举，这在 14 世纪虽然保证了帝国拥有一条有序的王位传承线，但是并不能保证其获得普世帝国中的优先地位。在欧洲舞台上，这个帝国只余下一个更好的头衔、更高的自信和若干救世史的思维模式。自 13 世纪至 15 世纪，欧洲忍受着这里的皇帝的统治，但为此受到的困扰极少，不值一提。

相反，教宗对普世权力的主张更为有力，教宗主张自己是整个基督教的首领以及通向上帝救赎的唯一中保人。罗马教会最强大的竞争对手在基督教发展伊始就误入歧途或者被边缘化，这使罗马教会从中受益。早先，教宗与耶路撒冷牧首、亚历山大港（Alexandria）牧首和君士坦丁堡牧首竞争资历和更高的尊贵地位。很快，亚历山大港牧首就沦为了伊斯兰教扩张的牺牲品。耶路撒冷的拉丁礼牧首在 1099 年十字军东征的胜利之后被安置于基督教最尊贵的城市，但是在 1187 年他的城市再次被穆斯林夺去。1204 年，君士坦丁堡被征服，归附于罗马教宗的拉丁礼牧首团于此时设立。君士坦丁堡的希腊礼牧首被边缘化了。直到拜占庭皇帝夺回君士坦丁堡，希腊礼牧首的自信才得以重振。

62 　　虽然罗马教宗优先权的思想可追溯至古典时期后期，但教宗直到 11 世纪才在西方拉丁礼教会中确立了他的优先地位。在这方面有两种等级制度模型互相竞争。从《新约》的《使徒行传》（*Apostelgeschichte*）中可得出所有使徒平等和合一的结论。在此基础上是作为使徒继任人的主教共同体以及由此而来的教会共识体系。而教宗有关统治权的主张基于作为使徒之首彼得的继任人的身份以及使徒保罗（Paulus）的教义权威。虽然当时没有任何可以肯定的关于这两位使徒死亡的消息，但是他们的坟墓分别在罗马西部的彼得教堂（Peterskirche）和罗马南部的保罗教堂（Pauluskirche）被供奉着。因为彼得被认为是第一位罗马主教，而《圣经》中耶稣基督曾将首位身份指派给教会的基石彼得，于是彼得的继任者主张拥有这种首位身份："你是彼得，我要把我的教会建造在这磐石上，阴间的权柄不能胜过他。我要把天国的钥匙给你，凡你在地上所捆绑的，在天上也要捆绑；凡你在地上所释放的，在天上也要释放。"（《马太福音》，16: 18~19）

　　在教宗至高无上的权威（Suprematie）在拉丁礼教会内部以及面对所有世俗力量的发展过程中，教宗格列高利七世（Gregor Ⅶ., 1073~1085 年在位）、英诺森三世（1198~1216年在位）以及卜尼法斯八世（Bonifaz Ⅷ., 1294~1303 年在位）在位时期被认为是教宗权威发展的最高峰。格列高利七世将他的权力主张纲领性地概括为在教会和俗世中的绝对权威。英诺森三世将教宗的"绝对权力"（plenitudo potestatis）扩展到所有生活领域。1204 年，他在给法国主教的以"Novit"开头的教令中，表达了对所有基督徒拥有裁决权的主张："因为我们不以人世间的规定而以上帝的律法为立命之本——我们的力量并非来源于人，而是来源于上帝——任何一个心智健全的人都不能否定我们的权力，我们的职责是对任何基督徒所犯任何七宗罪中的罪行进行问责，并且——若其拒绝向善——将对其处以教会惩罚。"1302 年卜尼法斯八世在其教谕"Unam sanctam"中明确要求所有人归顺："因此我们阐明，我们决定并宣布，所有人类必须服从罗马教宗，才能获得拯救。"[27]

面对这样的权力主张，摩罗尼的伯多禄（Petrus von Morrone，卒于公元 1296 年）的另类生活构想毫无机会。1294 年他以 84 岁的高龄成为教宗，名为雷定五世（Coelestin V.），但仅五个月之后就放弃了教宗的职位。在成为使徒彼得的继任者之后，他曾寻求继续过自己之前苦行、谦卑、禁欲的隐士生活，但在罗马教廷的压力下失败了。教宗的退位对于教会法规来说是充满争议的，作为继任者的卜尼法斯八世担心自己的合法性，直到伯多禄去世。伯多禄从所有权力结构中的退出让许多人感到着迷，他们尊他为"末世天使教宗"。当然，教宗职位的现实不容出现激进的反转。反倒是卜尼法斯八世的作为赋予了教宗形象以磅礴的气势，使得教宗的三重冕光彩可鉴。他强硬地要求所有基督徒无条件归顺，这样他们才能获得灵魂救赎——这一举动暂时为教宗权威的长期发展画上了句号。

中世纪早期教会力量和世俗力量尚且平起平坐，而教宗自11 世纪起就要求世俗力量降服于教会力量之下。教宗英诺森三世目标坚定地实施这一计划。1202 年，他不仅确立了教宗在罗马皇帝选举中的审查权以及王权交接（translatio imperii）中的责任，而且确立了教宗对于欧洲各国王领地的宗主权（Lehnshoheit）。"真正的皇帝是教宗"——后来的教会法学家指出了这种全方位的强势自信的本质。

1215年第四次拉特朗大公会议（das 4. Laterankonzil）确定了拉丁礼罗马教廷的形式和区域规划。1100年后不久出现了"拉丁世界"（orbis latinus）这个概念，它包括了部分基督教族群和王国。依照古典时期后期大公会议的传统，教宗英诺森三世将整个基督教世界（christianitas, populus christianus）邀请至罗马。教宗的文书处将邀请函送至各个教省的努力首次使得广大基督教世界的等级制度——教宗、都主教、主教、修道院长以及神职人员——清晰可见。由400位枢机、牧首、大主教以及主教再加上另外800位神职人员组成的聚会，以当时的标准无疑是盛大的，这使得第四次拉特朗大公会议成为那个时代最大的教会集会。在本次会议上产生的71条宪令强调了信仰的基础和权力结构，并对此做出了相应的具体规定。此外，会议的讨论内容还包括腓特烈二世（Friedrichs Ⅱ.）王权统治的合法性、对皇帝奥托四世（Kaiser Ottos Ⅳ.）的废黜、婚姻法、对犹太人打上视觉标记以及收复圣地。[28] 当时一位不知名的熙笃会僧侣（Zisterzienser）在他的记述中将这次会议与《使徒行传》中的五旬节神迹（Pfingstwunder）相比："如此多的方言，如此多来自天下每个族群的高贵士绅，会聚于圣座周围，此为见所未见，闻所未闻，难以置信，无人可想象得到。"[29]

自此，罗马教廷对拉丁礼基督教在神学、行政和财政方面文件的收集进行了系统化。在1274年的第二次里昂会议之后，教宗的司法管辖范围被划分为各个税区。呈给教廷的不计其数的请愿书信以及同样不计其数的给拉丁礼基督教世界各地的教宗答复、要求和恩典，促进了各地的紧密联系，并创造了一个随着日益密切的书面交流而越发显著的教会空间。[30]

即使传教使命以及由此得出的教宗对整个世界的统治权主张都能够成立，事实上，在中世纪这些也大多局限于拉丁礼欧洲。区分欧洲和拉丁礼欧洲的必要性变得越来越明显。作为最古老的亚伯拉罕一神教的保有者，犹太教区要么在基督徒的包围中，要么在穆斯林的包围中。尽管有各种试图联合的努力和强制的措施，但基督教会在罗马拉丁礼教会和东正希腊礼教会两个方向上的分裂还在持续。欧洲的东南部和东部长久地与罗马教廷的势力范围分隔开。这同样适用于伊斯兰教的各统治区域。在西班牙，它们虽然慢慢地让位于基督教的扩张，但是随着奥斯曼帝国的一系列征服，其势力范围又在巴尔干半岛得到了拓展。

来自中亚的蒙古征服者们没有向基督教敞开胸襟，而是接受了伊斯兰教。他们的改宗表明，对于一神教的接受和持久的政治上的成功是相辅相成的。在中世纪，欧洲几乎完全摆脱了原有的多神教。在基督教或伊斯兰教的传教团体中，肯定存在许多异教元素。然而随着欧洲边缘地区的基督化，那些被亚伯拉罕一神诸教污名化为"异教信仰"的宗教团体丧失了它们原有的政治地位。异教信仰在过去滋养着几乎所有的欧洲民族的记忆，但是当下和未来的欧洲属于基督教、伊斯兰教和犹太教。这些宗教并非起源于欧洲，也与欧洲无关。一定要将基督教与欧洲历史紧密地联系在一起的做法，在神学方面是脆弱的。然而，对真理和排他性的诉求却开始在欧洲变得有影响力，这些诉求是从一神教的思想中萌芽的：唯一真正的神一直是一位嫉妒的神，他不容忍身边有别的神。他在人间的代理人或者执行者也乐于接受这种严格的态度。但在实践中，他们在权力的普世性上屡屡碰壁。

新的共同体

至于1200年前后的变化，在教宗扩张领土的同时，出现了新的共同体模式和基督教的边境体验。前文已提及欧洲城邦在12世纪和13世纪的发展。随之而来的是知识组织和虔诚的

66

新形式。它们覆盖了欧洲大部分地区，并促使人口流动。

12世纪，在法国和意大利的教育中心，人们建立了经院式研究法，重新发现了罗马法律、亚里士多德逻辑学、希腊和阿拉伯医学，并使宗教教法系统化。这带来了一种新的、全面的学问和知识，并吸引了欧洲大批对此感兴趣的人。由此，出现了具有新的内容和师生共同体形式的教育机构，它们与古老的修道院学校和主教座堂学校并列。在经院式研究方法的作用下，教育机构中产生了一种涉及所有知识的怀疑文化。在此基础上，1200年前后在意大利、法国和英格兰出现了大学，这种机构想要在原则上统一所有的知识，并将其有效性的主张指向整个基督教世界。然而，欧洲不同地区在建立高等教育方面存在巨大差异。特别是欧洲的中部、北部和东部在争夺优秀人才的竞争中落后了几个世纪。

造成欧洲教育分化的原因是复杂的，涉及社会、文化和智力方面的因素。这可以从充满活力、差异化的社会所具有的精神创新力得到解释。正是在学者之间的代际冲突中，新生事物才有了蓬勃发展的机会。

神圣罗马帝国的教会诸侯们在为国尽责的过程中证明了自己的能力。他们虽然将充满好奇心的年轻子弟送到西欧和南欧的高等学府进行深造，但在内部却根本不允许或只是迟疑地允许诞生于经院哲学的怀疑文化。当德国主教座堂学校中的年轻人还在练习变位和变格的时候，他们在其他地方的同龄人却在争辩理性的力量或者法律的体系化。合一共同体（communitas/universitas）和自由（libertas）为创新奠定了基础，为学术研究和学习提供了独特的条件。保证变革的不是已经得到证明的东西或者等级制度，也不是传统的教会机构或者统治者的意志。相反，是新兴城市中的社区环境、师生共同体的新形式以及对知识的单纯渴望（amor scientiae）共同催生了新的学术格局。

　　皮埃尔·亚伯拉德（Petrus Abaelard，卒于公元 1142 年），关于他在知识上战胜其年长的老师拉翁的安瑟莫（Anselm von Laon，卒于公元 1117 年）的故事已成为一个变革的神话。这位后辈挖苦地说，这位"德高望重"者的声誉不是基于才华或者记忆力，而是基于陈规。他只依靠陈规来获得听众的青睐，而不是靠他的思想，因为安瑟莫几乎没有任何智慧。[31] 相反，皮埃尔·亚伯拉德致力于发展学生的智力，使他们免于陈旧知识的负担，并引导他们用逻辑来理解事物。由此，新老学界之间的竞争拉开了帷幕。现在重要的不是长期声誉的脆弱光泽，也不是学术利益的维护，而是每天所表现出的新的知识活力。老师必须在学生面前表达自己的主张。在索尔兹伯里的约翰（Johannes von Salisbury）的长诗中，我们读到了年轻人的自信，他们拒绝老一代作者们所写的读物，并向老师发问："这头老蠢驴要把我们往哪儿带？为什么他要给我们讲古人的言行？我们自己就懂得道理。我们年轻人自己教自己。"[32] 知识的更新发生在新老之争、创新与传统之争中。

　　建立大学的倡议首先由教师和学生发起，而后由教会或者世俗的权威来引导。在不同地区，大学的发展情况各异。在巴黎、牛津和蒙彼利埃（Montpellier），各个学校合并为"校长和学生的共同体"。在博洛尼亚、帕多瓦（Padua）和萨拉曼卡（Salamanca），学生建立了自治社团，该社团对教师有约束力。博洛尼亚和巴黎最古老的大学，其成立年代不可考。不过，这两所大学都成立于 1200 年前，并通过颁布章程（巴黎 1215 年，博洛尼亚 1252 年）最终得到确立。在 1220 年之前，牛津、剑桥（Cambridge）和蒙彼利埃的大学相继成立。此后在 13 世纪，有十所大学在南欧成立。直到 14 世纪和 15 世纪，国王、主教和诸侯才在中欧、中东欧和北欧建立起了大学。这些大学以先前的榜样大学的原则和结构为导向，但并未获得同样的成就。一些大学专攻法律或者医学，另外一些大学更愿意将所有学科一视同仁地包括在内。教宗、皇帝、国王或者诸侯的特权成为大学可以自由发展以及学历能够得到普遍承认的基础。

12 世纪与 13 世纪之交，意大利和法国南部对整个欧洲产生影响的不仅仅是它们的新学术中心。在基于货币经济而发展起来的城市共同体中，属灵的"反世界"（Gegenwelt）逐渐形成。"反世界"的追随者们以《使徒行传》为榜样，倡导一种激进的贫穷诫令。他们主张放弃俗世，主张忏悔、谦卑和服从，这与城市的各种诱惑相对立，提供了一种另类的模型。方济各（Franziskus，卒于公元 1226 年），亚西西（Assisi）富有的布商之子，在 13 世纪早期发现了《圣经》中的贫穷理念，在翁布里亚（Umbrien）颇有挑衅意味地带领一小群支持者以身作则地过起了这种生活，并很快在基督教中引发了持续的反响。在方济各富有感召力的热忱中，基督教内部形成了诸多组织。13 世纪新的宗教团体彻底改变了传统的本笃会（Benediktiner）和熙笃会僧侣的修道士生活。与建制派修道院相对立的是，方济各会和多明我会（Dominikaner）的修道士放弃了自己的财物，以乞讨为生，在城市和高等学府中活动。

在短短几年和几十年间，得到教宗认可的方济各会从意大利扩散开来，在各教省中建立了新的机构。自西地中海地区发展起来的多明我会［其名字来源于布尔戈斯 / 卡斯蒂利亚地区（Burgos/Kastilien）附近凯勒尤佳（Caleruega）的圣道明（Dominikus），卒于公元 1221 年］、瓦勒度派［Waldenser，名字来源于里昂商人皮埃尔·瓦勒度（Petrus Valdes），卒

于公元约 1207 年] 和谦卑者派（Humiliaten，出自拉丁文
humilis，意为卑微、恭顺）也加入进来。这些所谓的托钵修
会是激烈对立的社会变革和精神变革的结果。与巨大的财富积
累并行的是这种另类的设定："赤裸地跟随赤裸的基督。"

　　方济各会和多明我会勤于立规，并收集了庞大的、不断增
长的文本。由此，他们发展出迄今尚无可匹敌的理性的生活方
式。从 12 世纪到 13 世纪，修道院中出现了社会和文化觉醒的
新模式，具有深远的示范意义。各修会信任集体决策的力量，
信任适用于整个欧洲所有成员的成文法以及制度化的权力和服
从控制系统。由于意识到监管的有限性，他们要求僧侣和修女
将规范内化。他们旨在创造一种新的人类形象，将个人良知的
力量与对群体的无条件认可结合起来。早在现代国家理论系统
地发展之前，这种个人化与团体建设的结合，发展出了一种开
创性的修道院生活理性，涉及计划、规则制定、程序、分工与
效率。[33]

边境体验与意义之问

70

　　与 1200 年前后欧洲社会、经济和宗教方面的觉醒相
伴的是基督教在圣地遭遇的大挫折。第一次十字军东征
（1096~1099 年）征服了耶路撒冷，建立了十字军王国，但
辉煌的功绩很快演变为一种潜在的威胁。1144 年，埃德萨
沦陷。第二次十字军东征（1147~1149 年）由法国国王路易
七世（König Ludwig Ⅶ.）和德意志 - 罗马国王康拉德三世
（Konrad Ⅲ.）率领，最终以灾难性的失败告终。1187 年 7 月
4 日，苏丹萨拉丁（Sultan Saladin）在哈丁 [Hattin，位于
阿卡与加利利海（See Genezareth）之间] 战役中消灭了耶
路撒冷国王居伊（König Guido von Jerusalem）手下的十
字军部队。东方的拉丁礼基督教的最高圣物真十字架——传说

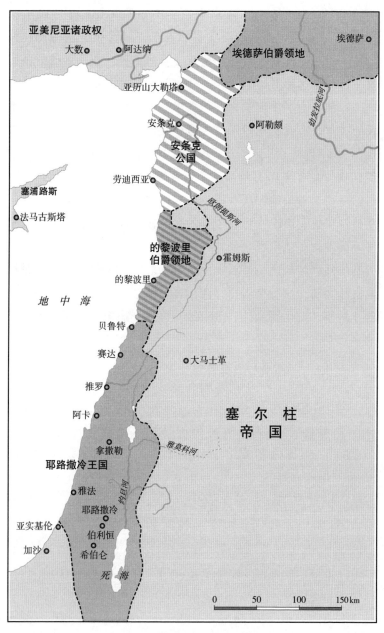

亚美尼亚诸政权

大数

阿达纳

埃德萨

埃德萨伯爵领地

亚历山大勒塔

安条克

阿勒颇

安条克公国

塞浦路斯

劳迪西亚

幼发拉底河

法马古斯塔

欧朗提斯河

的黎波里伯爵领地

霍姆斯

的黎波里

地 中 海

贝鲁特

赛达

大马士革

推罗

塞 尔 柱帝 国

阿卡

拿撒勒

雅莫科河

耶路撒冷王国

约旦河

雅法

耶路撒冷

亚实基伦

伯利恒

加沙

希伯仑

死 海

0   50   100   150km

图 6　圣地十字军王国，12 世纪

中耶稣被发现死于此十字架上——不可挽回地落入穆斯林的手中。萨拉丁率领军队共攻占了 52 座城堡和城市，其攻势一直延续至当年秋季。1187 年 10 月 7 日，他成功征服了耶路撒冷。此前不久，耶路撒冷牧首希拉克略（Eraclius）还在无比绝望地向拉丁礼西方的国王、诸侯、公爵、伯爵、侯爵和所有基督徒乞求救援。他在信中重复多次的"诸位！"已没有任何用处。[34] 第三次十字军东征（1189~1192 年），由教宗发起，由帝国皇帝和各个国王率领，但并未收复渴盼已久的耶路撒冷。此次东征取得了阿卡，建立了塞浦路斯王国，可以说仅取得了部分成功。皇帝腓特烈二世于 1229 年通过与穆斯林的谈判仅暂时赢回了基督教圣城耶路撒冷，而后在 1244 年圣城再次沦陷。

　　回顾之下，丢失耶路撒冷和成果微小的第三次十字军东征是欧洲历史上一个意义重大的节点。当 1197/1198 年十字军东征计划遭受同样的失败时，关于十字军东征的想法在 13 世纪发生了变化。即使基督教从未放弃将圣地从穆斯林手中夺回来，此时十字军东征也瞄准了另外的方向。穆斯林的统治中心位于埃及——这种估计本身是正确的，它于 1218~1221 年以及 1249/1250 年将基督教军队引向了尼罗河三角洲。然而，原本的十字军东征思想受到动摇的原因在于，一部分基督徒为了打压同为基督徒的对手或者异端而滥用十字军的名号。有生意头脑的威尼斯人为了一己之私将第四次十字军东征（1202~1204 年）引向基督教的帝都——君士坦丁堡，随后又有针对法国南部的迦他利派异端的十字军、针对威悉沼泽（Wesermarschen）的施泰狄根农民的十字军，以及针对被当作教宗之敌的皇帝腓特烈二世的十字军。

　　对于拉丁礼基督教而言，成功收复伊比利亚半岛只是部分缓解了十字军东征在东方的一连串失败所带来的伤痛。在丢

72

失耶路撒冷的哈丁战役 25 年之后，卡斯蒂利亚国王阿方索八世（Alfons Ⅷ.）率领的一路十字军东征军队于 1212 年 7 月 16 日——十字军征服耶路撒冷 113 周年纪念日（1099 年 7 月 15 日）的第二天——在安达卢西亚（Andalusien）的拉斯纳瓦斯·德·托洛萨（Las Navas de Tolosa）会战中面对摩尔人取得了具有决定意义的一场胜利。在数十年之内，基督徒占领了科尔多瓦（Córdoba）、穆尔西亚（Murcia）、卡塔赫纳（Cartagena）、哈恩（Jaén）、塞维利亚（Sevilla）、涅夫拉（Niebla）以及加的斯（Cádiz）。留给穆斯林的只有格拉纳达（Granada）王国。在欧洲，人们充满热情地关注着这场发生在安达卢西亚的战争，这一点可从教宗英诺森三世向整个基督教世界发布的指示中看出，他要人们在本土以祈祷和教堂游行的方式关注这场和摩尔人的战争，甚至在罗马也号召所有人参加忏悔游行。女人聚集在圣母大殿（Santa Maria Maggiore），男人聚集在圣亚纳大西亚圣殿（Sant'Anastasia），教士集中在十二宗徒圣殿（Santi Apostoli）。不久，编年史作者们将拉斯纳瓦斯·德·托洛萨会战（Las Navas de Tolosa）的胜利解释为神迹：在最危急的时候，在上帝的指令下升起了来自罗卡马杜尔（Rocamadour）的圣母旗帜，旗帜上有玛利亚、圣子耶稣和卡斯蒂利亚的徽章，这带来了有利于十字军的决定。撒拉森人（Sarazenen）死了数十万，而牺牲的基督徒只有 30 人。[35] 这荒唐的数字游戏背后是出于胜利的骄傲，而在这场胜利之外基督教所面临的是巨大的危机，因为东方的局势越来越紧张了。

73 　　十字军东征的思想早就受到了同时代人的批评。从 1187 年哈丁战役的失败到 1291 年阿卡的失守，从根本上动摇了基督教欧洲对其开拓边境能力的信心。这种边境体验成了转折点。1187~1291 年，巴勒斯坦的堡垒一个接一个地从基督徒手中滑落。十字军东征近两百年历史的终点是一场一败涂地的灾难。阿卡的沦陷对欧洲历史的意义仍值得仔细研究，即使这座港口城市远离欧洲本土。[36]

1291 年，苏丹阿卜杜勒马利克·艾什拉夫·哈利勒（Sultan al-Malik al-Ashraf Khalil）带领军队进攻阿卡——一座有着 20000 名居民和 40 座教堂的城市。在城市的防御工事被攻克之后，巷战进行得异常惨烈。基督教军队的将领们在意识到这场战斗毫无获胜的希望之后，纷纷逃跑保命。后来，守在欧洲本土的人将这场溃败归咎于他们——这大概是不公正的。对苏丹及其军队所犯暴行的控诉虽然是片面的，但基本上无损于对现实的反映：亵渎教堂、虐待妇女儿童、肆意地嗜血。多明我会的女修士们唱着赞美诗《求主圣灵降临》（Antiphon Veni creator spiritus）在教堂中被屠戮，贫穷修女会（Klarissen）的修女们唱念着《又圣母经》（Salve Regina）迎接死亡的降临。而对于逃出去的人来说，船只远远不够，于是在码头发生了令人惊惧的情景。穆斯林的惩罚令人恐惧。英格兰国王狮心王理查一世（König Richard I. Löwenherz）率领军队于 1191 年占领阿卡之后，对穆斯林占领军执行的大规模死刑令人难忘。整整 100 年之后，苏丹残酷地完成了复仇，将俘虏中的一大部分处死。关于这场战争的种种统计数字彼此矛盾，但对阿卡的屠城肯定算得上是中世纪历史上最血腥的事件。为了庆祝，苏丹在大马士革（Damaskus）和开罗（Kairo）举行了两场胜利游行。

这座最后的大堡垒的沦陷在遥远的欧洲引起了显而易见的恐慌。此时，欧洲开始寻找失败的原因。这种探求冲击着基督教自信的基础。忏悔神父们以最快的速度就位，斥责人们罪孽深重或傲慢无礼。但十字军东征难道不是一种罪恶吗？难道上帝背弃了他的子民，转向了穆斯林？里卡多·德·蒙特·科洛奇（Ricoldus de Monte Crucis）向圣母玛利亚发问："若说你的儿子耶稣基督变成了穆斯林，这是我至今仍不能相信的。但是我无比清楚地看到，他给予穆斯林许多东西。难道这真的预示着耶稣想要成为穆斯林吗？"游唱诗人吉廉·达斯珀斯（Guillem Daspols）质问的是他的上帝："你错了，上帝，你的行为变了，对此要负责的是你。"

随后，各种指责接踵而至。苏丹被视为上帝之鞭或者魔鬼的使者。教宗、好摆排场的教长们、拜占庭皇帝、堕落的阿卡市民、荒废潦倒的基督教骑士阶层——所有这些都被当作替罪羊。编年史诗作者奥托卡（Ottokar）将他对意义的追索凝聚到澎湃的文字中："说吧，我主上帝，明示吧，你为什么这样做？"当信众被屠戮时，上帝在哪儿？佳音的传播临到终点了吗？当向福音发源地的扩张崩溃时，基督教信仰该往哪儿行进呢？从 1187 年耶路撒冷的陷落到 1291 年阿卡城的失守，一连串的灾难并不能轻易地被纳入通往永恒安息日的救赎历史进程中。13 世纪的边境体验证明，与穆斯林的冲突可不一定以基督徒的胜利而告终！ [37]

两段个人见证描绘了这种动荡。耶路撒冷圣墓教堂的咏祷司铎（Kanoniker der Grabeskirche von Jerusalem）沙特尔的富尔彻（Fulcher von Chartres）在先前十字军东征取得胜利时曾庆祝西方教会基督徒在东方取得了新的身份（年代早于 1127 年）："曾经是西方人的我们，现在变成了东方人；曾经是罗马人或法兰西人的人们，在这片土地上成为加利利人（Galilaeer）或巴勒斯坦人；出身于兰斯（Reims）或沙特尔的人们，成为推罗人（Tyrer）或安条克人。我们已经忘记了我们的出生地，这些对我们大多数人来说都是不知名或闻所未闻的地名。有人已经通过继承父亲的遗产有了自己的房屋和奴仆，有人结了婚，对象不只是同国女人，而且还有叙利亚女人

（Syrerin）或者亚美尼亚女人，有时甚至还有受过洗礼的撒拉森女人……曾经是外人的，现在等同于土生土长的本地人……我们的眷属与亲戚每日跟随我们，他们将所有财物抛在身后，虽然他们一开始并不想这样做。因为曾经不名一文的人，上帝在此使他富有；曾经没有多少钱的人，在此拥有数不胜数的拜占庭币（Byzantiner）；曾经不拥有任何村庄的人，在此上帝赋予他整座城池。有这样的东方，为什么还要回到西方？"[38]

而方济各会修士帕多瓦的费丁提乌斯（Fidentius von Padua）于1290/1291年在阿卡陷落的前夕以截然不同的笔触描述了幻灭的情形。怀着对基督教最终胜利的强烈希望，他将目前的灾难的原因归结为基督徒之间的对抗：许多来自其他国家的基督徒虽然来到了阿卡，但是他们并不爱新的祖国，事实上，他们一直保持着新来者的状态，保留了他们各种各样的语言和习俗。"真是怪异，许多基督徒带着很大的热情来到了圣地，却又带着更大的热情回到了他们的家乡。"[39]

当然，集体失败的创伤正在逐渐愈合，即使教会和贵族还在继续宣扬十字军东征的思想。与此同时，失败与无力的体验使得欧洲的基督徒异常警醒。这种恐惧会转化为新的侵略吗？圣地的经历与针对自己友邻的暴力行为之间的直接关系不可被证实，只能去假设。拉丁礼欧洲难以接受其第一场跨海攻击的失败。边境体验刺激了拉丁礼欧洲对失败原因的探求。十字军统治的崩溃与审判异端的宗教裁判所的建立、欧洲对于犹太人的污名化在时间上的先后关系或许不是偶然。当欧洲人于15世纪和16世纪再次跨海出击时，他们毫无顾忌地实施着自己的传教使命。

1200年前后的欧洲——从12世纪到13世纪的过渡并没有取得明显的成功。欧洲在经济、生活和思想方面进入新领域，而与此相伴的则是十字军王国缓慢地崩塌。拉丁礼基督教在地中海上最大的合作行动最终一败涂地。欧洲市民阶层以及新的知识文化（Wissenskultur）逐渐兴起，与此同时，基督教骑士阶层运转失灵，帝国创造力日薄西山。

第二章
1200~1500 年的欧洲

1　节点与视觉轴线

本书与其说是关于欧洲的历史，不如说是关于发生在欧洲的历史。词语位置的变化似乎难以察觉，然而它对理解统一性与多元性以及对意义深远的交流和互动过程的重视都有影响。欧洲不是一个宗教、政治或文化意义上的统一体，而只是一个可变的概念——这种认识影响了本书的综述结构。因此，在本书最长的一章，即本章，笔者将从内部和外部两个方面描绘欧洲。为此，本章将把 1200~1500 年各种同时展开但并未交汇的发展支线联结起来。

借助三个时间上的节点——分别是 13 世纪中叶、14 世纪中叶和 15 世纪中叶——笔者将描绘出两条视觉轴线，一条线是欧洲与亚洲持续的互相交织，另一条线是欧洲与非洲的联结。毕竟，在欧洲发展起来的宗教、历史和神话是以亚洲为起点的。自 13 世纪至 15 世纪，来自东方的军事上的挑衅或者瘟疫使欧洲动荡不安。欧洲为此受尽苦难，却很少真正地理解这些苦难。它们在当时人们的文化记忆中留下了深刻的痕迹。中世纪的灾难体验向世界展示了欧洲的无助。只有在遇到来自亚洲的让欧洲人不可理解的事物时，人们才会听到创建欧洲统一体的零星的声音。而在日常生活中，这种声音又消失了。

78　　　三个相互关联的历史进程将在本章作为主题呈现。在这三个过程中，自亚洲而来的挑战与欧洲的秩序和觉醒结合在一起：（1）13 世纪中叶来自亚洲大草原的蒙古骑兵军团向西扩张，势不可当，不由让人想起由匈人推动的民族大迁徙；（2）14 世纪中叶沿着丝绸之路（Seidenstraße）和黑海港口向欧洲进发的瘟疫，迅速导致欧洲与当时已知世界第一次在"微生物层面上的联合"，即"黑死病"（Schwarzer Tod）；（3）奥斯曼苏丹穆罕默德二世的军队于 15 世纪中叶征服基督教帝都君士坦丁堡。这三场来自东方的灾难，震撼力无与伦比，塑造了发生在欧洲的历史。蒙古人的暴力、大瘟疫的破坏力以及奥斯曼帝国对欧洲基督教地区东南部的占领——欧洲人的相关记忆持续了数个世纪。失败无助的体验是否间接地塑造了后来欧洲跨海出击的残酷性？直到现代，欧洲人的头脑中仍萦绕着这些模糊的恐惧："黄祸"（gelbe Gefahr）、打破人畜界限的传染病、伊斯兰教对世界的统治力。

　　　欧洲与亚洲的这三重纠葛与人们对欧洲的政治解释力的三种思考并列。在 13 世纪、14 世纪和 15 世纪的中叶，也同样存在围绕优先权、统一性和多元性的问题进行的斗争。（1）1245 年，教宗英诺森四世废黜罗马皇帝腓特烈二世，将竞争普世统治权的漫长斗争推向了高潮。同时，西欧君主国在法律和事实上都形成了自治的主张。（2）14 世纪中叶，教宗、皇帝和国王之间的争斗再次升级，在这之后不久，在帝国和法兰西王国中，政治基本契约以不同的形式规定了王位继承顺序，建立了君
79　主秩序的基本模型。（3）15 世纪中叶，在拉丁礼基督教世界，将主教作为使徒继任人，与教宗的权威并列甚至凌驾于教宗之上的教会会议至上主义（Konziliarismus）失败。

　　　教会改革失败后，又发生了曲折的宗教改革（die Reformation），基督教由此分裂为若干宗派。罗马教宗战胜

教会会议，君士坦丁堡被奥斯曼帝国征服，此时，腓特烈三世（Friedrich Ⅲ.）于 1452 年来到罗马，成为最后一位在罗马加冕的神圣罗马帝国皇帝。他的曾孙查理五世（Karl Ⅴ.）于 1530 年成为最后一位从教宗手中接过皇冠的皇帝，只不过这是在博洛尼亚发生的。于此，形成于使徒之墓加冕仪式的教礼同盟结束了，此同盟曾在 800~1452 年将拉丁礼欧洲各方普世力量聚在一起。这个唯一留存的基督教帝国在 15 世纪最后 25 年里有了一个重要的头衔，它从中世纪的神圣罗马帝国（Heiliges Römisches Reich/sacrum Romanum imperium）变成了近代的德意志民族神圣罗马帝国（Heiliges Römisches Reich deutscher Nation）。如此一来，在中世纪末期，民族团结取代了罗马帝国的普世主义。

　　这三个由来自亚洲的挑战和欧洲的秩序成果形成的节点，不是出于事件交汇意义上的因果关系而仅仅是作为年代上相邻的偶然事件捆绑在一起。在重大事件上，遥远的同步性表明发生在欧洲的历史入口的开放性。三个章节分别阐述这三个节点，分别专注于三个特别的发展阶段：（1）13 世纪，欧洲人试图将统治与知识系统化；（2）14 世纪，决策过程被场景化为秩序的创造和表现；（3）15 世纪，欧洲人向境外扩张。这三个部分提供了相对于上述三个历史进程的另类选项，而远非断言欧洲的统一性。由系统化、场景化及扩张组成的"调色盘"在复杂和对立的环境中使得结构上的差异或者冲突凸显。

2　第一节点：蒙古入侵风暴及废帝

80

"毫无人性，禽兽一般，更像怪物而非人类？"

英国编年史作者马太·帕里先西斯（Matthaeus Parisiensis）[1]这样写道："如同闪电一般，蒙古骑兵自 1237 年开始攻击基督

教边境。"早在 1220 年向埃及的杜姆亚特（Damiette）方向
进军的十字军东征时期，关于蒙古人的模糊的消息就传向了西
方。最初，欧洲人期望这是来自东方的盟友，即强大的基督
徒大卫王（König David）。这种希望出自传奇的祭司王约翰
（Priesterkönig Johannes）的传说，该传说自 12 世纪起开始
流传，彼时十字军东征正危机重重。传说中，约翰王从位于东
方的聚集了世间所有光芒的基督教王国向西方疾驰，并从穆斯
林手中拯救了基督教弟兄。这样的希望或许与犹太教的盼望有
关——犹太人盼望着在 1240 年，即犹太历 5000 年弥赛亚能够
降临。

　　然而，在基督教十字军王国和欧洲，人们逐渐拼出了一
个关于蒙古人的画面，但与起初一厢情愿的想法完全不符。关
于他们所犯下的残忍暴行的消息超出了当时人们的想象，他
们在战斗中的不可战胜唤起了欧洲人内心原始的恐惧。蒙古
人自称"蒙加力"（mongali）或者"蒙阿勒"（moal），这
是一个统称，反映了蒙古民族起源的复杂性。而在欧洲语言
中，一个臣服于蒙古的族群的名字却被用来指代蒙古人：鞑靼
人（Tattern）。这个名称被广泛接受也许是因为它与拉丁词
tartarus——意为地狱或冥界——在发音上近似。1241 年，遭
遇蒙古人进攻的体验让欧洲人想起了《圣经》中可想象到的最
恐怖的事情。一开始，对于这种可怖的祸患，拉丁礼西方并没
有什么解释模型可用，因为眼下所观察到的情景无法用古代或
者《圣经》中有关东方的认知来解释。蒙古世界帝国飞快的崛
起时至今日仍使史学界感觉惊讶。

　　蒙古人于 12/13 世纪形成于中亚大草原带上游牧者与畜牧
者的融合。从克鲁伦河（Kerulen）与鄂嫩河（Onon）之间的
土地开始，富有独特魅力的军事部落的领袖们在短短数代的时
间里将一个多元的大族群融合到了自己的统治之下。其中，最

成功的军队将领铁木真在 12 世纪和 13 世纪之交巩固了原本松散的联盟。1206 年，部落族长们选他为首领，称他为成吉思汗。这种异质社区的快速融合与其他大帝国非常相似，这些帝国在取得政治成功并具有使命感的残暴人物的领导下，为不同族裔群体打造了一致的身份认同。严密的军事组织、强有力的立法以及受上天指派统治全世界的思想，是蒙古统治联盟崛起的标志。虽然成吉思汗（卒于公元 1227 年）的后人又使这个联盟分裂了，但是长久以来在人们的认知中这个联盟仍然是一个统一体。

肆无忌惮的扩张政策巩固着蒙古联盟。在成吉思汗去世之前，蒙古军队征服中亚花剌子模王朝（Chwarezm-Reich），越过阿塞拜疆（Aserbaidschan）和高加索山脉（Kaukasus）直至亚速海（Asowsches Meer）以北的地区。1223 年，蒙古人在罗斯（Rus）南部迦勒迦河（Kalka）[现在的乌克兰卡利米乌斯河（Kalmius）]打败了钦察人（Kumanen）和罗斯人（Russen）组成的军队。亨利希在他的《利沃尼亚编年史》（*Livländische Chronik*）中记载了此次战争的巨大损失（需要小心审视书中夸大的数字）：基辅大公姆斯季斯拉夫（Großfürst Mstislav von Kiew）与 50 名侯爵和 40000 名士兵一起殒命战场。在持续六天的追击中，蒙古人又杀死了"超过十万人——只有上帝知道到底有多少人丧命"。[2]几年之后，蒙古军队才退回了东方。

成吉思汗死后，他的四个儿子术赤（Dschötschi）、察合台（Tschaghatai）、窝阔台（Ögödei）和拖雷（Tolui）分割了蒙古帝国，而缺乏明确的分割界线导致了他们之间的纷争。根据蒙古传统，拖雷作为成吉思汗最小的儿子，得到了蒙古的核心发源地，即环绕哈拉和林（Karakorum）的"火塘"之地。窝阔台则获得了可汗（Großkhan）的头衔，他和

82

察合台分割了中亚。西部领土传给了术赤，然而他与成吉思汗同年死亡，之后又传给了其子拔都（Batu，卒于公元 1255年）。1236 年，拔都开始扩张位于东欧的钦察汗国（Goldene Horde）的领土。不久，匈牙利的多明我会收到了自伏尔加河向西而来的第一批坏消息。此时，信使们意识到了蒙古人统治全世界的"天命"。"天命"不容平等合作，不容多重政治，唯有屈服纳贡；任何反抗都会被无情地惩罚。1240 年 12 月 6 日，蒙古人攻占了自 10 世纪末扩建为基辅罗斯（Kiewer Rus）的基督教首府基辅（Kiewer）。大屠杀的记录仍留存在中世纪后期的俄罗斯编年史中，[3] 并终于让当时的编年史作者们明白，此地并没有驰援基督教兄弟的祭司王约翰。蒙古人一步步征服了基辅罗斯西南部，占领了桑多梅日（Sandomir）和克拉科夫（Krakau），随后兵分两路继续西进。

拜答尔（Baidar）统领的北路军于 1241 年 4 月 9 日在莱格尼察（Liegnitz）东南的战场上重创了皮雅斯特大公西里西亚的亨里克二世（Piastenherzog Heinrich II. von Schlesien）手下的波兰—德意志联军。蒙古军队凭借灵活的战马及高超的射箭术，消灭了动作迟缓的基督徒士兵。大公亨里克也在战斗中战死，他的头颅被挑在杆子上，挂在了莱格尼察的城门前。神圣罗马帝国似乎是下一个受害者，尤其是考虑到皇帝腓特烈二世正身陷与意大利的争斗，无法脱身。然而得胜的蒙古人突然越过小喀尔巴阡山脉（die Kleinen Karpaten）向南撤退，以便与其另一路大军会合。拔都统领会合后的军队于 1241年 4 月 11 日在穆希［Muhi，又称莫西（Mohi）］的绍约河（Sajó）河畔［处于匈牙利东北部的米什科尔茨（Miskolc）以南］将国王贝拉四世（König Béla IV.）的军队几乎全部消灭。贝拉的弟弟卡尔曼（Koloman）也因伤势恶化而死亡。只有零星的蒙古军队突进至奥地利，而匈牙利多瑙河

（Donau）以东所有的城市都被残酷地摧毁了。据记载，在蒙古军队经过的地方，半数民房被毁坏，占总人数四分之一的居民被杀害。

当时人们所处的时代不是胆小拘谨的时代，然而这种跨文化的不可思议的暴力程度还是让基督徒信使们感到惊惧。匈牙利的呼救声被可怖的目击者记录证实了。蒙古人有食人的习俗，取胜之后会大啖敌人的血肉——这样的讲述广为传播。显然，与基督徒自己在法国南部或不来梅附近的威悉河沼泽地对信仰的敌人进行十字军东征时的过度暴力相比，一个神秘民族的残暴行为更令人不安。在教宗与皇帝剧烈争斗的这个时代，该如何对欧洲人所遭遇的挑战给出解释呢？永久地丢失圣地，一个来自遥远东方的恐怖民族突如其来的胜利——这些事情意味着什么？没有人能够理解对手。蒙古人的骑兵部队突然出现，又迅速消失，仿佛鬼魅。面对灾难，欧洲人开始从名字上做出解释：难道这些异族战士是直接从地狱，即塔耳塔罗斯（Tartarus）来的吗？他们是在宣告迫近的世界末日吗？他们是末世的以实玛利的后裔（Ismaeliter）还是启示录中所讲述的被困于北方群山之后的歌革和玛各（Gog und Magog）？启示录已宣告，撒旦将在审判日释放这两地之民及其毁灭一切的怒火。

带着对异族人的困惑，欧洲人开始了对原因的探求。因为基督徒骑士被认为是世界上最优秀的战士，那么战斗的失败就只能怪他们自身的罪恶充盈了。教宗格列高利九世（Gregor IX.）与皇帝腓特烈二世自 1239 年开始的争斗使得这两支普世力量在危机时刻无法组织起反抗。教宗的党羽在以宣传鼓动为目的的辩论中甚至怀疑是被逐出教会的皇帝激起了蒙古人的入侵。格列高利九世在收到匈牙利国王贝拉的紧急求助之后这样谕示：让他们信奉上帝的慈悲，只有当皇帝向教会谦卑地屈

84

服，愿意悔改，匈牙利才能获得整个基督教社会的帮助。

皇帝腓特烈二世在 1241 年 6 月 20 日向欧洲各君主和罗马公民发出的通告中则提出了完全不同的观点。他承认自己一开始低估了危险，并承认他对基督教世界面临的致命威胁负有帝国君主的责任。然后，他更详尽地说明了他目前在与教宗和意大利北部城市中的叛乱者的斗争中所遇到的政治问题。他声称，所有这些冲突都是为了凝聚帝国力量，再次取得 1229 年帝国十字军东征异教徒时取得的胜利。信中还说责任只在教宗一人，他应当表现出良好的姿态，在现在这种最危急的时刻应向皇帝求和。腓特烈二世还请求英格兰国王亨利三世（König Heinrich Ⅲ.）为了基督教世界的和睦与其同仇敌忾。在这封通告中，文书处又加入了从匈牙利传来的关于外敌的最新信息，他们的起源、生活方式、相貌、武器和甲胄。清醒理智的行文与另一方末日启示录一般的猜想文字形成了鲜明的对比。[4]

然而，将蒙古的威胁从中世纪欧洲引开的，并不是这些无足轻重的舆论上的唇枪舌剑。拔都的大军于 1242 年向东回撤，仅在俄罗斯进一步扩大了他们的朝贡统治，许多基督徒感到这是上帝的神迹。真正的原因其实是可汗窝阔台（卒于公元 1241 年 12 月 11 日）死亡的消息于 1242 年初传至西方。因为拔都想要在继任人选择过程中亲临亚洲，他的军队驻扎在了钦察草原。钦察汗国以都城萨莱（Sarai）为中心，集中力量于伏尔加河下游，对波兰、立陶宛和匈牙利不时的劫掠骚扰持续到了 14 世纪。俄罗斯的苦难无法度量，然而，这场毁坏也产生了积极的作用。俄罗斯在朝贡体系中对蒙古的依附使得东欧和一个全新的世界贸易区相融合。于是，现在对于俄罗斯民族自觉意识发展的描述，不再仅仅从受害者角色的角度出发，而是基于其与亚洲政治动态的联系。

1241/1242 年，欧洲大部分地区免于蒙古世界帝国的统治恐怕不是因为基督徒有效的防御准备，而是因为蒙古方面在围绕窝阔台的遗产进行的王位继承斗争中发生的偶然事件。在帝国核心区，拖雷的儿子蒙哥（Möngke）的部落在与窝阔台后代的斗争中胜出。1255 年之后蒙哥的弟弟旭烈兀（Hülegü）在伊朗建立了伊儿汗国（Ilkhanat）。与 1242 年在西方的情形相反，蒙古在近东实现了进一步扩张。当时，这是能得到更多好处的目标。1258 年，蒙古军队征服巴格达（Bagdad），在消灭哈里发国（Kalifat）之后又于 1260 年向叙利亚挺进。但与苏丹拜巴尔一世（Sultan Baibar）的两场战争的大败使蒙古人在此失去了不可战胜的光环。

在东亚，拖雷的四子可汗忽必烈（Großkhan Kubilai）将都城从哈拉和林迁至北京，并放弃了草原传统，而草原传统在窝阔台一支成功延续了下去。帖木儿（Timur）在 1400 年前后仍保持着蒙古传统的生活方式，住在宏伟壮观的城市撒马尔罕（Samarkand）城门前的帐篷里。相反，忽必烈自中国北部出发于 1279 年灭南宋统一中国并完全融入了新的传统。

成吉思汗的四个后代分支之间彼此竞争，这导致蒙古联盟于 13 世纪后半叶四分五裂。察合台后代或者术赤后代统治下的蒙古西部地区强化了其自治地位，但拔都的弟弟别儿哥（Berke，1257~1267）请求遥远的哈拉和林的可汗承认其继承权。随着位于东欧的钦察汗国政治上的整合，其统治者接受了一神教。别儿哥虽然与基督教在贸易和传教方面有过一些接触，但并未选择基督教。对于一个征服者建立的国度来说，伊斯兰教在当时具有更大的吸引力。这样一来，蒙古人并未用多神信仰为欧洲带来宗教上新的起点。一神教的吸引力迫使入侵西方的异教侵略者选择相信只有一个上帝。

86

欧洲人的疑问

1242 年蒙古人回撤之后，欧洲基督教世界很快放弃因恐惧产生的忏悔，回到了正常变化的实用主义。但是欧洲基督徒对于此骇人族群的起源及特性的研究兴趣依然存在，尤其是因为他们没有接受过基督教的福音。1245 年，英诺森四世领导下的第一次里昂大公会议（das 1. Konzil von Lyon）做出了关于鞑靼人的决议，决议一开始就声明了基督教的世界使命，并描述来自蒙古人的挑战："让基督教的上帝崇拜越来越广泛地在各地方传播，此为我们热切的愿望。有些人——他们在思想和行动上都与我们为敌——在面对我们的这种渴望时，用所有的激情和力量去计划让我们的宗教从地上完全消失，这种难以衡量的伤痛就像利箭一样刺进我们的心脏。此为千真万确：不信神的鞑靼人部落的目标就是将基督教之民征服，或者更确切地说，消灭。"会议长老们呼吁所有基督徒共同努力坚守自己的边界："详细调查该部落可能入侵我们土地的确切路线和入口，并在你们认为合适的地方用壕沟、城墙或其他建筑和设施加强防御，使之无法轻易对你们发起进攻。"[5]

很快，探求的努力就超越了防御措施的范围，而努力的方向则瞄准了对于敌人的确切描述。《圣经》或者古代典籍无法对这些人做出解释，因此，在书中读不到的东西，就必须通过自己的观察去发现。长久以来经院哲学方法和亚里士多德式的分类系统为知识的获取发展出了理性的模型。同时，不断发问（inquirere/inquisitio）和整理作为思维的原则被使用。在 13 世纪，欧洲既想要理解小世界，也想要理解大世界。

当时，纠问式审判程序得到了发展，相比先前使用多位证言保证人或者神明审判的判决处理方法，这其实是一个进步。在弥漫着不安的大环境中，基督徒突然发现自己身边到处都是异端分子。在与这些敌人斗争的过程中，不应再根据社会地位、个人关系网或超自然力量来进行审判。现在，一切都是为了真相。因此，法律审讯以让被告招供为目标，而被告往往是在刑讯逼供下招供的。法律狂热分子不再忍受现有的环境。他们四处搜寻、询问、深入调查、追捕邪恶。结果，宗教裁判所进行了恐怖的异端迫害，尤其是在法国南部。

　　在这种环境下，欧洲基督教产生了深入研究蒙古人的想法。教宗英诺森四世向东方派遣了四支探险队。不久之后，法国国王路易九世也派使者前往蒙古。这些行动超越了欧洲以往所有对敌方的系统侦察。[6]为此，教宗于 1245 年要求一名俄罗斯目击证人对以下关于蒙古人的议题提供答案："1. 起源；2. 信仰类别；3. 宗教理念和仪式；4. 生活方式；5. 国力；6. 人口；7. 意图；8. 对协议的遵守情况；9. 接待和对待使者的方式。"[7]

89

　　多明我会和方济各会的修士们从长途旅行中给欧洲带去了令人惊奇的见闻，引起了欧洲诸多读者的注意。多明我会修士阿斯林（Ascelin）、圣康坦的西蒙（Simon von Saint-Quentin）以及隆瑞莫的安德里亚斯（Andreas von Longjumeau）向近东出发。他们的见闻被收录在同为多明我会修士的博韦的樊尚（Vincenz von Beauvais）所著的百科全书中。[8]方济各会修士若望·柏郎嘉宾（Johannes von Plano Carpini）和波兰修士本笃（Benedikt von Polen）一起跨越俄罗斯前往哈拉和林，在蒙古权力中心晋见了可汗。若望·柏郎嘉宾将关于蒙古人的消息传回了欧洲并回答了他的委托人教宗的问题，然而教宗又抛出了新的问题。

　　修士们许多关于这个亚洲异国的观察都带着教育的目的并指向欧洲人的内心。"上文描述的人，即鞑靼人，无论在世俗领域还是信仰领域，比世界上其他任何人都更服从并敬重他们的尊长，不会轻易对其说谎。他们彼此极少或从未有口角之争，更不会动手。他们内部从未发生过战争、冲突、伤害、谋杀。那里也没有抢劫和偷盗行为。"[9] 但这种恭顺和秩序却是建立在蒙古统治者无限的暴力的基础上的，且不存在对这种暴力的反抗："必须明白，皇帝的强权意味着其拥有一切，以至于无人敢说'这是我的，那是你的'，一切都属于皇帝，无论是静物还是人畜，对此还有一条专门的皇帝谕令。"[10] 在皇帝腓特烈二世于 1245 年被教宗英诺森四世废黜的背景下，关于蒙古可汗称霸世界，随心所欲地占有军队组织和臣民未经世事的女儿及姐妹的描述令欧洲人感觉非常奇特。[11]

方济各会修士纪尧姆·德·卢布鲁克（Wilhelm von Rubruk）自 1253 年至 1255 年受法国国王路易九世之托前往蒙古，途中他多次提到，他仿佛来到了一个完全不同的时代。[12] 他的实证观察使他不再对圣依西多禄（卒于公元 636 年）的权威充满敬畏，后者凭其所著的《词源》（Etymologien）成为拉丁中世纪的导师。纪尧姆在环绕里海的旅行中发现："圣依西多禄说它是一个海湾，这不对。因为它没有一处与海洋相接，四周都被陆地环绕。"[13] 纪尧姆为法国国王所做的旅行志令人印象深刻，从中可观察到一个欧洲人是如何与外国接触和交流的。纪尧姆在旅行中表现出了他的跨文化学习能力——当首次尝试饮用马奶时，他因不习惯而冒汗，但后来发现马奶确实美味可口。他在首次觐见拔都可汗时，态度坚定的同时又自嘲。纪尧姆如此评价他的方济各会装束："我身穿会服站在这里，赤脚，头上也无遮盖，在他们眼里可真是一场好戏。"然而这位僧侣却只愿在上帝面前下跪，不愿对一个蒙古君主下跪。由于单膝跪地不符合蒙古人的礼仪，为了避免受罚，纪尧姆不得不双膝下跪。但在开始拔都可汗面前的讲话前，他首先对上帝祈祷，并呼吁人们皈依上帝，以摆脱永恒的诅咒。"听到这些话，他笑了笑，其他蒙古人开始拍手嘲讽我。"[14]

后来，东方也向西方派遣了使者。基督徒回鹘人（Uigure）拉班·扫马（Rabban Sauma，卒于公元 1294 年）和他的学生马古斯［Markus，官方头衔为马·雅巴拉哈三世（Mar Yahballaha Ⅲ.），卒于公元 1317 年］——后者后来成为大主教（Katholikos），即所有聂斯脱里派主教的头领——从蒙古可汗处领命前往西方。1278 年他们途经丝绸之路和美索不达米亚（Mesopotamien）的长途跋涉开始了。后来，拉班·扫马又受伊儿汗国的委托前往罗马教廷拜见教宗尼古拉四世（Nikolaus Ⅳ.），并拜见欧洲主要国家的君主，如拜占庭皇帝安德洛尼卡二世·巴列奥略（Andronikos Ⅱ. Palaiologus）、法兰西国王腓力四世（Philipp Ⅳ.）、英格兰国王爱德华一世（Eduard Ⅰ.）等。他的旅行记录体现了聂斯脱里派对于西方基督教基础的熟悉以及对双方宗教差异的认识："语言不同，但仪式类似。"[15] 在巴黎，他赞叹拥有耶稣受难时所戴荆冠的圣礼拜堂（die Sainte-Chapelle），也赞叹据称拥有 30000 名神学学生的大学。对于拉班·扫马来说，前往神圣罗马帝国，拜见其君主的旅行显然没有什么收获。在君士坦丁堡、罗马、巴黎和伦敦，扫马看到了所有重要的东西。然而，他在罗马听到了一个奇怪的故事，据说足冠加冕礼是教宗高于皇帝的标志。直到进入 16 世纪，欧洲人仍在讲述这个故事。扫马在描述圣伯多禄大殿（Peterskirche）时也没有忘记提到这个故事："教堂里还有另外一个圣坛，在这里诸王之王接受按手礼，由教宗指定其为皇帝。据说，教宗在祷告之后会把皇冠放在脚上，再给皇帝戴在头上，正如这里的人所说，祭司之位应高于王位。"[16]

　　然而蒙古的传说却不包含与欧洲旅行者的问题列表相呼应的关于欧洲的清晰的陈述，虽然蒙古还有其他使者和观察者前往西方。[17]13 世纪对世界的探索和对敌的观察程度的不同反映

91

了知识文化之间的不对称性。欧洲坚定地将目光投向亚洲。最著名的讲述是由一名比萨战俘于 1299 年在热那亚的牢房里完成的，即《马可·波罗游记》(*Reiseerinnerungen des des Marco Polo*，原文为 *Divisament dou monde*，后称为 *Libro delle meraviglie del mondo; Il Milione*)。[18] 时至今日，人们还在争论这部世界文学作品中关于亚洲地理及中国文化与历史的奇闻逸事，作者在忽必烈可汗朝廷停留的十七年期间的所见所闻，以及对中国各大都市如杭州、北京、泉州、上都的介绍是基于实实在在的经历撰写的还是基于精妙的构思创作出来的。欧洲对异域亚洲早已充满兴趣，马可·波罗（卒于公元 1324 年）的这部作品得到了欧洲极大的关注，并多次被编辑、翻译和印刷。

14 世纪中叶，神秘的约翰·曼德维尔（Jean de Mandeville）的描述跨越了虚构的想象和实际经历的旅行之间的界限——这两者的差别其实是直到近代人们对中世纪文本中的文学创作和真实记载做出区分时才产生的。他的作品不仅是对近东朝圣路上见闻的记录，还是一本关于环行世界的游记，他按照中世纪的习惯，把世界作为球体来展现。这部在 14/15 世纪极为流行的作品为读者展示了来自非洲、中东、印度、中国和祭司王约翰的王国的奇异怪诞的风土人情。这位旅行家没有到达的地方只有伊甸园（das irdische Paradies）。

但实际上，欧洲自古以来的期望却没有实现。虽然有许多写在羊皮纸上的关于他的记述，但祭司王约翰却不见踪影。15/16 世纪，人们又前往埃塞俄比亚（Äthiopien）寻找他。此外，前往伊甸园的道路——流经伊甸园的四条河，即比逊河（Pischon）、基训河（Gihon）、底格里斯河（Tigris）和幼发拉底河在中世纪世界地图上被标记在印度的东边——依然被阻断。欧洲旅行家们发现的都不是他们已经知道的事物，而是许多奇异的、令人惊叹的事物，这迫使欧洲人对旧有的认知做出修正。在 11 世纪至 13 世纪的数次十字军东征之后，1240~1242 年对东欧造成巨大灾难的来自蒙古人的挑战以独特的方式恢复了两个大洲之间的联系。如此，从对亚洲的体验中，欧洲对于自身在世界中的位置的认知得到了进一步的发展。

教宗的眼泪和皇帝的世界之锤

93

　　1245 年罗马教宗和罗马皇帝之间长久以来的纷争达到高峰。教宗英诺森四世以里昂大公会议为舞台，开启了反对腓特烈二世的程序。1245 年 7 月 17 日，英诺森四世依据教宗的绝对权力重新开始了对腓特烈二世的绝罚，废除了他的帝位，解除了他所有的臣民对他的服从义务。此时，英诺森四世针对这位拥有皇权的对手的攻击达到了高潮。为了这一幕，此前他处心积虑地做着准备。1245 年 6 月 28 日，他在大公会议诸长老面前进行了一次对旧约《哀歌》（*Klagelieder*）中的章节的布道，其间他数次停下来抽泣：“路人啊，你们都无动于衷吗？你们看看，耶和华向我发出烈怒，降祸于我，还有谁比我更痛苦呢？”（《耶利米哀歌》，1:12）。根据马太·帕里先西斯的记载，教宗指出了基督教面临的五大痛苦，将其类比于被钉在十字架上的救世主基督身上的五道伤痕：（1）毫无人性的、要消灭整个基督教的蒙古人；（2）希腊教会从罗马教会的怀抱中脱离；（3）在基督教许多城市中出现的新的异端瘟疫，尤其是在伦巴第（Lombardei）；（4）对圣地的恐怖血腥的毁灭，尤其是在一年前被穆斯林再次夺去的耶路撒冷；（5）皇帝腓特烈二世对基督教会的敌意——而他本应是教会的首领和庇护人。[19]这样的控诉就意味着将与异端皇帝的斗争与当时基督教面临的来自蒙古人、穆斯林、教派分裂和异端的生死存亡的威胁紧密联系在一起。

作为腓特烈二世的全权代表，大法官苏艾萨的雅代（Thaddaeus von Suessa）被派往里昂以表达对教宗所采取措施的不满。他巧舌如簧，一再质疑绝罚程序的合法性，并以腓特烈二世促成基督教会的统一以及收复圣地为依据，给出了他的皇帝会妥协迁就的前景。然而最终胜出的却是教宗娴熟的情感技巧。"我的眼泪下流成河，因为他们不守你的律法。"——用这句《诗篇》中的经文（《诗篇》，119：136），教宗从他的听众那里获得了对自己有益的同情。此时，法杖被最终折断，教宗剥夺了他的敌人的皇位。

这是皇帝与教宗漫长冲突史上的一个里程碑。虽然此前英诺森三世也曾在第四次拉特朗大公会议上废黜皇帝奥托四世，但是这位韦尔夫王朝的皇帝此前早就被击倒了。而对腓特烈二世的废黜却并不容易，这也彰显了能够走到这一步的教宗的独一无二的权力。此前，教宗曾多次将国王和皇帝逐出教会，将他们隔绝在基督教共同体之外或者禁止他们取得王位。但现在这场驱逐却使教廷和帝国——基督教世界的两股普世统治力量——之间的关系受到了考验。里昂大公会议上的决议的提出既有长期的背景又有短期的前提。为了更好地理解这一事件，需要从两方面入手。

回顾帝权的长久存续

历史上，查理曼于 800 年、奥托大帝于 962 年两次建立帝国，恢复了西方的罗马帝国，但也造成了与东罗马帝国的持续竞争。西方再次出现了教宗的教礼联盟（das liturgische Bündnis）以及在罗马举行的加冕仪式。然而，加入罗马传统却不能使阿尔卑斯山以北的君主或臣民变成真正的罗马人。皇帝的头衔确实标示普世的权力主张，但也面临在欧洲中心身份

高贵但权力有限的现实。如果忽略为数不多的几个例外，罗马
和意大利对于大多数中世纪的法兰克国王或者东法兰克—德意
志（ostfränkisch-deutsch）国王来说，只是罕见的旅行目的
地。在数百年的实践中，国王统治的机会和不断膨胀的帝国自
信之间发展出了一种独特的紧张关系。自 10/11 世纪起，这种
关系基于对三个王国的占有：东法兰克—德意志王国、（北部
和中部的）意大利王国以及勃艮第王国。东法兰克—德意志的
君主通过罗马加冕礼获得了超越其他欧洲君主的优先地位。

　　教宗是上帝在人间的代理人，皇帝是政治等级制度的首
领，这两种普遍的权力主张从一开始就为双方埋下了冲突的种
子。教宗与皇帝之间围绕争夺优先地位还是平等相处，教会权
力和世俗权力融合还是各自独立展开的竞争贯穿整个中世纪历
史。这里存在着一个不同于其他统治系统或者其他文化的特
征。在东罗马帝国，君士坦丁堡牧首从未脱离拜占庭皇帝的影
响领域。在伊斯兰世界也没有出现过可与欧洲相比的神权与王
权的区分。长期来看，中世纪两种普世基本模型之间系统化的
冲突已经为后来的政教分离、国家主权的形成、世俗化的基础
以及普世意义的丧失奠定了基础。

　　直至 11 世纪中叶，奥托王朝和萨利安王朝的皇帝们一直
通过夺取教宗职位来维护他们对罗马教会的宗主权。皇帝奥托
一世于 963 年首次通过罗马教会会议废黜当时的教宗。1046
年，海因里希三世（Heinrich Ⅲ.）在苏特里（Sutri）和罗马
的宗教会议上废黜三位教宗，这标志着教宗对皇帝的从属地位
达到了顶峰。11 世纪的教会改革以及 1076~1122 年教宗和皇
帝围绕是否将教会从世俗力量中解脱出来展开的划时代冲突迫
使信仰领域和世俗领域真正意义上的分化首次出现。教宗格列
高利七世两次将海因里希四世（Heinrich Ⅳ.）逐出教会，取
得了主动权。此时，德意志—罗马国王们对于罗马教宗加冕程

95

序的依赖变得显而易见。

96　　自 11 世纪至 13 世纪，教宗加强了对其权威的理解。从 12 世纪到 13 世纪，教宗通过对教会法律的系统化梳理成功地确立了自己的地位。这不仅巩固了作为使徒之长彼得的继任人的教宗数百年以来所确立的上帝在人间的代理人的地位，而且保证了教宗在教会等级制度中不受限制的优先权、制定新法律的权力、对所有大小事务的参与权、在有争议的神学问题上的教义权威以及独一无二的救赎中保的地位。"罗马教会从未犯过错，而且有《圣经》为证，以后也永远不会犯错。"——格列高利七世于 1075 年所做的教宗训令中的第 22 条令赋予教宗决断对错的权力。由此产生了如下的主张，即教宗可向上至皇帝的所有人要求顺服，因为每一位基督徒为了使自己能得到救赎都需要教宗。从罗马教廷的角度看，这意味着世俗权力屈从于教会权力。罗马教廷认为，基督留给世界的两把剑中，教会之剑先于君王之剑。

　　自 12 世纪至 14 世纪，教宗和皇帝之间的冲突主要围绕服从与从属关系以及教宗至高无上地位在仪式中的体现而发生。加冕礼法典详尽地陈述了典礼的流程。在当时那样一个没有成文宪法、政治上的团结依赖个人关系的时代，这具有根本性意义。人们会聚一堂公开操作，此举不仅反映了秩序，更是创建了秩序。皇帝加冕礼的种种规则将教宗的至高无上权威表现得令人印象深刻。在进入罗马圣伯多禄大殿之前，君主必须首先亲吻教宗的脚。在加冕弥撒之后是公开的掌马侍从礼（Strator- und Marschalldienst）。此时，新皇帝须扶教宗上马，还要像马夫一样扶着马镫，然后他步行为教宗牵马。

97　　不少人尝试以《圣经》中教会权力和世俗权力的平等存在为依据强调帝权的独立性。腓特烈一世的文官处纲领性地提出了"神圣帝国"（sacrum imperium）的概念，与神圣罗马教会（sancta Romana ecclesia）相对。由此在 12 世纪和 13 世纪之交产生了"神圣罗马帝国"的名号。与教廷收集和丰富教会法的做法不同，被深入研究的罗马法及其独特的对晚期古代帝国思想的剖析没有被系统地用于帝国理论研究。后人有时为此责备皇帝们，尤其是早就与博洛尼亚法律学校有联系的腓特烈一世。然而，12 世纪和 13 世纪，欧洲诸王国所面临的复杂多样的现实与古典时期后期罗马皇帝查士丁尼一世（Justinian I.）所处的环境不同。6 世纪，欧洲诸王国尚可宣扬将所有的立法权从罗马人民手中转移至皇帝或者帝国称霸世界这样的主张。在欧洲国王的圈子里，假如斯陶芬王朝的皇帝们完全照搬这些古典后期的帝国法典，那么他们就会让自己显得滑稽。

因此，罗马法首先成为高等学校研究学习的对象。学者们用系统化秩序体系的逻辑、严谨和演绎艺术来对抗中世纪中后期的欧洲，从而开启了漫长的学习和感知过程。帝国未能长期利用这一学习过程，因为它脱离了帝国的现实。帝国的回旋余地不是来自理论知识的力量，而是来自政治实践及其不断变化的可能性。毕竟，打造这个中世纪帝国的是在欧洲君主圈子中所宣称的优先权、对罗马教会的宗主权主张以及对古典榜样和救世史启示的仰赖。在现代对历史上各大帝国的考察中，神圣罗马帝国和君士坦丁堡东罗马帝国被排除在世界帝国行列之外。由于它们面积小、创造力匮乏，这样做完全是有道理的。然而，这一做法却没有考虑到，在实现机会有限的情况下帝国想象力的力量。

历经与三代皇帝的敌对关系，教宗英诺森四世最终废黜了皇帝腓特烈二世。腓特烈二世的祖父腓特烈一世在 1160~1177 年被教廷逐出教会。父亲海因里希六世（Heinrich Ⅵ.）因与诺曼公主康斯坦丝（Konstanze）结婚而激怒了教廷，因为他的帝国在联姻之后囊括了西西里王国，而这就意味着帝国正好包围了教宗在意大利中部的统治区。无论皇帝多少次亲吻教宗的脚，为教宗扶镫牵马，教宗还是一直保持戒心。1198 年，一场充满争议的德意志诸侯的帝国大选为教宗提供了新的插手机会。斯陶芬王朝的施瓦本的菲利普（Philipp von Schwaben）与韦尔夫王朝的奥托四世争夺神圣罗马帝国的统治权，此时教宗英诺森三世将斯陶芬后裔称为"迫害者之族"。1201/1202 年，他对教宗的准许权进行具体化，主张神圣罗马帝国大选要由教宗审查并批准。这个权力主张是英诺森三世通过回顾历史和展望未来提出的。他的论据是：在过去，教宗将帝权从希腊人转给法兰克人，再转给德意志人（拉丁文称之为 translatio imperii）。那么终有一日，教宗也必将为德意志诸侯选出的王加冕，使之成为皇帝。因此，教宗有权在帝国大选时检验候选人的能力。

教宗这个准许权主张成为教会法律的一部分，并保留了数百年。而对于作为选举者的德意志诸侯和德意志—罗马国王们来说，这个准许权是完全不可接受的。假如这个权力得到执行，那么神圣罗马帝国的王权与帝权就完全依附于教宗了。不同的法律立场在几乎每一场帝国大选中互相碰撞，这样的情形一直持续到 14 世纪中叶。直到 1338 年德意志诸侯的决议和查理四世（Karl IV.）以及选帝侯（Kurfürst）的 1356 年金玺诏书（Goldene Bulle）才确定了一种可行的解决方案：隐藏教宗的准许权，把选举德意志—罗马国王的权力完全赋予由七个选帝侯组成的特权机构。

教宗英诺森三世以其准许权主张开启了教宗与罗马国王／皇帝之间的新一轮角力。虽然在实践中准许权的主张并没有什么实施的前景，但教宗对这种法律立场还是做了严格的论证。此外，他还在各个领域努力使自己在世界上的优先权系统化。1198 年他做出了一个非常有效的比喻，即造物主在天上放置了两盏大灯，较大的那个是白天的太阳，较小的那个是夜晚的月亮；同样，在基督教的天幕中也有两个高贵的存在，主教的权威和国王的权力。较大的那个，是白天，带领灵魂；较小的那个，是夜晚，统治肉体。正如较小较弱的月亮从太阳获得光芒，国王的权力也从教会中得到荣耀。国王越接近教会，那么他反射的光芒也越亮。数十年之后，枢机塞古西奥的亨里克斯（Heinrich von Segusio）给出了精确的大小比例：因为太阳比月亮大 6644 倍，教会权力也就一定比君主权力重要 6644 倍。[20] 在基督徒的边境体验中，这样的冲突远非拉丁礼欧洲内部两种普世权力共同行动的最佳前提条件。

回顾教宗与皇帝之间争端的快速升级

历史上，教宗格列高利九世曾两次对腓特烈二世施以绝罚，理由是他拒绝对罗马教会表示应有的顺服。这位斯陶芬王朝后裔在 1215 年亚琛的国王加冕礼和 1220 年罗马的皇帝加冕礼上发誓要进行十字军东征，然而却一再延迟出发，这导致了 1227 年教会对他的第一次驱逐。1225 年，这位皇帝通过与耶路撒冷王国的女继承人以撒贝拉（Isabella）的婚姻确立了自己在圣地的统治权。他的官方头衔展示了他所拥有的三重尊贵身份：罗马人民的崇高皇帝、耶路撒冷国王和西西里国王。

腓特烈二世的十字军东征推迟了数年，这在罗马教廷看来是不可忍受的无理行径，于是对他处以绝罚。腓特烈二世虽然已被正式逐出基督教共同体，但还是动身前往圣地。在十字军东征过去数十年的惨败之后，他在战略上取得的成功是如此轰动，以至于支持者们疯狂地赞美这位英雄，同时他也引起了敌人极大的愤恨。1229 年，腓特烈二世与埃及苏丹艾卡·米勒（Sultan al-Kamil）签订了十年的停战协议，通过这个协议罗马基督教收回了耶路撒冷大部分地区、伯利恒和其他一些地

100

区。腓特烈二世于 1229 年 3 月 17 日进入耶路撒冷，他是中世纪拉丁礼欧洲唯一做到这一点的皇帝。次日，他头戴王冠进入救主的圣墓教堂。他的祖父和父亲都死在十字军东征途中而未能见到圣地，腓特烈二世通过谈判的手段做到了。教宗格列高利九世虽仍对他的叛逆充满愤怒，但还是不得不于 1230 年与腓特烈二世和好，重新接受他进入基督教共同体。

1239 年的第二次绝罚，腓特烈二世却无法再次逃脱。此前，他与北意大利城市的冲突以及与教宗的冲突一直在加剧，他们冲突的焦点最后集中在撒丁岛（Sardinien）的统治权是属于教宗还是属于斯陶芬王朝这一问题上。教宗启动教会程序将他作为异端来展开调查，而他的嫌疑非常大。异端是死罪，比单纯的不顺服要严重得多。不久后，教宗给基督教世界的所有国王、主教和诸侯发了一封通告，表达对腓特烈二世的指责："这个遭瘟疫的王，曾公开宣称——用他自己的话说——全世界都被三个骗子骗了：基督、摩西和穆罕默德。其中两个骗子尽享荣华富贵，而只有耶稣被钉死在了木头上。"教宗又说，腓特烈二世还否认圣子是由处女所生。这篇通告以形象的语言开始："一只怪兽从海中升起，身上满是亵渎的名号。"教宗指出这个怪兽就是皇帝腓特烈。[21]

或许是这位斯陶芬王朝后裔写给诸位枢机的一封信导致了争端的加剧。他在信中写道："指定诸位枢机为使徒继任人的基督才是教会的头，而彼得为所有人服务。"[22] 这就将枢机理解为教宗的兄弟而不是下属。这样的观点似乎不可思议，尤其是考虑到枢机是由教宗指定的。然而这样的想法，即枢机或者主教作为使徒团体的继任人与作为彼得继任人的教宗平起平坐甚至更高一级，在教会史上一再出现。尽管有如此的诱惑，但在 1239 年的教会中合作共治模式还是没有战胜等级制度模式。这位皇帝没能成功鼓动枢机们反对教宗。

　　教宗和皇帝之间的斗争从一开始就瞄准了所有基督徒的公共领域。这里堆满了一封又一封宣传鼓动的通告。一方面，教宗格列高利九世和英诺森四世谴责腓特烈二世为敌基督的探路人或者启示录中那条古蛇的头；另一方面，斯陶芬一派将腓特烈二世塑造为受膏者——意指大卫王的继任人——耶西（Jesse）的后裔和最后的王、和平的王。巴里的尼古拉斯（Nikolaus von Bari）不遗余力地对腓特烈二世进行赞叹："哦美妙的王，谦卑又高贵的王啊，您的才能非语言所能描绘，令诸侯欢喜，令人民欢呼，无人可更高贵，无人可更谦卑！您是高贵的君子，大地上的典范，人类的光彩，圣礼中的火炬，一切公义的开端。""他要执掌权柄，从这片海直到那片海，从大河直到地极。地上处处敬畏他的权能。"最后这位颂歌作者甚至到了将腓特烈二世与圣母玛利亚相比的地步，他以天使加百列的身份问候腓特烈："万福，皇帝陛下充满恩宠者，上主与你同在！［……］国王中你是蒙祝福的，你身体所结的果实也蒙大恩，亦即最美的果实，康拉德国王，你的爱子，你所喜悦并将永远喜悦的，正在长大的儿子约瑟夫，成长中的少年，气度不凡。"[23]

　　102

　　教宗一方对这样的言语无法忍受。在这个动荡的时代，鼓动人心的狂言已经够多了。越来越激烈的情绪让腓特烈的文官处之前尽力避免的一个话题浮出水面，即帝权和世界统治权的关系。皇帝本应是世界上独一无二的存在，处在权力金字塔的顶端，凌驾于众多国王之上。虽然现实更加复杂，但帝权和世界统治权的关系却并非不曾被推敲。然而，在 12 世纪和 13 世纪相关证据却很零散。皇帝腓特烈一世在针对拜占庭的对手时偶尔使用"皇帝的世界统治权"（dominium mundi）这个词，直至 1178 年。腓特烈二世在加冕为皇帝后也的确宣誓自己为基督教最高君主和罗马教会的保护人。因为他不断呼吁基督教国王团结起来对抗教宗，他的文官处仅有一次表现为陶醉于世界统治权这个想法。而这也与受众的身份有关。

从 1240 年皇帝的一封通告中，可以发现腓特烈二世和教宗格列高利九世之间的冲突。现存的各版通告在文字上几乎一致，但是结尾对特里尔大主教（Erzbischof von Trier）发出的号召与对英格兰国王的号召完全不同。皇帝这样号召自己的教会侯爵（Kirchenfürst）："站起来，不可战胜的日耳曼尼亚；站起来，日耳曼人民。守卫我们被所有民族羡慕的帝国。这个帝国给了你们最高的荣耀和世界统治权（mundi monarchia），而它现在却被教宗分给了几个国王，以便永久地夺走你们崇高的统治权。"腓特烈二世在对英格兰国王的信中免去了日耳曼人世界统治权的部分，而仅仅呼吁君主的团结和支持。[24] 可见，皇帝关于世界统治权的主张明显仅限于自身帝国边界之内，而且只能在情感上束缚自己的臣民。

从现代的角度来看，腓特烈二世在许多层面上是首个现代君主：他开放、理性、见多识广，对穆斯林和犹太人宽容，对自己人当中的迷信持批评态度，身体力行维护跨文化理念。如果更仔细地阅读同时期的史实记载就会发现，这样的评价来自腓特烈二世在教廷中的对手们有针对性的宣传。皇帝本人的意愿是在那个时代做一名虔诚的君主，并坚决地否认了教宗对他的指控。然而，他尽管有那么多有学问的大臣帮助他澄清相关指控，仍无法阻止中世纪历史的现代读者们不负责任地将对手对他的毁灭性指责看作对他的赞美。

马太·帕里先西斯提到了教宗在 1245 年教会会议上对腓特烈二世的指控：异端、亵渎教会、使撒拉森人殖民基督教城市卢切拉（Lucera）。"他带着对基督教教义训诫的蔑视，接受了这些撒拉森人的习俗——毋宁说是恶习——以及他们的迷信。"这位英格兰编年史作者又加上了腓特烈二世与埃及苏

丹艾卡·米勒交情颇深这一罪过，此外还提到"与撒拉森少
女——毋宁说是妓女——的交往方式无耻得不堪言说"。[25] 那
些丝毫不了解中世纪的思维和论证方式的人，会乐意将这些让
人身败名裂的强烈指责转而看作一个时髦的斯陶芬王朝后裔的
宽容风度，并对此深信不疑。一个多元文化皇帝（Multikulti-
Kaiser）的摩登形象就这样产生了。然而，现在学者实在不应
该在腓特烈二世逝世 750 多年后的今天再次用他的敌人的恶
言来诋毁他。皇帝及其大臣激烈地抗议所有这些针对皇帝的诽
谤，一次次地强调他们正统的天主教信仰。

教宗废黜帝位的教谕以"Ad apostolicae dignitatis" 104
（使徒之尊）开头。这篇教谕在后世成为反抗不公统治的行文
模板。英诺森四世处心积虑地选择他的用词，强调该程序的合
法性，并将腓特烈二世的罪过一一列举。教谕声称，面对教宗
如父一般的规劝，他的心像《旧约》中的法老一样刚硬，耳
朵像毒蛇一样紧闭，他的反应带着"傲慢的固执和固执的傲
慢"。他对教会不仅不顺服，反而恶毒地与教会进行博弈。教
宗挑选出了腓特烈二世所犯的四项尤其严重的罪行，并进行了
一一说明：（1）违背誓言；（2）破坏教会和帝国之间的和平；
（3）在前往大公会议的路上抓捕教宗的尊贵主教；（4）因"严
重而明显的原因"被怀疑为异端。教宗以腓特烈二世与撒拉森
人的友谊作为其指责皇帝异端的依据。教宗称，腓特烈二世不
仅表明自己是"他们的生活方式之友"，而且秘密地与苏丹达
成了一项协议，"在耶和华的殿中日夜公开呼叫穆罕默德的名
字"。这位斯陶芬王朝的后裔还支持拜占庭统治者约翰三世·
瓦塔克西斯（Johannes Ⅲ. Vatatzes，1222~1254 年在位），
后者被认为是上帝之敌和教会之敌。教谕对于皇帝犯罪事实的
列举以一条论断和一个问题达到了高潮："但另一方面，大片
的土地上他没有建起任何一座教堂、修道院、医院或者其他敬

虔设施。这一切难道不是证明对他的异端怀疑的合理性的重要证据吗？"

借着耶稣基督赋予使徒之长彼得的在地上和天上捆绑和释放的权柄，教宗断定了腓特烈二世的德行不配作为帝国的领袖，确认依照上帝的命令废黜其帝位和王位。腓特烈二世的臣民将从对他立下的效忠誓言中解脱出来。如果他们还继续对腓特烈二世效忠，那么就要被逐出教会。教宗将选出合法新君的任务留给了神圣罗马帝国的诸侯去做。至于西西里王国的继任人，教宗想要亲自与自己的枢机一起决定。[26]

腓特烈二世对于教宗的裁决表示不服。马太·帕里先西斯在他的编年史中记载了这位皇帝对此事的反应：他怒不可遏，在怒火中自己将王冠戴在头上。"戴上王冠之后，他起身，带着威胁的目光、可怕的声音和难以平息的怒火，大声地对众人说：'我的王冠还没有丢，以后也不会丢，不管是教宗的敌意还是教会集会的决议都没用，想要我的王冠，必须与我血战。难道他们傲慢到以为能将我这位无人能超越，甚至无人能与之相比的尊贵皇子从帝国荣耀的顶峰赶下台吗？'"[27]

腓特烈二世生命中的最后五年充满了围绕统治权的斗争。在整个帝国，教宗的废黜令将各个家族分裂为支持腓特烈二世和反对腓特烈二世的两派。诸侯先后两次选举新王，1246年图林根领地伯爵海因里希·拉斯伯（thüringischer Landgraf Heinrich Raspe）当选皇帝，1247年荷兰伯爵威廉（holländischer Graf Wilhelm）当选皇帝。然而，斯陶芬王朝的统治并没有那么容易垮台。皇帝腓特烈二世和他的儿子国王康拉德四世（Konrad IV., 1250~1254年在位）至死都在为他们的帝国斗争。腓特烈二世多次呼吁欧洲的国王们应该团结。他对法国国王路易九世说了这样精彩的话："我谦卑忍耐，承受着铁砧般的重负至今，不愿我的臣民再因我的忍耐而受苦，而我亦无法承受自己将来竟不能为守护自身事业而勇夺铁锤之位。"

腓特烈二世死于 1250 年 12 月 13 日，敌友双方在关于此事的记忆上再次阵营分明。各种记载互相矛盾。马太·帕里先西斯记载，这位表示悔改的皇帝在灵床之上得到了巴勒莫大主教的赦免，并且为了表示自己对于教会的虔诚，穿上了熙笃会的法衣。教宗一党的讲述则完全相反：一个异端、教会迫害者经历了可怕的死亡——严重的腹泻、磨牙、嘶吼、口吐白沫，尸体发出不可忍受的臭味。[28] 今天，我们已不再将这些文字当作医学诊断来读，而是当作对于一位君主的死亡不同派别传递出的不同信息来读。后人希望，这位皇帝其实只是被上天收去了，并长眠于埃特纳山（Ätna）或者奇辅霍泽山（Kyffhäuser），将来会再度回归。

在阿尔卑斯山南北的腓特烈二世的继任者们必须要发展一种新的政治风格。虽然国王鲁道夫一世（Rudolf I.，哈布斯堡王朝，1273~1291 年在位）强调斯陶芬王朝统治的连续性，并寻求在神圣罗马帝国中恢复以往君主的权力基础，但这位在瑞士北部和阿尔萨斯（Elsass）拥有大量产业的前伯爵为了家族王朝的发展，同时也强调取得诸侯共识的重要性。只有依靠他们强有力的支持，皇帝才能将他的王权统治在帝国内推行。只有依靠他们的认可，鲁道夫一世才能成功将奥地利［包括施泰尔马克（Steiermark）和克雷恩（Krain）］公爵之位传于儿子。鲁道夫父子晋升至诸侯之路，成为后世被选举出的国王们所推崇的范例，他们的国王之位更多的是用来发展自己的家族王朝，而非增强王位本身的权力。

在西西里王国，法国国王路易九世的弟弟查理一世（Karl I.，安茹王朝，1266~1285 年在位）靠着教宗的支持确立了自己的统治。他在取得对最后的斯陶芬王朝后裔康拉丁

（Konradin）的军事胜利之后，于 1268 年在那不勒斯将其处死。在对西西里王国以及广泛延伸的整个东地中海地区的统治中，查理一世完全以皇帝腓特烈二世为典范。即使向希腊方向的战役没有取得持久的成功，查理一世也分别于 1272 年和 1277 年声称拥有阿尔巴尼亚（Albanien）国王和耶路撒冷国王之尊，自罗马城行使相应的统治权。查理一世与匈牙利王室阿尔帕德（Arpaden）一族的联姻为 14 世纪安茹王朝在匈牙利的统治打下了基础。对查理一世帝国计划的最沉重打击来自 1282 年的"西西里晚祷"（Sizilianische Vesper）。这是一场广泛分布的起义运动，针对的是被视为外来者的法国统治者。这场运动终结了自 12 世纪起统治整个南意大利和西西里岛的西西里王朝。安茹家族仅存那不勒斯王国，而西西里岛落入了阿拉贡国王佩德罗三世（Peter Ⅲ.）的手中。

随着圣殿骑士团的覆灭，曾经在地中海地区推行的扩张政策出现了细分和民族化。随着 1291 年十字军统治的瓦解，这个最古老的宗教骑士团体失去了最初的任务，即保护圣地。1307 年，法国国王腓力四世（Philipp Ⅳ., 1285~1314 年在位）在一场史无前例的行动中将圣殿骑士团囚禁于他的王国之内，并以异端、渎神、鸡奸和偶像崇拜等罪名展开异端审判。此举的目的是打击跨国的组织网络，并吞并骑士团可观的财产。那些在酷刑之下招出来的供词，后来自然被大团长（Großmeister）雅克·德·莫莱（Jacques de Molay）以及其他一些身居要职的骑士撤回，但这丝毫不能改变腓力四世国王取得完全胜利的事实。1307 年，教宗克雷芒五世（Clemens Ⅴ., 1305~1314 年在位）也命令基督教世界的所有君王抓捕圣殿骑士，并要求将他们移交给教宗法庭。1312 年他还在维埃纳大公会议（Konzil von Vienne）上下令解散此圣殿骑士团，许多身居要职的骑士因此身陷囹圄。1314 年，固执地坚

持自己无辜的大团长和诺曼底地区骑士团的团长在巴黎塞纳河
（Seine）的一个岛上被烧死。至此，不断强化的君主利益摧毁
了十字军东征时代富有、组织严密、跨国运转的骑士团。

多重自治

这场围绕腓特烈二世帝位的斗争将公众分裂为帝国和教会
两派。这场斗争也间接地影响了欧洲其他王国，使它们形成了
独立于帝国并自治的思想。在帝国和教会围绕所谓具有普世效 108
力的统治权的争执中，基于习俗的封建社会却从书本中熟悉了
古典时期别样的思想体系。自 12 世纪起对亚里士多德思想的
理解和接受，促进了欧洲对政治的批判性思考。对罗马法的研
究至少在思想上让罗马帝国的普世一体化从羊皮卷中复活了。
然而，《查士丁尼法典》（*Corpus iuris civilis*）的概念却不易
与当时通行的诸原则——领地、效忠或者追随——相融。将古
典时期的权威与生活现实相结合，需要高等学校提供的学习能
力。这引发了可观的思维上的努力：思考关于皇帝与诸国王之
间的关系、关于领地法约束力及公共利益的关系，以及关于立
法或者关于法律的效力的问题。

1202 年，教宗英诺森三世在他的教谕"Per venerabilem"
中决定，法国国王在世俗事务中不必承认在地上有比他更高的
存在。1256 年，法律学者让·德·布兰诺在博洛尼亚法律学
校的法律课程中阐述这个观点时，称法国国王为该国至高无上
者，没有任何世俗意义上的效忠义务。同样意义深远的是这位
学者在领地法方面的推论。这位法律学者将国王在其国内的一
般司法管辖权置于领地法的种种复杂约束之上，并称，据此君
主可以"以祖国的名义"（nomen patriae）要求其臣民做自己
的追随者。

在学界针对上述问题的探讨中，法律学者们提供了一个开

拓性的潜在理论。这打开了关于以下话题的新的视角：国王独一无二的立法权、建立统一的臣民联盟以及欧洲诸王国的政治独立性。在实践中，国王们招募欧洲各法律学校的法学家们为己所用，但动作有快有慢。那些反应迅速的国王，比如法国的各个国王，在王国之间的竞争中赢得了现代化的先机。

109 　　帝权对此则束手无策，因为在腓特烈二世死后的 62 年里帝位都是空缺的。帝权的长期空缺塑造了 14 世纪和 15 世纪。在 1250 年至 1500 年，有 157 年是没有皇帝的，而帝国统治时期只有 93 年。除了皇帝查理四世，其他四位罗马皇帝都没能实现他们的斯陶芬王朝前辈们的辉煌。13 世纪后半叶，西欧诸君主国的优势地位逐渐形成。科隆大教堂神父亚历山大·冯·罗伊斯（Alexander von Roes）于 13 世纪 80 年代强烈控诉教宗法庭不再承认帝权。1281 年，马丁四世（Martin IV.）在教宗选举中胜出，这场法国人的胜利在亚历山大看来代表了对世界秩序大逆不道的破坏。

　　亚历山大认为帝权具有出于上帝意志的优先权和特殊使命。与此相反，出生于巴黎的多明我会修士让·奇道（Johannes Quidort，卒于公元 1306 年）则发展出了多重统治的模型。在关于国王权力和教宗权力的专著中，他将具有平等效力的多样化的诸王国与一体化的罗马教会做对比："然而，信徒在世俗事务中并不因为神圣法而被要求服从最高君主。相反，出于上帝赋予的自然倾向，人们生活在国家共同体中，并为更好的公共生活选出领导者，当然，这些领导者可能因共同体的不同而各异。"信众不必在单一的政治共同体中联合，"根据地理位置、语言和其他生活条件的多样性，可存在多种生活方式和政治实体（politiae）。对于某个族群有益的东西，对其他族群并无益处"。[29]

　　但在意大利，则出现了不同的声音。但丁（卒于公元

1321 年）在其著作《帝制论》（*De monarchia*）中论述了普世君主制的好处。只有普世帝王才能无欲无求地统治世界，保证自由不受侵扰。但丁希望做到这一点的是罗马皇帝。但丁认为，罗马皇帝的尊贵地位直接由上帝授予，无须教宗和教会做中保，因为根据《路加福音》（*Lukasevangelium*）中关于耶稣降生的描述，帝国比教会更古老。皇帝要帮助人类获得地上的幸福，而教宗要帮助人类获得天上的幸福。由于这触及了教会的权威，这本著作被焚毁，直到 1881 年才被教宗利奥十三世（Leo XIII.）从禁书列表中删除。[30]

关于帝权的整合之力的论争不只在学者们的书房里进行。1312 年，在腓特烈二世死后举行的第一场皇帝加冕礼上，相关论争充斥着整个欧洲。海因里希七世（Heinrich VII.），起先为卢森堡伯爵（Graf von Luxemburg），后来成为罗马国王。在升为罗马皇帝的当天，他在发给欧洲各地的一则通告中宣布了他新的帝王自信。[31] 通告声称，正如天兵在一神之下战斗一样，所有地上的人也应将皇帝当作全能普世君主而服从于他。通告还说，皇帝不仅有相对于教宗的优先权，而且是基督在地上真正的代表。

对此通告的反应很明确。人称"美男子"的法国国王腓力四世（König Philipp IV. der Schöne von Frankreich）对海因里希七世当选罗马皇帝友好地表示祝贺，但同时也明确表示，皇帝关于权力的主张对法国无效。他说，这个王国自耶稣基督时代以来就只承认自己的国王为地上最高的存在。由于救世主在法国比在地球上任何其他地方都更受尊敬和崇拜，因此法国国王独立于人间任何其他权力机构（monarchia）。无论其他地方的皇帝是谁，在他之上只有万王之王耶稣基督。[32]

那不勒斯国王罗贝尔（Robert，1309~1343 年在位）对皇帝权力主张的反对则更进一步。在海因里希七世英年早逝之后，罗贝尔的文官处发表了一篇抨击文章，从根本上反对帝权制度。[33] 文章称，帝国只有通过暴力才能建立，只有依靠暴力才能维持它不解体。而从暴力中产生的任何政权，都不会长久，"因为它违反自然"。从上古皇帝至斯陶芬王朝，这些皇帝的统治都充满了罪恶，他们对权力贪婪无度，为人傲慢又工于心计。

111

他们谋求世界统治权，这造成了持久的不幸，导致地上君王的分裂。这些指控可以总结为：借由自然律和民律，罗贝尔树立了多元自治和单独自决权，并反对任何强加的政治一体化。

皇帝海因里希七世遵从斯陶芬时代帝国传统的所作所为激起了邻国长久以来日益增长的自我意识。面对多重君主秩序，普世帝国这一观念就这样逐渐凋谢了。欧洲大陆一直忍受德意志民族神圣罗马帝国的存在直至 1806 年，只因欧洲其实并未明显受到这个帝国的困扰。在实践中，欧洲逐渐形成了一个多元的权力框架，而帝权在其中只要求礼节上的优先地位。13 世纪中叶，基督教世界在扩张中的边境体验以及两种被认为是普世的权力之间的根本性冲突，让欧洲人感到惶恐不安。而且这一困境无法通过一个本来就难以组织起来的欧洲共同体来克服。然而，至少教宗引领基督教世界的权力主张在欧洲大部分地区还依然存在。帝权则无论如何都不可能发展出整合力量。一个参与者身份平等的灵活舞台，提供了更好的机会。

3　13 世纪统治规则及知识的系统化

早期的历史学家将现代国家的起源追溯至 13 世纪。在 13 世纪，他们发现了国王与各贵族签订的第一批统治契约，以及欧洲两种具有奠基意义的权力制衡机制：两院制（Zwei-Kammer-System）和三庭分立（Drei-Kurien-System）。区分上议院和下议院的英格兰（House of Lords/ 贵族院，House of Commons/ 平民院）是前者的主要代表，由三庭（教士、贵族、城市）形成议会的法国则是第二种发展方向的代表。以上这种宪政分类方式是从现代国家的发展史中总结而来的，并不能准确反映 13 世纪不断变化的秩序结构。

与开创性国家政权的发展相比，更能体现 13 世纪特征的是统治规则和知识在各个层面有针对性的系统化。因此，可以将 13 世纪看作"收集和整理"的时代。已经在生活中实行的规则被重新协商并以书面形式确立下来。此外，第一批由君主命令的法律被编纂出来，它们有着全新的、以专一性为目标的效力主张。当时发展成为大学的高等学校声称汇集了所有的科学知识。尤其是托钵修会的书房，收集了所有可得到的关于上帝和世界的知识，并将这些知识编纂成庞大的百科全书和箴言。诚然，前人也进行过系统化的文字整理的工作。但是，13 世纪收集整理的成果无论是在质量上还是在数量上都显著提升了。

在长期并存与对峙中形成的国王与贵族之间的关系模式以及他们的权力划分，自 1215 年起以书面的形式全面记录在羊皮卷上。然而，描述统治规则的基础文本是以国王特许令（Privileg）的形式表达出来的，并由于其重要性常常配以金玺。这就使得各个条款有了一种来自国王的恩典的表象。实际上，成文的过程大部分情况下充满了紧张的谈判或者激烈的冲突。尽管如此，妥协达成的成果并未被表达成权力平等的双方所签订的双边统治契约，因为在君主秩序中法律效力还是由国王的权威来保证的。

最著名的国王特许令是英格兰国王约翰于 1215 年签署的《自由大宪章》（*Magna Carta Libertatum*），全文共有 63 款。[34] 同其他中央文件一样，保存多份副本被认为是重要的，因为多人持有真实的特许令能带来更大的法律确定性。《自由大宪章》的原件被保存在伦敦、林肯（Lincoln）和索尔兹伯里的大教堂里。直到今天，《自由大宪章》仍被视为英格兰以及后来不列颠宪法发展的起点。从形式上看，这些条款是以个别城市、村镇或社群的众多特许令为基础的，而面向的是王国共同体（communitas）。在 1215 年 6 月 15~19 日的一场深重的君主制危机中，这位一事无成的国王向反对派男爵们妥协了。因此，王室在 1216 年和 1217 年修订了一些重要条款。反对派的目标是在领地和司法管辖权的关键问题上建立具有约束力的法律保障。核心条款是关于确保人身自由、确保个人财产安全，以及保护个人住所和迁徙自由的。所有这些权利只能在经过合法的法庭裁决之后才能被限制。

男爵制衡国王的制度化仍存在争议。宪章第 61 款的保障条款拟定，由一个被选举出的 25 名男爵组成的委员会来监督《自由大宪章》诸条款的实施。违背条款之行为应向委员会中被选定的四位成员通报，并由他们通知全体委员。委员会甚至有权对国王采取行动，惩罚他并将此作为对他所犯之罪的清算。但是国王本人、王后及其孩子不可被伤害。13 世纪，这个男爵团体并未发挥应有的作用。但是这种观念为后来国王和贵族的二元对立的制度化指明了方向。

1222 年，匈牙利国王安德烈二世（Andreas Ⅱ.）在相当剧烈的政治动荡之后签署了一道金玺诏书，重新为贵族及其他王国居民确立了据说是由开国君主圣伊什特万一世（König Stephan der Heilige Ⅰ，卒于公元 1038 年）所订立的那些自由。其中，第一条款的内容就基于国王与贵族定期集会所产生的稳定作用。这样庄重的集会必须在塞克什白堡（Székesfehérvár）的圣伊什特万议会（Tag des hl. Stephan）上举行，除非在此期间有紧急公务或者有人患病。匈牙利贵族们显然预料到了将来的国王可能对此缺乏兴趣。为此，安德烈二世的诏书规定，在国王无法参加集会的情况下，王室代表，即宫廷官（Palatin）必须垂听贵族的提议。1222 年的这道金玺诏书甚至明确规定了贵族的反抗权。假如国王侵犯了贵族的自由，那么主教、男爵和贵族有权"反抗和反驳我和我的继任人……不必遭受任何不忠的指控"。

这份诏书也被保留了多份，旨在提升其约束力，避免诏书被草率地销毁。七份原件中，第一份在教宗处登记，第七份则由地位最高的骑士，即宫廷官保管。"于是，这份文件始终被置于他的眼前，他既不会使自己背离，也不会使国王、贵族或其他任何人背离上述要点。他既享有自由，也永远对我和我的继任人保持忠诚，不拒绝对王室尽应有的效忠义务。"这里又一次表达了一种基本的信任，即信任成文传统的持久和权威。[35]

腓特烈二世于 1220 年和 1232 年为神圣罗马帝国的教会诸侯和世俗诸侯颁布的两份特许令也具有类似的功能。[36] 在多份副本中，斯陶芬皇帝的文书处确保了特许令的接受者们在其公国范围内广泛的统治权。最初，这些权力是属于国王的，因此被称为王权（Regalien，拉丁文为 Regalis）。对建立市场、铸币厂、关卡和防御工事的专有处置权以及在自己领土内的立法权使诸侯成为各自土地上的小国王。早先的历史学家们因腓特烈二世所谓的对统治权的挥霍而谴责他。而如今这些所谓的诸侯律令不再被认定为新法律的创造，而是对长久以来被实施的习俗的书面系统化。这稳定了一种组织结构，它不是由国王单独统治，而是由国王与诸侯联合管理。这种共治的形式在不同层面上得以确立。国主（Landesherren/Domini terrae）也必须在其公国内处理好与各个等级贵族的关系。甚至原本在军队和府衙中的奴仆——其中的顶层团体于 13 世纪加入低等级

115

贵族行列——也取得了在诸侯事务上进言的权利。

对贵族参与统治的一系列保障始于 13 世纪，并持续至近代。在中世纪，尤其值得一提的是 1283 年和 1287 年签署的《阿拉贡特许令》、1356 年的布拉班特公国迎驾礼（Joyeuse Entrée）、1472 年勃兰登堡藩侯阿尔布雷希特（Markgrafen Albrecht von Brandenburg）与其各贵族签订的协议，以及 1514 年的《图宾根契约》（*Tübinger Vertrag*）。[37]

除这些务实的法律合作之外，在 13 世纪还出现了将大量法律法规编纂成卷的现象。然而这些书卷与近代的宪法草案相距甚远，后者使得国家的存在获得了合法性。中世纪的文本规范的更多是人与人之间的相处方式，而不是制度的构造。在具体实践中，这些文本借助实用的技巧和新的权力主张来制定秩序。

在教会法领域，法典的收集工作始于系统化之前。格拉提安（Gratian）在 12 世纪汇集了内容彼此冲突的教会法原典（canones），并寻求调和教会判决。各教宗在数百年间发布的诸多教令更进一步丰富了教会法的内容，并将教会的立法权越来越清晰地集中于教廷。教廷的案例判决与学者们的法律汇编之间的张力结构在 12 世纪末促成了新的秩序成果。在 13 世纪前三分之一的时间里，欧洲共收集完成了五部意义深远的教令汇集（Quinque compilationes antiquae），其中包括帕维亚的贝恩哈德（Bernhard von Pavia）在约 1190 年所做的《罗马教宗法令辑要》（*Breviarium extravagantium*）、1210 年收集完成的教宗英诺森三世的教令集和 1226 年收集完成的教宗何诺三世（Honorius' Ⅲ.）的教令集。

教宗格列高利九世命令一个由佩尼亚福特的雷蒙德（Raimund von Peñaforte）领导的委员会编制一部围绕他本人发布的教令而扩展的具有普世效力的新的法令集。这部教令

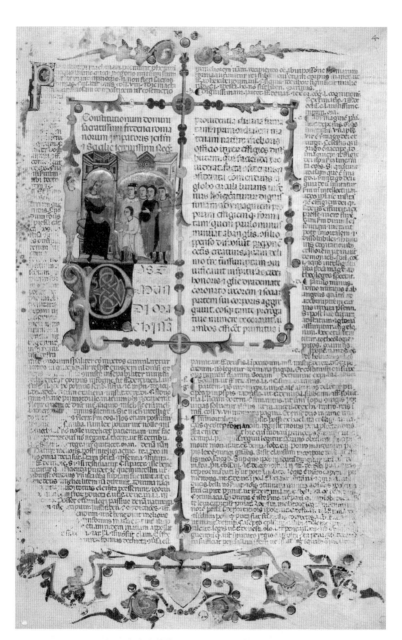

图 7 向皇帝腓特烈二世呈上《奥古斯都法典》，
收藏于梵蒂冈宗座图书馆，编号 Cod. Reg. lat. 1948, fol. 4r

图 8　教宗格列高利九世手持教令集，
收藏于萨尔斯堡大学图书馆，编号 Ms. M Ⅲ 1, fol. 3va

集于 1234 年借由教宗的权威而传播开来，并被称为法典。在之后的数十年里，人们仍然乐观地相信，可以从大量个例判决中总结出普遍适用的指导原则，并将其汇编成适用于整个基督教教会的大型法典。受教宗卜尼法斯八世之命，教会法律学者们编辑了许多新的个案文本，完成了一部系统的、力求不含矛盾条文的法律文集，共五卷 76 章 359 篇。凭借教宗的权威，1298 年该法律文本在整个教会产生了约束力。教宗若望二十二世（Johannes ⅩⅫ.）于 1317 年续编了这部具有立法性质的著作，即在其基础上发布了《克雷芒教令集》（*Clementinae*，即 1311/1312 年维埃纳大公会议决议以及教宗自己发布的若干教令）。然而，由于教宗凭借其绝对权力做出的裁决层出不穷，力求完备的收集汇编工作很快就变得不可能。

教宗格列高利九世于 1234 年下令编著《教令辑要外编》也许是为了回应皇帝腓特烈二世于 1231 年在梅尔菲（Melfi）举行的宫廷会议上为自己的西西里王国而颁布的法令集《奥古斯都法典》（*Liber Augustalis*）。[38] 在早先世俗立法不统一的背景下，这部《奥古斯都法典》清楚地显露了这位斯陶芬后裔特别的规范意志。在这些法令集尚未拥有统一文本的情况下，各地的国王和诸侯命人起草了他们自己的法律。例如，在伊比利亚半岛，1247 年的《阿拉贡法典》（*Fueros de Aragón*）、1256~1263 年及 1300 年的卡斯蒂利亚《七分法典》（*Siete partidas*）、1300 年的《托尔托萨习惯法》（*Llibre de los costums de Tortosa*）；在法国，完成于 1270 年之后的《圣路易法律大成》（*Établissements de Saint Louis*）、1283 年的《博韦习惯法》（*Coutumes du Beauvaisis*）；在斯堪的纳维亚，1263~1280 年实施的国王马格努斯六世·哈康森（König Magnus Håkonsson）下令制定的国律。这些法律汇编的目标是一种清晰定义的在事务或者空间上的效力。[39]
此外，各地的国王和诸侯下令编纂的法律文书还有法律明镜
（Rechtsspiegel），即个人对已生效的法律的记录。起初这些
法律明镜并不具有设置规范的权力，但是它们通过将口头或书
写分散传播的法律传统系统化而产生了影响。在这些作品集
中，突出的范例是莱普哥的艾克（Eike von Repgow）所著
的《萨克森明镜》（*Sachsen spiegel*，编纂时间为 1220~1235
年，最终版完成于 1270 年）和《施瓦本明镜》（*Schwaben
spiegel*，完成时间约为 1270 年）。

　　皇帝腓特烈二世的宪章与以上这些文本都不同。在征求
了精通法律的人士的意见之后，他命令一个专家委员会制作这
些宪章，并通过颁布这些宪章将自己列入皇帝立法者的传统序
列。腓特烈二世的三部宪章起初由 219 条单独的法规组成，虽
然规范了实际需求，但应当被理解为一个整体。它是中世纪第
一部关于权力秩序的法典。后来的修正案使它更加完备，这部
法典直至 19 世纪早期仍在意大利南部和西西里使用。序言将
这部皇帝法典置于神圣世界秩序的普世语境中。法典解释了统
治的必要性，因为只有法律法规才能制止人类的罪恶。这部法
典取代了所有未被收集进来的先前规定，并主张在西西里王国
内拥有独一无二的效力。这部新的帝国法的构成当然与任何近
代宪法不同。它在篇首主张打击异端和国王的权力，接下来规
定了司法制度和行政管理制度，收集了数不胜数的关于经济、
空气和水质量的法规。

　　13 世纪，君主的秩序蓝图在广度、深度和执行力方面都
被方济各会和多明我会的规范文集超越了。他们以一种新的严
谨态度坚信他们自己的法规的创造力，这些法规将整个修会中
的以及单个修道院中的公共生活规定得事无巨细。这些规范在
诸多跨国总团（Generalkapitel）中被成功实施，而方济各会

和多明我会通过探访的方式保证了其实施质量，严格将规范内化使之具有渗透力。规范性和意义的创建伴随对于个体和共同体的重新定义。因此，新的整体生活模式应运而生。这些模型深植于超验之中，以实践为重点，其影响范围很快就超出了修道团体。

试图获取古人所有知识的努力远远超出了仅仅收集法律和法规的范围。这方面表现卓越的又是新出现的有着严格的研究组织和研究纪律的托钵修会。方济各会和多明我会编纂了大量的汇编文集，以便将知识系统化。现在他们的巨著大多只有早期现代出版的未批注版本可用，他们对世界的许多看法仍待发现。这些史料未被充分发掘的原因不仅在于其卷帙浩繁，还在于这些带有完全不同的世界观的文本对于现代人来说很陌生。现代自然科学和生命科学知识更新频繁，半衰期很短，而古代科学对宇宙、自然和生命的理解似乎是静态的，显得非常古旧，远不能通过实证的方法得到改变。[40]

两部 13 世纪的巨著在它们的内容上体现了中世纪的世界秩序和自然秩序的不同性质。英格兰方济各会修士巴尔多禄茂·英格礼库（Bartholomaeus Anglicus）在 1235 年之后写下了受欢迎的作品《论万物的性质》（*De proprietatibus rerum*），仅原版手稿就存在近 200 份。此外，该作品还被多次修订并翻译成多种语言。15 世纪的早期印刷版证明，该书在出现两百余年之后仍具有现实意义。巴尔多禄茂·英格礼库在 19 卷书中整理了他对于世界和四大元素（即火、气、水、土）的认识。

书中的主题并不是随机排列，而是按等级系统排列的。居于首位的是关于上帝和天使秩序的（卷 1~2）。接下来的几卷描述了地上的微观宇宙，包括人类及其灵魂和思想、人类的元素、身体各部分、生命周期、等级、非自然存在的事物以及疾

121

病等（卷 3~7）。有两卷书是关于宏观宇宙、天体和时间的。作者用一卷书展示了火元素（卷 10），用两卷书解释了气元素、气象学和鸟类相关知识，用一卷书书写了水元素以及鱼类相关知识，然后用五卷书介绍了土元素（卷 14~18）。在这五卷书中巴尔多禄茂详尽地描写了土地、岩石、金属、植物和陆生动物。从现代的观点看，这样的组合是非常让人惊奇的。

如果从当时存在的四大基本元素来解释中世纪的世界，那么将这些事物归类在一起就符合它们本身的逻辑了。最后一卷（卷 19）汇集了其他重要事物，这些事物无法归类到上帝、天使、微观宇宙、宏观宇宙或者四大元素之中。在这套书中，巴尔多禄茂·英格礼库列出了颜色、气味、声音、动物制品以及基础数学相关知识。他通过这种方式集合了由上帝创造、参照天上之物存在的地上万物。科学因专业化和职业化而变得支离破碎的今天，我们再次想到了科学的统一性。而在 13 世纪中期，巴尔多禄茂·英格礼库就有了将天地统一描绘的勇气。

多明我会修士、活跃在法国国王路易九世前后的博韦的樊尚（卒于公元 1264 年）在知识系统化方面取得的成绩又更进一步。樊尚想要与他的助手们一起将所有值得人们了解的事物收集成百科全书。其中三部出自樊尚的工作室，第四部《道德宝鉴》现在普遍被认为不是樊尚所作。《学理宝鉴》（*Speculum doctrinale*）分为 17 卷，介绍了科学的基础及其分类；深受人们喜爱的《历史宝鉴》（*Speculum historiale*）分为 31 卷，涵盖了从创世到 12 世纪中叶的人类历史；《自然宝鉴》（*Speculum naturale*）分为 32 卷，收集了关于人类和自然的历史。当时法国北部的多明我会中的许多修士孜孜不倦地为这样的"知识大厦"工作。博韦的樊尚首先是一个伟大的组织者。他和同僚痴迷于阅读和摘录相关材料。当然，他们经常仅仅止于把材料堆叠在一起，这在后人看来缺乏原创性，不过倒是勤奋的象征，并且在当时也是有用的。通过收集和补漏来了解世界秩序，当然无法提供突破性的见解。

樊尚也指出了以下问题：即使在 13 世纪，书籍的数量已不允许人们对所有事物进行全面的研究；学者短暂的寿命限制了他对知识无穷的渴望；人类健忘的特性要求集中精力。樊尚也影响了与他同在多明我会的弟兄，包括艾尔伯图斯·麦格努斯（Albertus Magnus），以及方济各会的修士和近代的世俗历史学家。下文要展示的不是历史学家熟知的《历史宝鉴》，而是在 1256~1259 年成书的《自然宝鉴》，共 32 卷。这部巨著的主题和各主题所占比例体现了多明我会自然研究的情况。

卷 1（86 章）：创世，上帝与天使

卷 2（131 章）：元素 / 第一日的创造

卷 3（105 章）：空气和天空 / 第二日的创造

卷 4（114 章）：九重天

卷 5（95 章）：水 / 第三日的第一次创造

卷 6（92 章）：地的特征

卷 7（106 章）：地中的金属与矿石

卷 8（107 章）：石头与宝石

卷 9（156 章）：植物概述，香草详解 / 第三日的第二次创造

卷 10（171 章）：香草培育

卷 11（134 章）：种子、谷粒、果汁和香草

卷 12（112 章）：常见树木

卷 13（115 章）：被培育的结果的树木

卷 14（140 章）：树的果实和果汁，葡萄藤

卷 15（100 章）：发光的天体，日、月、年的计数 / 第四日的创造

卷 16（161 章）：鸟类 / 第五日的创造

卷 17（146 章）：鱼类和海怪

123

卷 18（98 章）：家畜 / 第六日的创造

卷 19（139 章）：野兽

卷 20（179 章）：蛇、龟、虫、昆虫

卷 21（60 章）：兽的身体部位

卷 22（68 章）：兽的生理功能（例如营养、运动、繁殖）及其制品

卷 23（80 章）：人及其灵魂的创造以及宗教和哲学对此的观点

卷 24（88 章）：人的生理功能

卷 25（104 章）：人的感官

卷 26（111 章）：清醒与睡眠的表现

卷 27（103 章）：精神功能详述

卷 28（96 章）：人的身体部位和器官

卷 29（170 章）：关于善与恶以及赏与罚的创造

卷 30（95 章）：基督徒公共生活之规范

卷 31（132 章）：生育和分娩、年龄与畸形后代、族群

卷 32（106 章）：地上可居住地区，亚当与夏娃的子代序列直至 1250 年并展望末日审判

124   13 世纪，这种大型文集的编纂工作仍在继续。百科全书体裁在中世纪经历了只有启蒙时期才能与之匹敌的全盛时期。大量知识通过团队合作被整理成大型明镜、清单和汇编作品。直至 14 世纪早期，诸多教令和大公会议决议也被纳入法典之中。而后，随着纸张作为书写材料被广泛使用，文字记录的爆发式增长使得人们对完整性和系统化的追求渐渐减退。尽管如此，南欧和西欧的高等学校和大学仍坚持在其研究中汇集全学科丰富的知识。这种垄断的力量辐射了周边广大地区，引来了来自欧洲各地的好学者。教育不仅能带来社会声望，往往还能带来经济收益。但是，对探索和学习的纯粹渴望往往比务实的

考量更能带来动力。

关于基督教世界史的知识在 12/13 世纪也得到了巩固。[41] 描述从创世到当时罗马皇帝在位时期这段历史的早期百科全书出自神圣罗马帝国，由班贝格圣弥额尔修道院的福禄佗浮（Frutolf）及哀克哈忒（Ekkehard）、弗赖辛主教奥托、维泰博的戈特弗里德（Gottfried von Viterbo），以及后来的奥帕瓦的马丁（Martin von Troppau）编纂。很快，世界史的编纂就摆脱了帝国的工具化利用。这时，关注的焦点在于收集所有历史知识，以作为《圣经》注解——解释上帝在历史上对人类的行为——的前提。12 世纪，圣维克托的休格在巴黎以他的汇编作品开辟了被他的法兰西后人大胆踏上的道路。与世界史同时出现的还有彼此竞争的其他史学分支。教会史、教宗史、教区史、修道院史、贵族史、地区史和城市史都成了勤奋的史学家们讨论的话题，他们以务实的态度打破了传统的体裁类型。此时所有大小话题都引起了人们的兴趣。欧洲各国被推至与大世界同等重要的位置，这巩固了各国的历史。[42] 这一切都源自对知识的不断收集、整理和系统化。全面收集知识是为了确保不遗忘上帝的救恩计划中的任何重要事情，也是为了坚强地应对未来的所有挑战。

125

4 第二节点：世界的战栗与王国的秩序

1347~1352 年，欧洲被一场瘟疫灾害侵袭，这场瘟疫以"黑死病"之名深植于历史记忆中。当时人们就意识到了它从亚洲传播开来的方式，并描述了它在当时已知世界中的可怕形式。令人难以置信的恐怖激起了编年史作者的想象力，他们记录的伤亡数字和解释模式今天仍有争议，相关讨论像对流行病的原因和传播范围的争论一样激烈。尽管有数据上的各种不确定性，但是以下说法仍有分量，即这场瘟疫于 14 世纪中叶通过当时的世界贸易体系进行传播，造成了欧洲、亚洲和非洲首次在微生物层面上的统一。

在这场 1350 年前后夺走无数人生命的大瘟疫之前，还发生过其他流行病。此外，当时还有其他灾难，它们是由气候变化的后果或洪灾和地震的破坏力造成的。对于这场恐怖的经历，无论是来自医生的还是神学家的博学的意见都给不出一个真正的解释。这么多人的突然死亡令人费解，让人深感不安。恐惧逐渐转化成暴力。自笞者们（die Geißler）用血腥的赎罪仪式折磨自己的身体。犹太人社区饱受基督徒邻居野蛮行径的伤害，因为基督徒们怀疑这些始终保持异样生活方式的异教徒们往水井中投毒，是瘟疫的源头。当时关于此次瘟疫的记载不断地哀叹，在面对危险时人的行为是如此残酷。父母抛弃生病的孩子，任其自生自灭，医生和神父拒绝救助，弥留之际的人没有任何临终仪式就去了另一个世界。

在这些灾难的时代背景下，国王和诸侯对君主之位的传承、宫廷组织架构以及政治决策过程进行了规范化。早在 11 世纪、12 世纪和 13 世纪，教宗和枢机分三个阶段约定了将教宗选举程序合理化。1337 年和 1344 年，马略卡国王雅各布三世（König Jakob Ⅲ. von Mallorca）和阿拉贡国王佩德罗四世（Peter IV.）以书面形式正式确定了宫廷和统治制度。马略卡的《宫廷律》（*Leges Palatinae*）影响了后来著名的勃艮第宫廷秩序。这部不同以往的法律规定了王位继承的秩序，设计了王权与贵族阶层的权力关系，并发挥了特别的历史作用。神圣罗马帝国于 1356 年、法国于 1374 年、斯堪的纳维亚诸王国于 1397~1438 年均以这种根本性法律文件的形式确立了开创性的君主秩序。对英格兰议会举行情况的详细记录显示，14 世纪人们需要制定关注领土内、社区内和社团内公共生活的书面法规。

　　灾难体验和秩序成果之间的关系仅仅是人们假设出来的。史料不支持将 1356 年皇帝查理四世及选帝侯的金玺诏书和 1374 年的法国训令（Ordonnanzen）解释为人们经历了这场暗无天日的瘟疫的结果。然而，在这场瘟疫中，皇帝查理四世在 1349 年失去了姐姐，也就是法国国王查理五世（Karl V.）的母亲。诚然，虽然并不能断言君主设立基本法与这场毁灭性瘟疫之间的必然关系，但二者——使世界战栗的这场瘟疫和王国的秩序成果——结合在一起，为我们提供了了解 14 世纪中叶欧洲内外的令人印象深刻的视角。

世界上大规模的死亡

　　鼠疫（Pest）这个词（拉丁文 pestis），在中世纪特指大量严重的发热疾病，有高死亡率。直到现代医学的出现，人们才意识到原来被统称为"鼠疫"的那些传染病具有不同的起因、病原体、类型和发病过程。1894 年，瑞士医生亚历山大·耶尔森（Alexandre Yersin）分离出了鼠疫杆菌，并以"耶尔森氏菌"（Yersinia bestieß）命名。在研制出抗生素以前，鼠疫一直没有得到有效控制。直到今天，在欧洲以外的国家仍有病原体未被完全消灭。在 21 世纪之初，世界卫生组织仍记录了因鼠疫而死亡的案例，这大多发生在非洲。通常的解释模型将鼠疫描述为一种人畜共患症，即细菌打破了人畜之间的"闸门"而造成的疾病。起初，这种疾病只在中亚高原的啮齿类动物中传播，但在 14 世纪传染给了人类，并通过"丝绸之路"这条贸易路线迅速向东方和西方传播。

　　先前人们认为是大鼠或者大鼠身上的跳蚤造成了疾病的传染。后来人们又了解到了许多宿主，包括狗和猫，它们身上的跳蚤将病菌传染给了人类。人与人之间的飞沫传染通常发生在肺鼠疫的后期，即病原体突破淋巴结屏障之后。在中世纪，医生们就已经描述了鼠疫不同发病阶段的情况。他们意识到腺鼠疫的症状是人的颈部、腋下或者腹股沟的淋巴结处有痛感的化脓肿胀，肿胀的直径一般在 1~10 厘米。组织出血造成皮肤上的暗色斑点，后来这种病由此得名"黑死病"（Schwarzer Tod）。相比其余症状，例如发热、头痛、四肢痛或者后期的意识不清，鼠疫斑是更为确切的诊断依据。人们大多在感染腺鼠疫之后数天内就会死亡。不过尽管如此，仍可能有 20%~40% 的中世纪感染者存活了下来。

细菌一旦穿越淋巴结屏障抵达血管，就会导致血鼠疫，患此病的症状是高热、打寒战、大面积皮下出血，不可避免的结果就是患者在三天之内就会死亡。实际上，比腺鼠疫更罕见的肺鼠疫——病原体通过血鼠疫抵达肺部形成——患者同样毫无存活机会。14 世纪的相关记载描述了病人痛苦地咳血，并在 2~5 天内死亡的情况。

在现代史学中，中世纪席卷欧洲的被称为"鼠疫"的瘟疫灾难是否真的由耶尔森氏菌引起这一问题，仍存争议。鉴于当时的诊断太模糊，病程发展差异太大，而关于细菌在寒冷气候中的传染力也存在争议，再加上疟疾、肺结核、痢疾、炭疽病或者麻风病等疾病对于当时营养匮乏、卫生条件不足的社会来说可能是更大的敌人，所以，在从中世纪的记载中寻求获得确切的医学诊断时必须要小心谨慎。此外，当时受害者故意夸大的表述也要适当地考虑在内。在 14 世纪中期这个灾难重重的时代，有着不同病因的各种传染病汇聚在一起，被认为是同一种威胁。

2001 年以来，关于历史灾难及当时人们对灾难的认知和应对方式方面的研究突飞猛进，这些研究一再指出了那些在 14 世纪已被淡忘的先例。早在 541 年，埃及就暴发了一场鼠疫，并于 542 年传播至君士坦丁堡，并很快越过地中海扩散至西欧。根据史学家普罗科普（Prokop）的记载，这场瘟疫灾难被称为"腺鼠疫"。与 14 世纪一样，6 世纪的典型特征是流行病以大约 12 年的节奏周期性复发，这种节奏一直伴随伊斯兰教在近东和中东的扩张，直到 750 年。相比之下，14 世纪的事件更好地流传了下来，并极大地影响了后世对于鼠疫这一人类创伤的记忆。自此，反复的瘟疫伴随欧洲历史达数百年，并以多种多样的形式加深了人类对于人畜共患传染病的恐惧，直到今天也未曾改变。

在 1347~1352 年的这场鼠疫之前，欧洲发生过诸多危机。从 10 世纪到 1300 年前后，优良的气候条件为欧洲农业的发展和经济的繁荣奠定了基础。而在 14 世纪初，这种气候条件发生了变化。夏天的极热天气一直持续到 1311 年，甚至使英格兰中部发展葡萄种植业成为可能。而与此相反，在斯堪的纳维亚，1303~1306 年以及在 1323 年，冬天的极寒天气使得人们得以横跨冰封的波罗的海。自 1313/1314 年起，日益恶化的气候条件和潮湿的环境对人们造成了越来越严重的影响。1315 年 4~11 月，欧洲的大部分地区持续降雨。其结果就是粮食歉收，还有动物流行病的传播。1342~1347 年，极寒极潮的天气在夏天成为常态。1342 年所记载的洪涝灾害更是千年一遇。14 世纪后半叶，与 13 世纪相比总体较低的气温凸显了这个时期的气候异常，即使在此期间并没有出现剧烈的气候波动。尽管如此，人们对于气候的变化有了更深入的了解，相比之前更加频繁地用书面的形式将天气的变化情况记录下来。

在阿尔卑斯山、北海和波罗的海沿岸，即使是微小的气候变化也会产生较大的影响。当时，冰川向阿尔卑斯山谷推进，许多交通要道和山口被积雪封锁长达数月之久。更为严重的是，自 14 世纪至 16 世纪，风暴潮席卷了德国、荷兰和英

格兰的大部分北海沿岸地区，导致大约 10 万人丧生。1362 年
1 月 16 日，即圣人玛策禄瞻礼日（Marcellustag）的风暴潮
将当时仍与陆地相连的叙尔特（Sylt）和弗尔（Föhr）变为岛
屿。这场风暴潮作为"没顶大灾"（Grote Mandränke）保存
在沿海居民的集体记忆中。在英格兰，无遮挡的港口，比如拉
文斯堡（Ravensburgh）和敦威治（Dunwich）也被风暴潮吞
噬。在如此极端的状况下，13 世纪以后密集修建的堤坝根本
起不了任何作用。中世纪后期的北海海岸线明显与今天的海岸
线不同。荷兰人和德国人直到近代才成功地借助新的技术手段
永久地从大海中夺得了数千平方千米的土地。同风暴潮一样的
大型天灾还有 1348 年发生的毁灭性地震，它波及意大利、阿
尔卑斯诸国以及南德意志的大部分地区，这样的地震于 1356
年又发生了一次。其实早在真正的"大鼠疫"到来之前就有许
多人死于流行病，比如在 1312 年的莱茵兰（Rheinland）以及
1339/1340 年的托斯卡纳（Toskana）。

　　各种各样的挑战接踵而来，破坏了所有人的安全感。施
蒂里亚公国的诺伊堡市（Neuberg）简陋、断续的年鉴记录
描述了当时的人们面对这一切时的强烈感受。一切始于 1338
年，据称犹太人做出了亵渎圣餐的行为，这导致收成时节蝗
虫成群。1339 年，日食和寒冬接踵而至。1340 年，夏天寒潮
来袭和洪水泛滥。1341 年，五月霜降后冰雹肆虐。1342 年
火、气、水、土四大元素都处于动荡之中：大火袭击了数座城
市，飓风使建筑物受损，此外还有洪水和地震。随后，1343
年，食品价格上涨，税收增加。所有预测都没料到的是，虽然
在 1344~1346 年人们获得了喘息之机，但随后一切都落入了
最糟糕的深渊。起初，在 1347 年只是出现了极寒天气，这导
致地中海沿岸国家所产的葡萄酒变酸。然后发生在 1348 年的
地震夺去了无数人的生命，同时在东方，"天火"降到地上，

产生的致死浓烟到处扩散。随后，商人把鼠疫带到了意大利和奥地利。面对瘟疫，绝望之中的自笞者们用棍棒击打自己的身体，以此作为一种忏悔，直至鲜血四溅。1349 年，欧洲的葡萄终于再次丰收，但这导致了欧洲人酗酒和无数的斗殴。没有欢乐，相反，很多人为了争夺死者财物发生冲突。[43]

131

施蒂里亚公国的编年记录以寥寥数语揭示了中世纪对大瘟疫起源与传播过程的重要解释模型。史料反复地讲述，这种疾病因有毒气体在亚洲暴发，随后蔓延到欧洲和北非。14 世纪 40 年代，鼠疫通过丝绸之路传到了中国、印度以及钦察汗国——这个处于伏尔加河下游的蒙古汗国（Khanat）。蒙古人多次围攻热那亚位于克里米亚（Krim）的殖民地卡法［Caffa，即今天的费奥多西亚（Feodosia）］，致使热那亚的海员们染上了这种病菌。

皮亚琴察（Piacenza）的法律学者和编年史作者加百列·德·慕西斯（Gabriele de Mussis）讲述了欧洲这场瘟疫灾难的开端。1344~1346 年，他本人就生活在克里米亚。1348 年，他在家乡皮亚琴察目睹了这场鼠疫的流行，不久后撰写了一本关于这种疾病及死亡人数的书。这些史料绝非聚焦于欧洲，而是意识到了这场瘟疫对于全世界的毁坏力：1346 年在东方，"鞑靼人和撒拉森人的许多部落很快死于一种不可解释的疾病。在这个地区，众多人口居住的绵延的走廊，面积广大的省区，壮观的王国、城市、堡垒和村庄，都被这场瘟疫袭击了，这里的人们以一种可怕的方式被消灭"。[44]亚洲和非洲的死亡人数巨多，尤其是在中国、印度、波斯、卡达（Kardien）、米底、亚美尼亚、大数（Tarsus）、格鲁吉亚（Georgien）、美索不达米亚、努比亚（Nubien）、埃塞俄比亚、土库曼斯坦（Turkmenistan）、埃及和阿拉伯（Arabien）等国家和地区；而撒拉森人和希腊人死亡数量也甚多。"而在东方，出现了可怕的前兆：蛇和蟾蜍随着无尽的降雨来到地上，当地居民大为震惊。"印度也发生了可怕的地震，燃烧的火把从天而降。

对这场微生物战争及其造成的大规模死亡的记录可追溯至加百列·德·慕西斯。当瘟疫夺去蒙古攻城部队中许多人的生命时，"他们将尸体捆在一起，放在投石机上，抛入卡法这座城市中，这样那里的所有人都会因为这难以忍受的臭味而丧生。人们眼看着这些被抛入城内的尸体堆成山……很快，整个空气都被污染了，水也因恶心的腐烂之物而变得有毒。只要千人之中有一人胆敢离开军队逃走，就意味着这样的臭味就会扩散。因为他已经染上了鼠疫，将病毒到处传给其他人，只要看到他，这个地方和这里的人就会染上疾病"。[45]

即使当时这位报道者意识不到这场瘟疫的起因，他也观察到了这场瘟疫极大的传染性，他写道："死亡甚至能从窗户进来。"热那亚海员将疾病从卡法带到意大利之后，1348 年该疾病的传播速度达到了最大。据记载，在热那亚几乎只有七分之一的居民幸存了下来，而在威尼斯这个比例则不到 30%。西西里和普利亚（Apulien）"几乎成了无人区"："人们相信，末日审判已经来临。"

这样使人惊惧的消息被无限放大。这些消息一方面让人恐惧，另一方面也使人感到好奇。在欧洲肆虐的到底是什么疾病？应该如何评价它？作为一名细心的观察者，加百列·德·慕西斯区分出了感染疾病后的四个阶段：起初，四肢僵硬疼痛；随后，肩关节下腋窝处或腹股沟处疼痛，出现皮肤病变；紧接着，出现高烧和剧烈的头痛；最后是肉体的腐烂，伴有散发恶臭、肿胀、血痰、昏睡不醒。"所有这些得病的人都只有死路一条。有些人早在感染这种疾病第一天就死了，有些人在第二天死亡，其余大部分感染者在三到五天内死亡。"当时，

并没有针对咳血的治疗方法。只有昏迷或者散发臭味的病人有
可能在退烧后获救。建议的治疗方法是切开淋巴结肿或放血，　　133
以及用泻药、绷带和锦葵制剂进行治疗。[46]

　　这些早期的观察揭示了鼠疫的恐怖和人们在处理鼠疫时
的无能为力。意大利人对此反应不一——恐惧、惊慌、听天由
命、冷静。面对如此恐怖的瘟疫，他们各种各样的叙述直击人
心，令人动容。乔万尼·薄伽丘（Giovanni Boccaccio）在当
时写下了《十日谈》（*Decamerone*），讲述了逃离瘟疫以及有
微妙情色意味的应对策略，同后来的一部小说，即阿尔贝·加
缪（Albert Camus）的《鼠疫》（*Die Pest*）（1947）一样成
为世界文学的一座丰碑。"医生的建议和药物似乎都拿这种病
没有办法。"只有逃走这一个办法，正如盖伦（Galen）的古药
方所建议的：走为上，缓缓归。薄伽丘认为，天体和人类的罪
恶对这场鼠疫应负有不可推卸的责任。薄伽丘知道，在 1348
年 3~7 月佛罗伦萨有超过 10 万人死亡，而人们此前甚至都不
相信有那么多人住在这座城市里。[47]

　　面对灾难，熟悉的行为模式崩溃了："人与人之间的关
系每况愈下，父亲抛弃病中的儿子，拒绝将他留在自己的
身边。"[48] 在早期，佛罗伦萨的编年史作者乔万尼·维拉尼
（Giovanni Villani）着手寻求解释这场瘟疫的起因，而他于
1348 年夏天死于鼠疫。他指出，在比萨、博洛尼亚、帕多瓦、
弗留利（Friaul）、阿奎莱亚（Aquileia）和南德意志等地方
发生的地震是这场瘟疫的末日般的先兆，并复述了 1348 年 2
月佛罗伦萨的商人们在乌迪内（Udine）作为目击证人的证言：
"读者们，请务必明白，我们提到的这些由地震引起的灾难和
危险是重要的前兆，这些是上帝的旨意，是上帝的决定。他就
是灾难的起因，他允许灾难的发生。这一切都是在世界的终点
会出现的，给使徒们预言过的上帝的征兆和神迹。"[49]

1363 年同样死于鼠疫的马太·维拉尼（Matteo Villani）

134　　继续编写他的哥哥乔万尼的编年史。他看到医生和星象学家的无助，哀叹道德的败坏，讲述了在恐惧中的人与人之间的互助，并注意到幸存者获得了免疫。时隔不久，一个巧妙的结论就流传开了。结论声称，自旧约中的大洪水以来，从来没有发生过像黑死病时期这种大规模死亡。马太·维拉尼将这场瘟疫归咎于水瓶座行星相合。他认为，这次行星相合起源于中国和印度，1348 年影响了欧洲，起先是意大利，然后是普罗旺斯、萨伏依、勃艮第，最后是西班牙、格拉纳达和马略卡。1349年，瘟疫沿着非洲和欧洲的大西洋海岸线，抵达英格兰和苏格兰。1350 年，鼠疫侵入德意志、匈牙利、丹麦和斯堪的纳维亚。瘟疫在所有地区肆虐达五个月之久。当时的人们认为，眼神对视和身体接触就能导致瘟疫的传染。

　　马太·维拉尼在其编年史中称，仅在佛罗伦萨，瘟疫就夺去了 60% 甚至更多的居民的生命。"人口平衡是以底层人口为代价发生变化的，底层民众的死亡率更高，而中产阶级和上层阶级从中受益。实际上，底层的民众首当其冲地遭受了瘟疫，但他们得到的帮助更少，面临更大的困境和匮乏。"医生对于治疗该疾病毫无头绪，最多只能迷惑人们，让他们相信自己作为专家的本事。虽然马太·维拉尼最初也是幸存者之一，但在灾难过后，在他看来世界并没有变得更好。"因为人口变少，他们继承了大量土地，他们忘记了过去，就好像之前的事情从没发生过一样。他们的行为举止无耻放荡，他们过着一种瘟疫之前从来没有过的毫无节制的生活。……我们的整座城市无可阻挡地堕入了放荡生活的深渊，世界上的其他城市和国度也是如此，甚至更糟。"[50]

　　瘟疫过后，当人们回忆意大利诸城市经历的这场灾难时发现，受难者的人数不可计数。14 世纪末的相关记载称，在比萨，有超过 70% 的居民死亡，每天有 1200~1500 具尸体被发现。一份来自比萨人的简明的记载给出了确切的数字：在比萨有 25000 人死亡，在教宗所在地阿维尼翁（Avignon）

有 120000 人死亡。[51] 据称，奥尔维耶托（Orvieto）和撒丁岛损失了 90% 的居民，锡耶纳则有 80000 人死亡，西西里有 530000 人死亡。个体的苦难故事令人动容，比如锡耶纳的阿尼奥洛·迪·图里（Agnolo di Turi）亲手为五个孩子挖掘了最后的安息之地。[52]

瘟疫迅速地越过地中海各海港传播开来。起初是在墨西拿（Messina）、热那亚、比萨、威尼斯、马赛、阿维尼翁、巴塞罗那这些地方。在第二阶段，沿海城市背后的腹地也遭到了侵袭。在 1348 年夏天，英格兰南部的韦茅斯（Weymouth）以及法国的波尔多（Bordeaux）和鲁昂（Rouen）也受到了影响。1348/1349 年的寒冬暂时延缓了瘟疫的进一步传播。然而，一进入 1349 年的春天，瘟疫就扩散至英格兰、苏格兰和爱尔兰等地区。之后，瘟疫顺着汉萨同盟的贸易路线成功传入莱茵兰，然后继续向丹麦、挪威、汉堡（Hamburg）及吕贝克扩散，并跨过波罗的海直至诺夫哥罗德，并于 1352 年最终越过莫斯科抵达基辅。至此，带来死亡的魔鬼围绕欧洲形成了闭环。

瘟疫也在中欧肆虐，即使在各个地区其严重程度不一。与受灾情况更严重的意大利不同，在这里，流传下来的彼此矛盾的史料并没有提供全面的陈述。波希米亚和西里西亚可能在后续的瘟疫潮中才受到冲击。这使得死亡率的统计变得十分困难，因为出自瘟疫中心的可怕叙事与其他地区的沉默无法统一。于是，对于欧洲人口损失的估计上下波动。传播最广的是这样的观点，即欧洲在 14 世纪中叶总共损失了大约三分之一的人口。人们认为，意大利、挪威和加泰罗尼亚

（Katalonien）等个别国家的人口损失率更高（55%~70% 或
80%）。当然，乡村聚居区的证据很少，而当时人口中的大多
数住在乡村。即使假定的人口损失从三分之一大幅下调，也丝
毫不会减轻垂死之人对于这场瘟疫的恐惧程度以及这场灾难对
于幸存之人的精神影响。

当时的编年史以及数年之后出现的回忆录，完全夸大了死亡
人数。这些记载声称，在 1349/1350 年埃尔福特有 12000 例因疫
情而死亡的病例，在明斯特（Münster）有 11000 例，美因茨有
6000 例。吕贝克的史书记载，在瘟疫的高峰期每天有 1500 人死
亡，1350 年全年有 40000 具尸体被埋入多个乱葬岗。其中一个
埋葬地在圣灵救济院被发现并挖掘。单单这里就有 800 个死者被
葬于两个墓坑中，堆放了五至六层。此外，有记载指出，不来梅
1351 年的死亡人数是 6966 人（如果算上非市民阶层，死亡人数
还要更多），但这个数字肯定是一个纯粹的估计值。

有确切数据的罕见史料——大多是税收名册或者教区
名册——见证了 14 世纪至 15 世纪欧洲人口戏剧性的减
少。后续的传染病以及其他灾难，比如英法之间的百年战争
（Hundertjähriger Krieg）进一步加剧了人口的减少。1332 年，
在圣吉米尼亚诺（San Gimignano）及其周边地区生活着大约
13000 人，而到了 1427 年只剩下 3138 人。在英格兰诺福克
（Norfolk）的一座农庄，到 14 世纪 60 年代，人口减少了约
80%。在东诺曼底，1314~1380 年，人口减少了 53%。[53]

自笞者和反犹骚乱

尽管许多史料记载夸大其词，并且只有区域性效力，但它
们记录了人们对世界动荡和尘世脆弱性的认识。在兰河畔的林
堡，编年史作者沃尔夫哈根的提勒曼·艾伦（Tilemann Elhen
von Wolfhagen，卒于公元 1402 年之后）回顾整理了那个时

代鲜明的生活图景。[54] 作为史料中的典范，他的编年史见证了最深的绝望、压抑及对生活的激情之间的转换。在这场造成大量人类死亡的灾难中，1349 年，各大城市每天有超过 100 人死亡，即使在小城市林堡每天也有 20~30 人沦为受害者，其后果是癫狂的忏悔。自笞者带着十字架、旗、蜡烛和火把从这一城到那一城，用枝条折磨着自己的身体，直到鲜血直流，同时唱道："现在猛抽你自己吧，为了基督的荣耀！通过上帝驱走傲慢，以求上帝怜悯我们。"这种自发的情感，无论是官方教会还是世俗权威都无力疏导。

　　面对这场无法解释的灾难，人们的侵略性不只是转向了他们自己的身体。犹太人——他们保持着信仰、生活方式与基督徒的差异性，并作为王室仆人（Kammerknechte des Kaisers）通过缴纳国库税金换到了些许安全保障——很快便成为他们的基督徒邻居打击的对象。《林堡编年史》（*Limburger Chronik*）记载了 1350 年发生的事件，这一年是教宗禧年（Jubeljahr），想要减轻罪责的信众们被吸引到罗马，而自笞者们也聚在一起，进行有组织的朝圣。"然后，当他们从罗马返回时，他们中的部分人变得比从前更狠毒。在这个特殊的日子里，虽然瘟疫造成的死亡暂时停息了，但犹太人却在德意志各地被屠杀烧尽。这样做的有诸侯、伯爵和领主，但没有奥地利公爵（Herzog von Österreich），因为他保护他治下的犹太人。人们指责犹太人对基督徒投毒，而这就是基督徒如此大量死亡的原因。然后，他们的诅咒成真了，他们自己在神圣的耶稣受难日下了诅咒，正如我们在《受难记》中所读到的：'他的血归到我们和我们的子孙身上！'"

　　在可怕的反犹骚乱［即"烧光犹太人"（Judenbrennen）］中，大部分犹太社区被消灭了。迫害、驱逐、抢劫、杀戮——这些当然绝非这场鼠疫之后才出现的现象。在十字军东征的背景下以及斯陶芬王朝的帝国危机中，第一次反犹骚乱就已经出现了。此后，自 1298 年起，大规模屠杀犹太人的反犹骚乱周而复始地出现。当然，必须根据各次骚乱的具体情况来确定各自的起因。而每次都要考虑进去的因素则包括宗教差异、对有差异性的文化习俗的排斥、指责犹太放债人开展所谓的高利贷业务。因此，不管教会的教义怎样解释救世史中犹太教不可或缺的作用，在危机时期，两个宗教长期的和平共处还是会骤然变为疯狂的灭绝。

大众的杀戮欲望往往是由政治当局挑起或者引导的。为了使大屠杀变得合理，真正的动机是不被公开提及的。自 12 世纪至 14 世纪，针对犹太人的强烈指责广为传播，这几乎将犯罪者的行径伪装成了自卫行为。在 12 世纪，英国兰的诺维奇（Norwich）兴起了一个传说：犹太人杀戮基督教男童，目的是在仪式中使用他们的血。从 1235 年起，神圣罗马帝国才有关于这一犯罪动机的相关记载。虽然皇帝指派的专家委员会很快就意识到，根据犹太教的信仰原则，这样一个仪式是不可想象的，但相应的流言还是越传越真。

犹太人被指控的第二个重罪是亵渎圣餐。1215 年的第四次拉特朗大公会议的教诲灌输了以下教条：在圣餐仪式中，圣饼转化成耶稣基督的真身。自 13 世纪中叶起，基督徒指责犹太人盗窃这种已经成圣的饼，并折磨这些饼，就像之前他们对待十字架上的救世主一样，直到鲜血从饼中涌出。这些观点对于不知道基督教圣餐礼的犹太人来说恐怕是完全陌生的。而在基督徒看来，基督继续受难这一点看起来非常合理可信，1298 年和 1336~1338 年的反犹骚乱都源于犹太人亵渎圣餐的传说。

第三种假设在鼠疫期间成了爆炸性的话题。有流言称，瘟疫是因为人们饮用了被下毒的井水。起初人们认为给井水下毒的是麻风病人，但很快，犹太人被认为应对此负全部责任。在被恐惧和死亡点燃的气氛中，多处的犹太族群遭到大屠杀。当然，当时也不缺少对此观点的批评声音，特别是当犹太人也同样死于鼠疫的时候。斯特拉斯堡（Straßburg）的编年史作者弗里彻·克洛森纳（Fritsche Closener）和雅各布·吞格·克尼格斯霍芬（Jakob Twinger von Königshofen）清醒地指出了反犹的真正原因："犹太人是因为钱被杀死的。因为假如他们很穷，国主们也不欠他们什么钱，他们就不会被烧死了。"[55]

对犹太人的迫害始于1348年春天的法国南部。[56] 以此为起点，骚乱扩大至多菲内（Dauphiné）、法国北部、勃艮第和阿拉贡。在萨伏依，法庭甚至被指派了任务，要正式调查犹太人对水井投毒一事。1348年秋，对犹太人的迫害通过瑞士西部蔓延到了德意志领土。1348年11月，在索洛图恩（Solothurn）发生了烧死当地犹太人的事件，这是讲德语的城市中第一个这样做的。紧接着，1348年和1349年，在伯尔尼（Bern）、奥格斯堡（Augsburg）、乌尔姆（Ulm），以及数十座其他城市直至德国北部和荷兰都出现了杀戮犹太人的浪潮。在当时就已经有编年史作者意识到，整个犹太族群恐将在这场全面的攻击中被根除。背信弃义的查理四世无视保护犹太侍从的义务，无视人命而只求财富利益的最大化，这一点体现在这位君主与各城市议员的金钱交易中。在各个帝国城市中，市政官员们用金钱来换取国王对犹太人的保护，与此同时，他们也以书面形式得到了保证：如果有犹太人被杀，自己可以免于受罚。1349年，纽伦堡的犹太社区由此被终结，当地犹太人的财产被没收，在此期间，国王的事务处配合了长达数月。查理四世在犹太人被杀之前还迅速地向他们强征了一笔特殊税款。在曾经的犹太人聚居地，帝国建起了带有美丽喷泉的大集市广场作为新的城市中心。而作为基督徒战胜犹太人的胜利标志，一座带有帝国和选帝侯徽章的圣玛利亚教堂代替了被摧毁的犹太会堂。

140

　　高明的战略家们故意散布所谓犹太人水井投毒的谣言，煽动对犹太人的成见，通过刑讯逼供，煽动城市暴民以及许多德高望重的市民"殴打犹太人"。被迫害的犹太人经常被强制要求受洗成为基督徒，但他们多次拒绝受洗，并且愿意为了"尊崇圣名"（zur Heiligung des göttlichen Namens）而受死。甚至有记载表明，在许多地方发生了犹太人自焚的事件，他们把自焚作为一种自我献祭的方式，以免在死后尸体被基督教的屠夫们侮辱。

　　并不是所有地方的反犹骚乱都是由瘟疫事件引发的。通常，一些流言或者虚假消息就足够在多个城市唤醒人们潜在的暴力意愿。犹太人的殉道纪念书记录了对于 1348~1350 年可怖的事件的记忆以及死者的姓名。当时，杀犹太人和毁灭犹太社区并不新鲜；新鲜的是这场骚乱空间上的广度以及前所未见的激烈程度。许多繁荣的犹太社区被消灭，这让基督徒与犹太人相安无事的共存历史出现了一道深刻的裂痕。尽管（或正是因为）犹太人在经济生活和金钱交易中具有重要意义，他们依然感受到了生命的威胁和自身的存在变得脆弱不堪。他们先后被驱逐出德意志帝国的各个城市——这些城市不再需要他们了——正如他们在 13 世纪和 14 世纪被驱逐出西欧王国英格兰和法国一样。这导致犹太人的定居点逐渐向东迁移，也导致在欧洲中心地带的犹太人不断寻找新的谋生手段。

　　犹太人在中世纪欧洲的历史当然不能被简化为一部迫害史，因为这会掩盖其与基督徒长期共存时期以及许多富有成果的交互关系。尽管如此，14 世纪中叶由这场所谓的鼠疫引发的反犹骚乱还是标志着一个意义重大的分水岭。"水井投毒造成瘟疫"这种阴险的指责被发起杀戮的幕后操纵者当作论据。然而，当时的观察者梅根贝格的康拉德（Konrad von Megenberg）（卒于公元 1374 年）在他的自然学说中就提到，

关于这种瘟疫根源的研究结果是无根据的："第三种观点认为，
犹太人在所有的水井中下了毒，想要基督徒死亡；人们在许多　
水井中发现了装着毒物的袋子，因此，在莱茵河岸、法兰克和
德意志各地，不计其数的人死于这些毒物。实话实说，这是不
是个别犹太人干的，我也不清楚。……但是我知道，维也纳的
犹太人数量比我所知的德意志任何一座城市都要多，在那里他
们死亡无数，以至于他们不得不扩建墓地，多买两处墓地。假
如他们对自己下毒，那么这真是太愚蠢了。"[57]

为何有鼠疫？

聪明人早已将对根源的探究转向了其他方向。对于这场
灾难的起因，除感叹人类的罪恶或者上帝的审判之外，我们
应当如何解释这场灾难？信徒们向新的鼠疫主保圣人——圣
巴斯弟盎（der heilige Sebastian）和圣罗格（der heilige
Rochus）——寻求帮助。他们被认为将死亡之箭吸引到了
自己身上，从而保护众人。然而，危险的时刻总是医生的关
键时刻。他们虽然能够很好地描述这种疾病，但是并不能真
正地解释其中的缘由。仅仅参考古典权威，比如希波克拉底
（Hippokrates）或者盖伦的著作并没有什么用处。医生在鼠
疫会诊中提出的种种治疗建议或者预防感染的保护措施，显露
了在真正的大问题面前学者的意见中如此频繁出现的那种无
助感。

因此，虽然各位学者从多个角度对鼠疫起因进行了解释，
但并无定论。根据流行的体液病原体学说，这种疾病的出现归
咎于体液（血液、黏液、黄胆汁和黑胆汁）错误的混合。湿热
的血液过多，导致内部脏器的腐烂，这其实就是瘟疫暴发的根
源。1348 年死于鼠疫的翁布里亚医生詹蒂莱·达·福利尼奥
（Gentile da Foligno）在他的疫病意见书中发展了一种模型，

他认为 1345 年不良的行星相位造成海洋和陆地的蒸发物向上爬升，然后变成"腐坏的空气"重新降落到地上。对于鼠疫之气的恐惧也解释了为什么医生穿戴防护面罩和特殊材质的服装，即主要是对抗有毒的腐烂物、净化空气以及强健心脏和其他器官。还有医生认为，对被感染的人千万不可疏忽，同时认为北风是好的，因为它能够净化病房的空气。[58]

1348 年由法国国王命令制作的、由巴黎大学负责草拟的疫病报告，以厚重的笔触收集了当时权威们的意见，警告人们要注意瘟疫的高传染率，同时建议人们要像古时候一样逃离已经受感染的地区。报告还认为，必须要净化空气，北风对于预防瘟疫是有好处的，身体劳累有损健康，而节制饮食对身体有益，将有强烈气味的东西置于鼻前是最好的预防方法。同时期意大利的疫病报告也信赖节食、保持卫生、节制性生活以及气味强烈的物质的作用。"灵魂所受的负担在于人一直处于欢欣愉悦之中。因性交对灵魂影响极大，故应像对待敌人一样对此保持警觉。"[59]

与这些虚无缥缈的专家意见相反，各市政府采取的实实在在的措施却出乎意料地合乎理性。它们迅速规定了对病人进行隔离、统一埋葬死者、移除动物尸骸等措施。值得注意的措施还有对病患的报告与监视，随后是各项具体的隔离措施。自 1374 年起，米兰、杜布罗夫尼克（Dubrovnik）及马赛市政府均要求对新来的居民做一定时间的隔离。

在瘟疫结束时，身体上的创伤或许已经治愈，但精神上深深的创伤却依然还在。对于死亡的体验影响着幸存的人们，并融入了中世纪末的文化记忆。黑死病在经济生产、工资和物价、劳动力市场和所有权结构方面的影响是全面而深远的。而灾难周而复始地出现。沃尔夫哈根的提勒曼·艾伦在《林堡编年史》中记载了 1356 年灾难性的地震、德意志境内第二次大规模的死亡以及一次严重的通货膨胀。在这一年，有歌谣唱道："哦，强大的上帝，我们所有的苦难，主啊，用你的诫令给我们下命令吧，让我们以慈悲度日！三圣之名，在各种危难之中支持我们三颗钉子、长矛与荆冠。"

1363 年蝗灾突袭，这被认为是上帝带来的新的灾害。"厚重密集的蝗虫飞来，在空中，在田野上，像是一场大雪。它们落在果实上，造成巨大的破坏，然后又飞走了。这种情况持续了将近六个星期，直到一场霜降之后，蝗虫在寒冷中消失。蝗虫很大，至少有半拃那么长，大约就是这么大。这场灾害是由傲慢造成的。"1365 年又出现了第三次大规模死亡事件。但比起第一次，它的规模明显较小。在林堡这种规模的城市里，每天只有 10~12 人死于瘟疫。[60]

14 世纪的幸存者们挺过了这一切。就像大灾之后常见的情况那样，恐惧很快让位于对新生活的激情。《林堡编年史》以令人印象深刻的语言捕捉到了从覆灭中生出的新的繁荣。"过了一年，上文所写的死亡、自笞者的朝圣、罗马朝圣、杀戮犹太人等都结束了，世界重新开始焕发生机，这令人欢欣鼓舞。男人们制作了一种新的衣服：裙子底部没有三角衬（一种楔形装饰物），腰部没有剪开，非常紧，穿之后不能大步走，裙子垂到膝盖以上几乎一拃的位置。裙子做得如此之短，比腰带高一拃。而大衣由一块布围绕一圈制成，他们称它为'钟罩'（Glocken），且非常宽大，有长有短。当时，鞋头开始有了长长的尖嘴，而女人们穿着大领口的衣服，几乎能看到一半的胸部。"[61]

"凡一国自相纷争，就成为荒场"

1356 年，皇帝查理四世引用这句《圣经》经文（《路加福音》11∶17），意将金玺诏书的颁布解释为神圣罗马帝国秩序的基础。在 18 世纪美因河畔的法兰克福（Frankfurt am

Main）举行的一场皇帝加冕礼上，当时年少的约翰·沃尔夫冈·歌德（Johann Wolfgang Goethe）还被他的父亲用这句特色鲜明的话教诲。统一、秩序、稳定——政治公共生活的这三根支柱，在 14 世纪欧洲的诸王国中通过基本契约的形式固定下来。它们的影响力从某种意义上讲延续了数百年之久，因为它们长久确立了君主制最重要的那些基本模式。这些模式关注的问题就在于王权统治的继承规则以及君主与王国的交织融合。

这些原则是在数百年中通过在个例中的一次次谈判形成的，并在实践中得以不断完善。重复造就习惯。干扰事件或者未曾料到的挑战使得更新规则成为必要。但在规则的更新中，

图 9　罗马皇帝和七位选帝侯。金玺诏书，插图版，
斯特拉斯堡，1485 年，页码 IIr

君主制作为政治架构的基本形式从未受到怀疑。当国王被废或者被杀的时候，总有其他的君主继任，成为新的国王。城邦或乡村社区中形成的新的政治形式长期以来总是在君主秩序内进行实践的。威尼斯成功切断了与帝国的旧有联系，其寡头政治结构长久以来是一个特例。罗马教廷的登记名册在中世纪末期将欧洲划分为各个王国和诸侯国共存的体系。

危机自然会不断地迫使统治者对基础的秩序原则做出调整、改变或者使其精细化。在 14 世纪，这些秩序原则在一些君主制国家中被彻底重新制定。它们着眼于当下和未来，并以隆重的特许令的形式记录在案。关于王权继承以及国王与贵族之间的关系的诸多条款，显示了君主统治的设置中不同的结构。为了更好地理解 14 世纪新出现的现象，回顾君主制过去的长期实践和君主制体系近期遭受的危机是有帮助的。

国王与权力

数百年以来，婚生子继承其父王之位的主张以及由贵族选举国王的做法相辅相成。在后世对王朝王位传承事件的回顾中才出现了继承权和选举权的对立，这对于中世纪早期的统治者的权力合法性基础来说还很陌生。直至进入中世纪盛期，形式丰富多样的王位传承实例展示了合法适宜的王子们卓越的优势——虽然这一点没有作为原则被表述。尽管如此，他们的统治地位还需要来自贵族的正式确认。从现代的角度看，这种贵族的决定形式并不代表一种选择，但是它构建了合法王权统治的基础，因为它使得武士和贵族阶层的共识公开可见。这就稳定了一种秩序，这种秩序的运转无须固定的机构，而是通过口头谈判和具有象征意义的仪式建立起来的。

在中世纪的贵族中，财产和统治之位是通过血缘来传承的。旧的法律概念最初将妇女排除在继承人之外，然而在中世纪，妇女们的继承权随着男性继承人的缺失而逐步得到确立。血统这个概念赋予了所有儿子作为血脉传承者的继承权。在中世纪许多次的统治权瓜分中，一种强烈的动力逐渐形成，这种动力必须通过无数的贵族家规或遗嘱加以规范。每个个体都是前辈和后辈组成的长长链条中的一环。亲属关系构成链条的延续性，并保证了男性成员（其次是女性成员）的财产份额和统治权。而这绝不会导致所有权的原子化，因为有些家族分支常常没有后人，旁系亲属就会取代他们的位置。

因此，在中世纪，可靠的家谱知识越来越多成为经济上或者社会上成功的"钥匙"。同时，基督教会禁止亲属之间的联姻，并将乱伦定为对上帝的救赎秩序的破坏。直到 13 世纪，人们依然将不同程度的亲属关系列为婚姻禁忌。1215 年的第四次拉特朗大公会议首次将四个亲疏等级的亲属关系定义为禁止联姻的标准，同时也将此作为后代的合法继承权的判定标准。只有教宗被排除在上述规定之外，于是，自此以后，教宗的婚姻豁免权对拉丁礼欧洲的贵族亲属网络产生了决定性的影响。亲属关系知识的这种双重正式化——分别关于继承权和联姻——在 12 世纪至 15 世纪非常鲜明地促进了贵族和国王统治的家族化。然而，禁止亲属通婚的做法对整个基督教社会产生了更深刻的影响。其后果以及与其他文化的差异对我们现在所处的时代依然有影响。亲属间的联姻在基督教国家是很少见的例外，而在伊斯兰国家，则是完全不同的另外一幅画面。如今，西欧的亲属通婚率不到 1%，而伊斯兰国家的平均通婚率为五分之一或更多。这种差异极大地影响了亲属关系圈的结构以及财产的传承。

在 13 世纪统治权的传承中，统治之位的不可分割性和贵族的继承权相叠加。在中世纪上半叶，在法兰克诸王国中，所有王子都继承其父王的统治权，并瓜分王国。自 6 世纪至 9 世纪，这种方式持续地给被统治者带来新的秩序以及政治版图。查理曼于 800 年获得罗马皇帝之位，由此改变了法兰克分割遗产的实践，因为与王权相比，帝权是不容瓜分的。大多数加洛林国王在 9 世纪首先必须学会忍受帝权的特殊性。

贵族日益加强的对统治共识的诉求，到了 10 世纪，从帝权的不可分割性发展出了王权的不可分割性，然后又发展出了王国的不可分割性。这极大地稳定了王国的政治版图，同时，选举唯一新王的新标准以及对其兄弟的补偿变得不可或缺。在 912 年（勃艮第）、936 年（东法兰克）以及 954 年（西法兰克），欧洲主要王国逐渐形成了长子（Primogenitur）继承王位的原则。将这种继任原则在君主制顶端之下的重要贵族家庭中实施的努力则仅仅在个案上取得了成功。他们持续的分割实践确保了大家族王朝谱系的延续和政治力量的保存，直至进入近代。

148

9/10 世纪，产生了帝位和王位的不可分割性，随后在 12 世纪至 14 世纪，欧洲对于君主继承人选择的规范日益细化和正式化。当时确立的模式直到 18/19 世纪仍具有惊人的影响力。长王子们在大多数情况下获得了其父王的王位，并得到了来自贵族的认可，直至 12 世纪。为了避免政治上的偶然事件的发生，自 961 年起继承的王子常常在国王还在世时就被选出。这种家族稳定的手段在 1179 年之前的法国和 1237 年之前的神圣罗马帝国仍可看到。在此之前，王室的延续基于他们的生育能力，即能生出有能力统治王国的健康的王子。

在 12 世纪与 13 世纪之交，贵族选举国王的习惯以及家族继承序列的结构出现了变化。君主传承的不同形式及其深远的影响分化了欧洲各王国。在神圣罗马帝国，贵族选举制的地位得到了巩固，但在 12 世纪至 13 世纪期间，这种习俗在西欧君主制国家已经消失，在北欧和中东欧，只是作为对事实上的王子继承制进行确认的形式而存在。在各处，王权和贵族之间的关系都主要由贵族在国王晋升中的参与度决定的。西欧各王国的诸侯仅有参与新王受膏礼的权力，而中欧、北欧和中东欧的贵族则从围绕选举王子成为国王的复杂谈判中获益。

在神圣罗马帝国，选举国王的诸侯们自 1254 年起就一直承认王子继承的地位，其中仅有两次例外（分别在 1378 年和 1493 年；总共有 18 位君主）。不过，自 13 世纪至 15 世纪，他们成立了一个精英选举团，逐渐形成与国王的二元对立，并要求在帝国统治中分得应有的份额。1356 年的金玺诏书甚至表明，选帝侯是皇帝"躯体"的一部分。起源于先前贵族选举的选帝侯的帝国责任的进一步发展，使得神圣罗马帝国成为欧洲的特例。

在其他地方，基于家族谱系的身份和统治权引发了人们对于家谱和血统的兴趣。在有利的情况下，仅仅依靠血亲关系就可以将各王国整体团结在一起。不仅儿子继承统治权，在没有男性后代的情况下，女儿的继承权也越来越多地得到承认，法国是个特例，后文会详述。在贵族的"婚姻市场"上，"女继承人"这种形象越来越重要。她们通过血液将自己的继承资格明确地传给下一代。例如，皇帝海因里希六世通过与诺曼公主康斯坦丝的婚姻于 1194 年获得了西西里王国。皇帝腓特烈二世通过与耶路撒冷王国女继承人以撒贝拉的婚姻，从 1225 年起声称在圣地拥有王国的统治权。在波兰皮雅斯特王朝消亡之后，波兰王国的统治权首先落入了来自安茹家族的匈牙利国王之手。1386 年，立陶宛大公雅盖沃通过与波兰公主圣海德薇一世（Hedwig I. die Heilige）的婚姻获得了波兰的统治权。波希米亚王国在最后一位普热米斯尔王朝（Premysliden）后裔在 1306 年死于谋杀之后，依照亲戚关系的等级先是落入哈布斯堡王朝之手，而后归于卢森堡王朝（Luxemburger）。13

世纪至 15 世纪，欧洲各王国频繁的合并和分裂令人眼花缭乱，这见证了欧洲强大而有力的王朝化进程，在这个过程中统治权是通过亲缘关系获得的。

在法兰西王国，人们可以清楚地观察到从贵族之间条款复杂的协商共识向长王子独一无二的继承权的转变。自 979 年至 1179 年，国王们很早就通过选举确立了他们的继任人。由此，被选出的王子们在其父王在位期间由贵族集会确定为共治国王，这使得国王死亡时重新做出选择显得多余。由于法国王室的强大势力，国王腓力二世·奥古斯都（1180~1223）首次放弃了这种共治王的推举。在他死的一瞬间，他的儿子路易八世（Ludwig Ⅷ.）（1223~1226）就无可争议地当上了国王。后来，在王朝的继承实践中，法国产生了一句著名的话："吾王驾崩，吾王万岁（Le roi est mort, vive le roi）！"类似的情况在英格兰也可见到。1154 年，国王亨利二世（Heinrich Ⅱ.）在男爵们的表决声中才得到了王位，而 1189 年他的儿子——"狮心王"理查一世在继承王位时，就没有了任何繁文缛节。

在 12 世纪的神圣罗马帝国，贵族选举制与皇帝海因里希六世（1190~1197）的做法互相竞争，后者试图为罗马王位引入法国的王朝继承模式，并以帝国领地世袭权补偿王公们旧有的国王选举权，但这在贵族们看来是蛮横无理的。其实，世俗公国的继承权早就被王朝惯例确定了。自 1156 年起，皇帝明确承认了公爵子女的继承权，然而 1196 年将这种继承权转移到王权传承上的做法却失败了。随后产生的围绕王位继承的争端巩固了诸侯选举国王的权力，并在 13 世纪产生了一个由七位选帝侯组成的特权圈子。他们轮流做出选举决定的做法在 1254 年斯陶芬王朝结束后彻底阻止了王位继承权的实现。尽管如此，哈布斯堡王朝、卢森堡王朝以及维特尔斯巴赫王朝

（Wittelsbacher）依然建立了三个强有力的王朝，国王候选人在国王选举中竞争王位。然而，只有哈布斯堡王朝从中世纪至近代的过渡期成功地将统治权延续至数代人之后。

对于欧洲各国历史的不同道路，过去人们很乐意用 12 世纪至 14 世纪王朝的王位主张与贵族选举国王这种习惯之间的对立来解释。一方面，最年长的王子拥有无限的无争议的继承权，这一点对君主制的实质来讲没什么损害。另一方面，在实行贵族选举制的王国中，复杂的谈判其实提升了选举者而不是被选举者的地位，后者为了成为国王，通常不得不赎买曾经同等级别的贵族的认可。

在物质基础方面，各个统治者的发展空间各不相同。在法国、英格兰或者伊比利亚半岛诸王国，大多数情况下，前任的王室属地会原封不动地归新任国王所有，而在神圣罗马帝国或者波兰，那些选举时的承诺只能靠自己来实现。在这些地方，新任君主们在起初要靠他们作为诸侯时期的资源来维持自己，并且经常利用王位的权力为自己家族的王朝目标谋利。与西欧不同，在神圣罗马帝国，并没有将无主的帝国封地归为君主所有的惯例，而是通常由在位的君主分给自己的亲属或者随从，并由此从王室属地中分割出去。

因此，世袭君主制和选举君主制呈现出不同的王权发展潜力。权力的基础一直被中世纪的这些决定所塑造，直至进入近代。然而，仅仅从物质基础的角度出发就忽略了中世纪的共识行为对于王国和制度的存续的积极影响。在中世纪后期的法国或英格兰，祝圣仪式将新国王与其周围环境分离开来，并创造了一种名副其实的"王室宗教"；而在欧洲中部，选举国王这一做法持续地巩固了帝国共同体这一概念，帝国被认为是一个行动共同体，即一个由头领和成员组成的社团性的联盟。回头去看这段历史，很难确定哪一种权力合法化途径更加有效：是以神圣的方式将国王从他的忠实追随者的圈子里分离出来这一方式，还是用仪式体现出的共识统治呢？

　　12 世纪和 13 世纪的人们在点评历史时就遭遇了这种两难的境地。弗赖辛主教奥托由罗马帝国对全世界的统治效力，选择了选举国王这一做法。帝国不是从偶然的出生事件中获得其统治者的，而是通过由圣灵引导的诸侯选举选出最佳之人。这位编年史作者这样描述 1152 年腓特烈一世·巴巴罗萨当选国王的过程："在法兰克福，3 月 4 日，即四旬斋之后的星期二，尽管这座横跨阿尔卑斯山两侧的帝国幅员辽阔——说起来真是不可思议——但所有诸侯之力与若干意大利男爵的势力依然能够融为一个整体。诸侯们在此商讨选举国王之事。因为这种权力，即王位不是通过血缘亲戚关系传承下去，而是通过诸侯的选举来确定，在罗马帝国理应拥有特殊优先的地位。"[62]

　　130 年之后，科隆大教堂牧师罗伊斯的亚历山大（Alexander von Roes）在没有皇帝的时代进一步发展了这种自信的概念："我们知道，神圣的皇帝查理曼，带着教宗的认可，受教宗的委托，出于上帝的感召，明确地做出安排：罗马帝位注定永远由德意志诸侯合法选举产生。因为上帝的神圣国度、统治基督教世界的权柄通过继承权来归于某个人是不适宜的。查理曼本人的出身倒是可以直接追溯至希腊、罗马和日耳曼。"[63]

　　法国的相关论述与此正相反。1239 年，法国国王路易九世的使者们在与皇帝腓特烈二世的谈判中指出，他们的国王出于其王室血统而获得统治权，因此比那些仅仅由自愿的选举而产生的人要高贵。[64]

　　这种选举与血统之间的矛盾在 14 世纪日益加深，神学家和法律学者对此进行激烈的讨论。[65]与亚里士多德哲学一致，奥斯定会隐修士埃吉迪厄斯·罗马努斯（Augustinereremit Aegidius Romanus）（卒于公元 1316 年）在他为法国国王腓力四世所做的《君主通鉴》（*Fürstenspiegel*）中以三个论点赞扬了世袭君主制的优点：（1）国王不仅为自己而统治，而且为其诸多爱子而做长远计划，因此，王国利益（bonum regni）与国王利益融为一体；（2）王子取得统治权时，对此已有准备，好过在突然被选举为国王时才开始面对这一职位非同寻常的要求，此外，世袭国王不会因个人的傲慢而高估这个他的祖先已经拥有的职位；（3）已经习惯于服从先王的人民，自然也会对王子及其后人效忠，而选举者之间频繁出现的争端以及被选举者的暴政——由选举而产生的君主不会像世袭君主那样关注王国的福祉——在君主继承制中甚至都不可能出现。

咏祷司铎梅根贝格的康拉德（卒于公元 1374 年）以坚定的论述从德意志的角度针锋相对地指出了国王选举制的优点。仅仅拥有王子的身份是不够的，因为王子们可能是愚笨不堪的或者娇纵无力的。相反，一个正确的、理性的选举决定会产生最好的统治者，这样的一个统治者不是仅仅偶然地从母亲肚子里出来的。他的誓言比任何王子的身份都更有约束力，因为一个被选举出的君主不会一直偏爱其诸位王子，而是将公共福祉置于自己的利益之前。比起一个因偶然的出生事件而出现的国王，人民终究会更热爱一个被拣选的明君。两种论述都认为君主制是最好的制度，但在君主产生方式方面的观点截然不同。

挣扎与自我形象的确认

王位传承的各种模式在 14 世纪经历了严重的危机，它们首先造成了政治上自我形象的确认，并最终产生了各种秩序后果。对神圣罗马帝国、法国、英格兰和斯堪的纳维亚的各种情形的考察比较可以清楚地呈现当时的各种挣扎。

皇帝腓特烈二世于 1250 年死亡，之后这座西方拉丁礼帝国的帝位空缺了 62 年。尽管如此，关于罗马—德意志的国王拥有在罗马举行加冕礼资格的观念依然在人们的思想中存在着。因此，诸教宗在 14 世纪坚称他们拥有由教宗英诺森三世于 1201/1202 年制定的对特殊国王选举的审查和认可权。作为选举者的德意志诸侯以及被选举出的国王，坚决拒绝这种所谓的认可权。皇帝路德维希四世［Ludwig Ⅳ.，在位时间为 1314~1347 年，其绰号"巴伐利亚人"（der Bayer）是对手对他的蔑称］与教宗若望二十二世（在位时间为 1316~1334 年）和本笃十二世（Benedikt Ⅻ.，在位时期 1334~1342）之间的矛盾再次升级。在针锋相对的驱逐令和论战文章中，双方都想为自己赢得公众的支持。不顾位于阿维尼翁的教廷的极力反抗，路德维希最终于 1328 年前往罗马并在数周之内举行了两场不同寻常的皇帝加冕礼。第一场由罗马元老和罗马人民见证，由被逐出教会的主教加冕。这样一场新式的仪式对于帝国统治的合法性来说显然是不够的。路德维希推举出一名新教宗，即尼古拉五世（Nikolaus V.，在位时间为 1328~1330 年，卒于公元 1333 年），后者立即在罗马的圣伯多禄大殿为路德维希举行了皇帝加冕礼。然而，尼古拉五世面对正规合法的教宗若望二十二世无法坚持自己的立场，在 1330 年就退位了。

尽管双方多次尝试和解，但在之后的 20 年里纷争仍然无法解决，直到路德维希四世死亡。在此期间，欧洲逐渐就以下活跃的公共议题展开了论战：帝权的尊严、帝国的法律、产生国王和皇帝的适宜形式。教廷一方坚持教宗独一无二的绝对权力以及基督徒的顺服义务，而帕多瓦的马西利乌斯（Marsilius von Padua，卒于公元 1342/1343 年）和奥卡姆的威廉（Wilhelm von Ockham）（卒于公元 1347 年）在帝权统治的环境中提出了具有颠覆性的新的政治理念。在政治上以亚里士多德主义为导向，马西利乌斯首次在他的著作《和平的辩护者》(*Defensor pacis*) 中提出了将教会权力与世俗权力完全分割的想法。在自身并没有牢固持久的皇帝概念的情况下，马西利乌斯否定了教宗的绝对权力，并以《圣经》中的证据激进地攻击教宗至上的教条。与此相对，他提出了由人民、公民及其代表进行选举的思想，并认为这是政治决策的最佳形式。他的一些观点已经有 15 世纪教会会议至上主义的雏形（详见本章"第三节点"）：马西利乌斯认为，教会的承载者是信徒全体或信徒中最重要的部分；教义权威不归属教宗，而是归属大公会议；大公会议是唯一不会犯错的组织。[66]

　　除这些基本立场外，英格兰方济各会修士奥卡姆的威廉为路德维希四世发展出了清晰的普世君主指导原则。他亦坚决否认教宗是世俗统治权的根源。他认为，皇帝的权柄其实直接来自上帝，并通过选举者的决定传递给皇帝。1338 年，作为国王选举者的德意志诸侯和皇帝路德维希四世分别就帝国相对于教宗的独立性、罗马国王选举的尊严以及王权与帝权之间的关系宣布了各自的法律观点。美因茨、科隆以及特里尔的三位总主教，当时在莱茵河畔同时统治的四位普法尔茨伯爵（Pfalzgrafen bei Rhein）、萨克森公爵（Herzog von Sachsen）以及勃兰登堡侯爵（Markgraf von Brandenburg）（七位选帝侯中只有波希米亚国王不在场）在伦斯［Rhens，即今天的迈恩－科布伦茨县（Kreis Mayen-Koblenz）］会面，探讨并做出下列庄严决议：被帝国的选帝侯选举出的人，即合法地成为罗马国王；若选举结果存在争议，则获得票数更多的一方获胜；教宗对选举的审查或认可权被全部否决；合法国王的统治在国王当选后立即开始。这个伦斯决议在教宗本笃十二世当选之后出现，根本没有提到当时在位的皇帝的名字。

　　三周之后，路德维希四世将他的立场记录在一部隆重的以"Licet iuris"开头的皇帝法令中："两部法律的见证全然明确地表示，皇帝的尊贵以及权柄一开始就直接由上帝授予，上帝通过地上的皇帝和国王赐予人类律法。更确切地说，皇帝之所以成为皇帝，只因被有权选举的人选出，而不需要其他任何人的认可或者确认，因为在地上的世俗事物中没有比他更高的存在，万民皆在他之下，连主耶稣基督都说，上帝的归上帝，恺撒的归恺撒。"[67]

这两种对于世俗权力和教会影响的清晰划分见证了皇帝的统治的鲜明的世俗化和理性化。路德维希四世的看法，即合法诸侯的选举结果产生帝位，在中世纪却并没有得到贯彻。曾有三位被选举出的国王前往罗马，被教宗或者授权的枢机加冕，他们分别是 1355 年的查理四世、1433 年的西吉斯蒙德（Sigmund）以及 1452 年的腓特烈三世。直到 16 世纪，才出现了"选举产生的罗马皇帝"（erwählter römischer Kaiser）这一称号。在 1530 年的最后一场教宗加冕礼之后，在法兰克福举行的选举中，选帝侯直接选出了皇帝，而皇帝无须前往意大利罗马进行加冕。

伦斯决议中的两项规定则立刻产生了效果。自此以后，七位选帝侯独自进行罗马国王的选举，不受教宗的干涉。在结果有争议的情况下，得票数更多的一方胜出即可。这个在今天看来不言而喻的原则，对于 14 世纪的国王选举来说是相当新鲜的。在此之前，多数票并不是决定性因素，因为先前的选举纲要更多地基于选帝侯们的等级地位而非他们的数量。因此，一组人当中"更健全的部分"（sanior pars）虽然可能在数量上处于下风，但是由于其权重更大，依然能从选举中胜出。1198 年以来，谁才是决定性群体这一问题，贯穿了德意志国王选举风云变幻的历史。此时，伦斯决议以及后来的 1356 年的金玺诏书通过得票数来决定谁才是选民中拥有更高威望的一方。

理性的规则产生了清楚的结果。在今天看来令人吃惊的是，神圣罗马帝国的领袖们这么晚才接受了教宗选举中早就发展形成的模式。教宗选举在1059~1274年分三个阶段从政治偶然事件中解脱出来，相关规则以可被理解的方式正式确定了下来。为了避免来自平信徒的影响，教宗尼古拉二世（Nikolaus Ⅱ.）于1059年发布了一条教令，将预选权赋予来自奥斯提亚（Ostia）、希瓦康第达（Silva Candida）/ 波尔图（Porto）、阿尔巴诺（Albano）、萨比那（Sabina）、提沃立（Tivoli）、塔斯库隆（Tusculum）及帕莱斯特里纳（Praeneste）的七位枢机主教。其他枢机、神职人员和大众赞同这七位枢机做出的选择。在出现了一些有争议的教宗选举之后，教宗亚历山大三世（Alexander Ⅲ.）在1179年的第三次拉特朗大公会议（das 3. Laterankonzil）上确立了自此以后原则上一直有效的选举程序：神职人员和大众不再参与选举，仅枢机有权选举，被选举者需要得到三分之二的枢机的票数。这制造了强大的达成一致的压力，但是也确立了在枢机选举团中各票权重相同的计票方式。在1274年的第二次里昂大公会议上，教宗格列高利十世（Gregor X.）还确立了枢机会议，枢机们在完全与外界隔绝的情况下，仅受圣灵的启发做出决定。这个程序的两个关键要素于14世纪运用到了罗马国王选举中，即选举团在空间上被隔离以及基于多数票（尽管是简单多数）的选举结果。

皇帝法典

关于罗马—德意志国王选举问题的种种考虑在1356年皇帝查理四世及选帝侯的金玺诏书中得到了基本总结和归纳。查理四世在1346年充满争议的国王选举中胜出，此时皇帝路德维希四世尚在人世，查理四世在他的对手死后才开始确立自己的地位且过程充满艰辛。1355年，他在罗马无可争议地举行了加冕礼，这反映了他与罗马教廷之间紧密的联系。教宗英诺森六世（Innocenz Ⅵ.）当时居住在阿维尼翁，他委任了可靠的枢机进行皇帝的加冕礼，这使得教宗与皇帝两者间长久的纷争趋于缓和。此时，新加冕的皇帝联合选帝侯在纽伦堡和梅斯（Metz）举行的两场隆重的集会上，帝国统治和帝国选举的秩序终于得以确立。皇帝法典共有 31 章，后来因皇帝悬挂于丝线上的黄金印鉴而得名"金玺诏书"。[68]

皇帝法典的前两章事无巨细地规定了选帝侯前往美因河畔法兰克福的行程以及罗马国王选举的安排。选举以一场召唤圣灵的弥撒开始，然后是宣誓以及由美因茨大主教主持的选举，七位选帝侯按照固定的等级次序投票。不管在这个选举密室中产生怎样微弱的多数，对外都是宣称国王选举的结果是全体一致得出的。新的统治者必须立刻为他的选帝侯——"众所周知，选帝侯是神圣帝国最亲密的成员"——确认所有的权力和特权。这显然是以下两种元素交织的结果：一方面从同等级的圈子中产生更高位者，另一方面强化传统的法律秩序中的相互认同。

金玺诏书用大量篇幅阐述了国王与选帝侯之间相处的仪式安排（这一点即下一节的内容）。基础段落规定了国王与选帝侯之间的关系以及帝国选帝侯的特殊权利。像王位一样，选帝侯之位也不可分割。金玺诏书为君主制度确立的选举原则一直延续到 1806 年神圣罗马帝国灭亡，然而对于世俗的选帝侯之位，此诏书却巩固了家族王朝式的继承权。无论作为群体还是作为个人，选帝侯都拥有王权（Regalien/ursprüngliche königliche Rechte，即原初的国王权力）上的份额。通过两个比喻，可以体现统治联盟的多元统一：如果帝国被比为一栋房子，那么选帝侯就是"帝国的支柱"；如果帝国被比为一个人的躯体，那么选帝侯就是"帝国的四肢"，他们是帝王之躯的组成部分。由此，金玺诏书将神圣罗马帝国当作国王与选帝侯

159

组成的高等贵族的共识同盟。

神圣血统

金玺诏书于 1356 年的圣诞节在梅斯颁布，皇帝查理四世的外甥、当时的法国王位继承人查理（后来的国王查理五世，在位时间为 1364~1380 年）亦参与了此次选举程序的确立。因为他的父亲、法国国王约翰二世（König Johann Ⅱ. von Frankreich）被英国人囚禁，这位王子就代表了法兰西王国。他在与英格兰的百年战争期间才艰难地确立了他所在的瓦卢瓦家族（Haus Valois）的王位继承权。金玺诏书颁布 18 年之后，英明的国王查理五世在三道大训令中确立了他的继位人，并以此巩固了法国的长子继承原则，此原则一直延续直至法国旧制度（Ancien Régime）于 1789 年和 1830 年的双重终结。国王查理五世的统治在由博学的顾问组成的小团体中运作，同时也强调来自诸侯的广泛的统治共识。[69]

1374 年 8 月，以拉丁文书写的大训令确保了法兰西王国的长子继承原则。国王查理五世及知识渊博的大学士们通过立法确定了当时的长子继承制的诸多原则，以及将妇女永久排除在王位继承之外的规定。后来，法国的王室法律顾问依据中世纪早期的法兰克法律，即萨利克法（Lex Salica）解释了对妇女继承资格的否定。1374 年 8 月的这部训令可以被当作 1356 年皇帝查理四世及选帝侯的金玺诏书简明的反转版本，尽管在这部训令中没有一处明确地这样表示。与神圣罗马帝国不同的是，法国拟定了对未来君主的严正的培养规范。此外，还有对于王室良好的代际传承的思考，对于同胞兄弟姐妹往来关系的规范，以及对于长子的王位优先继承权的规范。父王一死，长子立刻继位，十四岁就可以作为君主独立执政。

几周之后，国王查理五世通过两部以法语书写的训令完善了上述规定。他以监护人的身份通过一个由不计其数的顾问和幕僚组成的亲属委员会来规范其子女的言行，直至王位继承人长到十四岁。委员会人员规模巨大，应该能够避免某个朋党小集团对国王的子女施加影响力，并预防挥霍王室的财物。在王位继承人尚未达到十四岁之时，摄政权被指派给有执行力的王室亲属。摄政王应陪伴年幼的国王，直至其获得理政能力。这三条训令借助整个王室的辅佐和配置，巧妙地限制了独一无二的王位继承人的优先特权。

1356 年的金玺诏书和 1374 年的三条训令，从它们各自的具体条文来看，无疑是不可比较的。它们各自勾勒出不同的君主制运转模型。一方面帝国具有连续性，它以选举和协商结果为基础；另一方面，以父子传承为基础的法国王位高明地编织出家族王朝与王国的关系网络，坚定地以悠久而光辉的历史为依靠。帝国的政策是由皇帝和选帝侯组成的高度贵族化的团体制定的，而瓦卢瓦宫廷则发展出了一个被睿智的顾问环绕的英明国王的模式。国王由出身不同的等级精英和职务精英们辅佐。早期，法国统治者不仅将他们最亲密的亲属、神职人员和贵族纳入宫廷，还吸收了大学和巴黎整座城市的力量。在帝国，诸侯身份的国主们参与帝国统治的模式得到了发展，而在法国则是有才智的职务精英阶层当君主政治顾问的模式得到了发展。

为了阐明这些区别，有必要回顾一下政治背景。法国国王查理五世为法国君主制的未来奠定基本的历史思想时，法国正处于危机阶段。在 1328 年之前，卡佩王朝（Kapetinger）的国王们总是有幸得到有执政能力的王子。国王腓力四世 1314 年死亡之后，他的三个儿子相继继承了王位。然而，他的女儿以撒贝拉（Isabella）的继承资格被王国的代理人否定了。后来，以撒贝拉与英格兰国王爱德华二世（König Eduard Ⅱ.

von England，在位时间为 1307~1327 年）结婚。考虑到西欧诸王国愈演愈烈的民族化，爱德华二世对于法国王位的继承权似乎没什么机会。

在最后一名卡佩王朝男性后裔查理四世（Kapetinger Karl Ⅳ. von Frankreich）于 1328 年死亡之后，有两人在继承资格上发生了冲突。英格兰国王爱德华三世（König Eduard Ⅲ. von England，在位时间为 1327~1377 年）因其母亲以撒贝拉的关系，是法国国王腓力四世的亲外孙，并由此成为与卡佩王朝最后一个后裔关系最近的亲属。假如依照欧洲王朝继承的惯例，那么他是拥有法国王位的最佳继承资格的。然而法国选择实行的是另外一种继承习惯。1328 年，卡佩王朝的旁系瓦卢瓦家族的腓力六世（Philipp Ⅵ.）获得了法国王位（瓦卢瓦建立的王朝结束于 1589 年）。腓力六世因其父亲瓦卢瓦的查理（Karl von Valois）的关系，是法国国王腓力三世（König Philipps Ⅲ. von Frankreich，在位时间为 1270~1285 年）之孙。因此，比起来自英格兰的对手，他与前几任法国国王的关系更远，但是他之所以能获得继承权，是因为他的父系直系血统。

法兰西和英格兰两个王国之间长久以来的冲突于 1337 年升级为公开的战争。英格兰国王爱德华三世最初承认了腓力六世，但后来强烈要求自己获得法国王位，故攻势猛烈。假如这两大王国统一了，那么欧洲历史一定会有一个新的方向。然而这场围绕卡佩王朝继承权的斗争历经数代人，其间冲突升级与偃旗息鼓的阶段交替出现，直至 1453 年才结束。虽然这场"百年战争"爆发的主要原因在于双方争夺在西欧的经济霸权和政治霸权，但是双方不可调和的对于王朝继承权的主张还是给这场战争打上了自己的印记。

法国骑兵在 1346 年的克雷西会战（Schlacht bei

Crécy）、1356 年的莫佩尔蒂 / 普瓦捷会战（Schlacht bei Maupertuis/Poitiers）、1415 年的阿金库尔战役（Schlacht bei Azincourt）中遭遇灾难性的失利，法国君主制屡次滑向崩溃的边缘。封建贵族哀叹死伤无数，瘟疫的流行加剧了战争带来的破坏。在那个极度不安全的时代，社会骚乱将众人的抗议带至巴黎和伦敦。

为了应对这些基础层面上的危机，迫切需要君主制度的自我肯定。为此，法国国王查理五世的宫廷从历史悠久的君主传统中找到了支撑。这些传统通过卡佩王朝、加洛林王朝以及墨洛温王朝（Merowinger），将法国王朝的继承权追溯至神话传说中的来自特洛伊的祖先，并从长久的延续中建立了自信。在兰斯主教座堂，法国国王们涂上所谓的圣油，完成了加冕礼，并由此获得了一个将他们推升至超越所有国王之高位的特殊的"神圣光环"。查理五世在他的兰斯加冕礼上安排了这样一场独特的圣光场景（Nimbus）（详见本章"第三节点"）。他的谋臣让·高朗（Jean Golein）设计了"神圣崇高血统"（la sainte et sacree lignie）这一模型，在此模型中，唯独王室血统将君主与王国、人民联结在一起。

法国大片领土在 15 世纪早期已经被英格兰军队占领，此时贞德（Jeanne d'Arc）也利用了这种古老的法国王权的"魔法"。在战争几乎看不到希望的情况下，1429 年她引领查理七世（Karl Ⅶ.，在位时间为 1422~1461 年）前往兰斯主教座堂举行加冕礼，这一具有象征意义的举动成为百年战争中一个决定性的转折点。当然，最终法国取得的胜利在根本上是因为法国在物质和人口上有优势。但是，君主制对自我形象的确认以及合法化在这个充满挣扎的时代也是必不可少的。通过 1374 年的三条训令以及兰斯加冕礼，君主制和王朝制巩固了法兰西王国作为秩序保障者的角色。尽管在 15 世纪输掉了这场战争，

163

但是英格兰国王们并没有放弃对于法国王位继承权的主张。直到 19 世纪早期，在英格兰官方统治者的头衔以及国王的纹章上仍有法国王位的元素。

英格兰的王权与议会

在英格兰王国，自 13 世纪起，在王位继承权这一王朝权利的基础上，男爵们以及后来更广泛的社会群体也一再要求获得有章可循的政治发言权。议会成为一个具有决定意义的有关法律裁决、咨询协商、课税、立法以及控诉国王的平台。议会的参与者们从国王的谋臣逐渐变为王国的代表以及公共福祉的保障者。在 14 世纪的进程中，议会的制度化水平不断提高；由于国王在百年战争中的失利，自 14 世纪 70 年代起议会的独立性与日俱增。

14 世纪有一部准则致力于将国王与英格兰人民的代表之间相处的程序正式化，即《论议会的组织和权力》（*Modus tenendi parliamentum*）。[70] 与 1356 年的金玺诏书和 1374 年的法国训令不同，这套方法没有获得法律效力，它只能被当作某个不知名的作者制定的一套单独的秩序蓝图。然而，这部准则为英格兰国王及英格兰人民的议会制定了明确的指南，虽然它并没有反映现实状况。这部虚拟的规则作品清晰地体现了一种有别于德意志或法兰西的法律文本的秩序想象。

议会应当由不同群体组成，从僧侣、男爵到市民和富农。英格兰国王不可以使自己脱离这个由各种代表组成的有机体。各等级贵族也可以强迫国王亲临议会。当国王生病的时候，他必须在议会所在地的一个房间内逗留，以便一个特别的委员会来检查国王身体方面的情况。这部准则还指出，国王缺席议会实属罪行，危害议会与王国之共同体。议会成员之间互称为"伙伴"（peers），他们分为六个层级。国王单独属于第一层

164

级，因为没有人能与他平起平坐。尽管人们为国王亲临议会设立了诸多细则，但他似乎仍然是议会的头领、"起点"和"终点"，他可以召集议会，也可以解散议会。相较于神圣罗马帝国，英格兰议会中的其他层级则体现了更开放的等级构成。代表中不仅仅有诸侯，还有其他社会群体，比如高级教士、伯爵、男爵、豪绅大户以及骑士、市民和富农。

自 1295 年起，英国上下围绕这部准则所描述的议会的开放性进行着激烈的博弈。中世纪末，欧洲大陆的王国若要集会，则由贵族、僧侣以及诸城市各自组成一个议事院来实现；与此相反，在英格兰形成了两个代表机构：贵族院（Lords）和平民院（Commons）。由国王亲自邀请的高级教士、伯爵和男爵组成贵族院，这个群体的地位是世袭的，并拥有自己的产业。低等级骑士、市民和富农则构成了平民院。这样的一个利益共同体在欧洲大陆是很难想象的。后来，它逐渐发展出了自己的社团组织，并在 14 世纪最后的几十年中选出了自己的议长。平民院的成员拥有了新的自信，这表现在他们可以起诉国王亲信，而他们的起诉由贵族院做出裁决。后来，贵族院和平民院逐渐演化为上议院和下议院。

危机中对于国王的三种处理方法

165

1400 年前后，神圣罗马帝国、英格兰以及法国的三位国王的命运以特有的时间密度展示了君主制得以确立的三种不同方式。在这三种情形中，均可以观察到国王与王国之间的关系充满了危机。与其说这是个人失误的结果，倒不如说是由遍及欧洲的变革趋势所驱动的：这种趋势有利于更广泛的社会阶层参与到统治中来。

在神圣罗马帝国，皇帝查理四世还在世时，他的儿子文策尔（Wenzel，在位时间为 1378~1400 年，卒于公元 1419 年）

就由选帝侯选为国王，并由此产生了 1250 年以来的首次父子直接继承。文策尔主要在继承自父亲的波希米亚王国执政，该王国是他的世袭领地的中心。他在帝国核心区域的缺席导致，在 14 世纪八九十年代，真正的决策权和维护和平的权力被让渡给了选帝侯、诸侯以及诸城市。他们首次提出，在无须国王甚至与国王对立的情况下代表帝国。在愈演愈烈的危机中，四位莱茵选帝侯于 1400 年将国王文策尔废黜，然后从他们之中推举莱茵—普法尔茨伯爵鲁普雷希特（Ruprecht，在位时间为 1400～1410 年）为新的统治者。废黜通告详细列举了文策尔的罪过以及疏忽。选帝侯们希望从他们对于帝国的责任中推导出他们有权检验国王的能力，也有权废黜国王。然而，对于程序的合法性，人们仍存怀疑。文策尔作为波希米亚国王行使职权直至 1419 年去世，在此期间，他不断要求得到罗马国王之尊。而 1400 年发生的诸多大事件则体现了选帝侯的主张：在政治危机中，选帝侯有权代表王国反对糟糕的统治者，并选举出一个更好的国王。由此，对国王能力的评判就排在诸侯的服从义务之前，这种义务源自国王选举中的效忠誓言。

166　　在以家族王朝式的方法实现王位继承的英格兰王国，议会在 13 世纪和 14 世纪发展成为整个王国的代表机构。百年战争的失败在 14 世纪末导致君主制陷入危机，而议会的自信由此得到增强。国王理查二世（Richard Ⅱ.，在位时间为 1377～1399 年，卒于公元 1400 年）在其父亲早逝之后，直接继承了祖父爱德华三世的王位，反对者痛斥他实行所谓的暴君统治。理查二世在军事行动中败给了贵族反对者，之后被囚禁于伦敦塔（Londoner Tower）。1399 年他被迫放弃王位，将王位让给了对手——来自兰卡斯特家族（Haus Lancaster）的公爵［即亨利四世（Heinrich Ⅳ）.，在位时间为 1399～1413 年］。这次变更涉及王朝继承原则的基础，为了巩固这次变更，议会确认

理查二世不配拥有王权继承资格。正如他的曾祖父，不得不于
1327 年放弃王位的爱德华二世，理查二世在服刑期间被处决。
与神圣罗马帝国不同，英格兰的世袭君主制无法忍受一个被废
黜的国王，因为仅仅他的存在就是对新统治者合法性的威胁。
于是，君主一旦失败，被杀几乎就是顺理成章的结果了。

对于不适合当政的统治者的处理，在法国存在着第三种
形式，与前两者完全不同。查理六世（Karl Ⅵ.，在位时间为
1380~1422 年）按照 1374 年的训令继承了王位。自 1392 年
起，他严重的精神疾病越发显著，他时而狂躁，时而抑郁。因
此，他无法长期独立执政。他的亲属们作为宫廷中各自敌对的
各党的领袖，试图在与英格兰的战争的困境中主导王国的命
运。尽管国王身处政治灾难之中，犹如一个在宫廷各派之间滚
动的皮球，但终其一生都没有人动摇这位受膏的统治者的神圣
尊严。他有十二个子女，其中六个存活，因此他完成了他在家
族中的任务，保证了君主之位的持久延续。

1400 年前后，关于三位不受承认的国王的处理方式的种
种细节体现了西欧和中欧君主秩序的复杂性。在神圣罗马帝国
的选举君主制中，选帝侯废黜国王。在英格兰的继承君主制
中，议会强迫君主置换，在此之后，先前的那个国王必须死。
在法国的继承君主制中，宫廷忍受患有精神病的国王的统治数
十载，因为国王本人的尊严及其王位不可动摇。

斯堪的纳维亚的共主邦联

在关于欧洲君主秩序的思考的最后，出现了这样一个方
案，它使得王朝统治的统一性与诸王国的民族身份并列。斯堪
的纳维亚在 14 世纪进入了联邦时代，丹麦、挪威和瑞典这三
个自治王国统一在一位统治者之下，但并没有丧失各自的独立
性。这种共主邦联直到欧洲近代仍然存在。它以王国中新生的

民族意识限制统治者包揽一切的王朝原则。14 世纪末，波兰王国与立陶宛大公国（Großfürstentum Litauen）合并到一位统治者之下，而他并没有消除双方各自的完整性，从这个例子就能看出共主邦联的上述特点。

自 13 世纪起，在斯堪的纳维亚的三个王国中，贵族、高级教士和宫廷侍臣展现了他们在政治上的创造力。规模更小的辅佐国王执政的团体与各等级贵族的集会形成了一种独特的紧张关系。1380 年，仅仅是王朝的血缘力量就使得此前一直独立存在的丹麦王国与挪威王国合并。合并的基础是丹麦王位女继承人玛格丽特（Margarete）与挪威国王哈根六世（Håkon Ⅵ.，在位时间为 1355~1380 年）结婚。他们的儿子奥拉夫四世（Olav Ⅳ.，在位时间为 1380~1387 年）创造了由这两个王国组成的共主邦联，一直持续到 1814 年。不可思议的是，四百余年的国王统治的一体化并没有使这两个初始王国的自我意识消亡。

奥拉夫四世于 1387 年英年早逝，随后他的母亲玛格丽特接管王位，她的统治保持了同样的力度和广度。两年之后，她还被选为瑞典女王。自 1389 年起，所有斯堪的纳维亚王国皆听命于一位女统治者。在卡尔马（Kalmar）举行的一场由高级教士和贵族组成的大型集会上，玛格丽特让甥孙埃里克［Erik，即波美拉尼亚的博吉斯拉夫（Bogislav von Pommern）］继承王位。玛格丽特和埃里克压制了各地区的多方反对力量，在丹麦施行对诸王国的统治。这个北欧联盟一直延续至 1448 年。在这一年的双重选举中，奥尔登堡的克里斯蒂安（Christian von Oldenburg）被选为丹麦国王（其王朝延续至 1863 年），卡尔·克努特松·邦代（Karl Knutsson Bonde）被选为瑞典国王。此后，丹麦统治势力多次进出瑞典，直至 1521/1523 年才终止，瓦萨王朝进而在瑞典建立。

卡尔马联盟在 1397 年、1436 年以及 1438 年签署的契约很好地体现了王朝统治与三个王国的民族独立之间的紧张关系:"每一个王国都各自存在,伴随这一点的是高贵的夫人、我们仁慈的女士玛格丽特女王给予建议、执行和认同所有三个王国的良好意愿,各国主教、僧侣、骑士、封臣以及平民完全地赞成。"[71] 1397 年的契约拟定,三个王国永远只拥有一个国王,这样它们就"再也不分离了,愿上帝保佑"。尽管如此,一个王国的法律不可置于另一个王国中,即使后者没有这样的法律。1436 年更新的联盟契约规定各王国分开理政,国王的立法必须得到各个王国之内的所有居民的认可。由各国推选的四十名僧侣和世俗人员组成的代表小组形成一个有 120 人的等级集会,由该集会选举国王。如果在位的国王有一个婚内出生的儿子,那么只要他有适合的能力,就应当成为下一期选举的候选人。如果有多位王子,选举人可不考虑候选人年龄自由投票;被淘汰的王子应该得到充分的补偿,可以在王国中获得领地和封地。如果没有王子,那么就由一场规则确切的抽签来决定,这 120 名代表应该从哪一个王国选出未来的国王。如果代表们有不同意见,那么应建立一个决策小组,由每一个王国的两名僧侣和两名世俗人士组成。

这种关于王位选举的详细程序可以与教宗选举或者罗马—德意志的国王选举相比较。与后两者不同的是,卡尔马联盟契约以丹麦、挪威以及瑞典三个王国的僧侣代表和世俗代表的选举权限制促成一体化的王朝制模型(该模型中没有长子继承制)。不久后,瑞典从这个共主邦联中脱离。对于丹麦和挪威来说,共主邦联一直延续到了 19 世纪,而君主层面的一体化从未消解诸王国的自治。

169

带着问号的结论

气候变化、自然灾害和鼠疫在 14 世纪席卷欧洲大部分地区。14 世纪四五十年代的人口的大量死亡作为全世界共同的体验，将欧洲与当时所知的世界联系在一起。无论如何区分或者量化人口损失，瘟疫覆盖了所有社会阶层和年龄阶层，谁也无法确保自己可以从这场灾难中逃脱。在史料记载中，对于堆积成山的尸体的原始恐惧与医生的束手无策同样突出。对自己的身体或者犹太邻居的暴力，对于这场不可理解的灾难来说，仅仅提供了一个短期的、无意义的疏导途径。战争的摧毁之力使瘟疫和自然灾害的后果愈加严重。

14 世纪，建立统治秩序的各种尝试并非直接与这场灾难的体验有关。但两者在时间上相隔很近，这一点不可忽视。皇帝查理四世、法国国王查理五世在这场鼠疫中分别失去了他们的姐姐、母亲。由百年战争造成的惨重损失所引发的社会骚乱震撼了法国和英格兰。正如《林堡编年史》所描述的那样，幸存之人对于生活的热情或许激起了人们对于可靠性的渴求。尽管如此，灾难带来的震撼与秩序成果之间的关系仍仅仅是一种假设——这种假设或许是吸引人的，却是无法验证的。

上文以神圣罗马帝国、法国、英格兰、丹麦、挪威和瑞典为例，呈现了关于统治秩序的新的正式化过程。对不言而喻之物的合理化或谈判和妥协的结果以不同的方式确立下来。在此过程中，尤为突出的是王位继承、政治参与以及决策的不同形式。这些形式被载入相关书面材料中，从而拥有了基本的法律效力和约束力，并且使当时的秩序成为对将来也有效的法典。

进一步观察会发现，14 世纪的欧洲君主制并没有呈现出一幅连贯的政治图景。一方面，王室选举、王朝继承以及继承与选举的多方面交织并存，创造了许多形式的君主制，这意味着此国王不同于彼国王。另一方面，各等级贵族的参政方式日

趋制度化，君主的统治手段受到了不同程度的限制。贵族参政
的方式既有明显的共识统治，也有将君主当作共同利益的唯一
守护者的方式。这种跨度不仅可在政治实践中被观察到，而且
贯穿了当时神学家、哲学家和法律学者之间的学术辩论。尽管
有这些模糊的制度化的程序，但个人纽带依然将国王与贵族维
系在了一起。他们在空间上的位次顺序以及决策过程的仪式
化，都反映了政治秩序并同时使之更加凸显。本章下一节将讨
论这种场景设计的力量。

5 14 世纪共同体的场景设计

171

是否可以将国家这个概念用于中世纪的政体？关于这个问
题的论争过去存在，现在依然存在。中世纪政体的维系与其说
依靠牢固的制度，不如说依靠个人之间的纽带。这里的多样性
意味着我们应论及诸自由而非自由、诸权力而非权力、诸规则
而非宪法、前现代国家式政权而非国家。本章上一节已经讨论
了，欧洲各王国对于政治权力关系的系统化进行了雄心勃勃的
尝试。1356 年的金玺诏书以及法国 1374 年的训令将基本的规
则以文字的形式记录在羊皮卷上。然而，这些书面规则还是有
别于现代宪法及其主张，即将国家的组织结构定义为国家成员
的整体和总和，并使之制度化。而 14 世纪的政治蓝图规划的
是精英的组织结构，手段是将行为符号化并将共同体仪式化。
与抽象的国家不同，帝国是在统治者不断变化的对身体与符号
的场景设计中形成的。为此，创造公开展示的场景是先决条
件，而在此之前需要复杂的谈判取得成果。

在仪式化的举止中，这些场景设计展示了此前政治决策
的结果，或者使已有的秩序具象化为生动的图景。在变换的布
局中，场景设计反映了政治秩序并一次次地使之重新凸显：礼

仪举止、集会、队列行进、入席、用膳以及服侍。存在于中世纪以及近代早期的这种团体亮相不是出于理论或者抽象概念，而是出于对等级制度及共同体的象征性展示。许多宫廷礼仪规范根本没有形成书面文字，而是在终生的礼仪训练中得到熟练运用。直到礼仪愈加复杂，才在近代产生了以"礼节书"（courtesy books）为载体的礼仪学，它以手册的形式汇集了所有以往时代中不成文的礼仪知识。之后，由于社会共识的种种差异，还产生了明确的举止规范。在社会变更时期，这应当有助于对于礼仪规范不熟练的人或者阶层跃迁的人保持礼仪。

这些常常不被人们反思或者意识到的规则，在近期越来越受到人们的重视和探索。至今，这些礼仪仍以别样的方式塑造着中产阶级的行为：进门的先后次序、节日庆典中的座位排列、正式的问候方式。这些礼仪通常与个人在空间中的位置和次序有关。而对于集会、队列游行、宴会的研究查明了中世纪相当清晰的行为模式：（在表现仪式中）上优于下、（在坐或行方面）右优于左、（在队列游行中，由于"更尊贵者应在后"）后优于前。

这些不成文的规范是在数百年中形成的。而 14 世纪可以说是记录和系统化这些规范的一个显著的时代。14 世纪一些重要的相关资料列出了个人、群体、精英在公开场合如何卖弄风度。文字和图片除了展示作为政治秩序形象的共同体，也同样展示了自豪的"自我"。可以说，罗马教廷在这方面（自 13 世纪起）又起到了发展引擎的作用。不久，各个王国以及更多的政体跟随教廷的做法，固化了他们各自的礼仪实践。本章上一节讨论的复杂君主秩序经历了展示权力的舞台之上各异的演出。在观察这些政治上的热闹场面之前，其实应当先看一下关于个人的最著名的自我场景设计。

登山与诗人桂冠

173

1336 年 4 月 26 日，弗朗切斯科·彼特拉克（Francesco Petrarca，卒于公元 1378 年）与其弟盖拉尔多（Gherardo）登顶罗讷河（Rhône）山谷之上海拔 1912 米的旺度山（Mont Ventoux）。这位诗人在普罗旺斯长大，不久之后他升格为欧洲最领先的早期人文主义者之一。他在给老师的一封信中描述了这次旅行。围绕这封信，后世有很多争论：信的内容是在旅行的时候作的还是后来完成的？描述的是他的真实的经历还是文学意义上的刻画？[72] 对于诗人而言，他走的这条道路与其说是在自然界的经历，倒不如说是灵魂探索之旅。尽管如此，这封信还是以其对于山峰和世界动人的描述打造了一种新的腔调。登山的事常有，而且许多关于中世纪危险穿越阿尔卑斯山的文字作品流传了下来，它们将大自然描述为敌人。然而，彼特拉克将自己与山峰刻画为文学上的艺术品。登顶的目的无非感受诗人的灵魂和大自然。通过登山，他体验到了远眺意大利的愉悦，那是他向往的国度，也是他父辈的故乡。

彼特拉克即使身处山巅，也依然是那个敏而好学的教士，身边带着"一本拳头大的小册子，极其袖珍"。据说他从这本奥古斯丁的《忏悔录》（*Confessiones*）手抄本中随机翻到了一个段落，然后念给他的弟弟听："人们赞叹山岳崇高，海浪汹涌，河流浩荡，大洋流转，天体运行，却遗弃了自己。"这位神学家的权威的话语立刻打动了这位登山者虔诚的内心："我惊呆了，我要忏悔，……合上书，我对自己感到非常懊恼——我怎么现在还在赞叹地上的事物，我啊，我本应从异教的哲学家那里早早学到除灵魂以外没有值得惊叹的东西——比起灵魂之伟大，一切都算不上伟大。"

尽管彼特拉克安守本分地对传统表示了顺从，但是他的登山行动从一开始就除了登山本身没有其他目的。彼特拉克富

174

有艺术性地刻画了他的旅行经历，开头是这样写的："今天我爬上了这个地区最高的山——旺度山，意为多风的山，这不无道理。我爬山就是因为极想看看这个非同寻常的高地。许多年来我一直有爬这座山的念头。你知道，我自童年起就住在本地……这座从所有方向都能远远看到的山几乎一直就在我的眼前。"

对于自己成就的自豪感很容易就能变成学者的虚荣，这也体现在彼特拉克对于自己在 1341 年 1 月成为"桂冠诗人"的回顾中。中世纪评选"桂冠诗人"之举可追溯至古希腊—罗马时期，它是对成功诗人所谓的公开嘉奖，并采用了中世纪的加冕礼仪来反映等级的提升。彼特拉克在充满自信的自传《致后人书》（*Lebensbeschreibung an die Nachwelt*）中记载了他职业生涯的这个顶点，他的声誉因此而永存。这次桂冠加冕礼成为后来皇帝和教宗给诗人加冕的滥觞。一天，他在居住地沃克吕兹（Vaucluse）同时收到两封邀请他接受诗人桂冠的信件，一封来自罗马市政府，一封来自巴黎大学的校监。面对这两份邀请，他很难做出决定，后来衡量之下还是倾向于意大利之旅。另外还有第三个诱惑：国王罗贝尔（在位时间为1309~1343 年）同样认可了彼特拉克的才华，愿在那不勒斯授予他桂冠。最终，这位受到多方追捧的诗人选择了在卡比托利欧山（Kapitol）由罗马市政府授予这项荣誉。"虽然觉得自己不配，但是完全信任国王对我的判断，我前往罗马，在那里我将在出席这场典礼的罗马人的高声欢呼中获得诗人桂冠，虽然我只是一个学业未满的学生！这项桂冠对我的学问增长没有好处，却会招来许多嫉妒和敌意。"[73]

彼特拉克作为登山者和诗人之王的双重面貌表明了在人文主义早期个人自信的增强，并且指明了对智力、天赋和身体以不同方式做出价值衡量的途径。通过在卡比托利欧山公开授予诗人桂冠以及获得桂冠荣誉的诗人为后人留下了自豪的信息，场景设计影响了 14 世纪的学界，凭借古典时期的遗产，人类的成就将永久地保留到未来。

礼 法

礼拜仪式的秩序数百年以来固化了弥撒的流程。9 世纪和 10 世纪还出现了对于君主加冕以及受膏流程的指示说明。君士坦丁堡所在的东罗马帝国（oströmisches Kaiserreich）发展出了特别完善的宫廷仪式，这种仪式使统治者与谒见者保持一定的距离。罗马教廷从 12 世纪到 15 世纪整理了越来越全面的关于仪式的书籍。这些书籍既规定了礼拜仪式的流程，也规定了教会集会以及教会—世俗集会的形式。专业的司仪不仅负责将这些文本流传下去，也为教宗提供关于所有具体活动适宜流程的建议。欧洲的皇帝、诸国王和诸侯的等级从中世纪过渡到近代一直流传下来，记录了重要而又常常受争议的地位先后次序（见本书第 173~174 页）。

1274 年第二次里昂大公会议的密室规章对教宗选举进行了一次开创性的规范化。[74] 1179 年第三次拉特朗大公会议强调了合法的被选举人必须获得三分之二的多数票，在这之后，会议长老们在里昂确立了决策的外在形式。教宗逝世 10 天后，枢机们应聚集在教宗官邸——宗座宫，准备新的选举，他们每人只能随身带一到两个仆人。"在宫殿内，所有人一起居住在一间房间（即密室）内，房间内部没有隔墙或者其他隔离设施。这间房间四面闭锁，无人可进，无人可出，只保留去厕所的通道。"隔离在密室中的这种行为强调的是神职人员共同生活这一概念，目的是避免外界的影响并对他们施加压力以取得一致意见。禁止个人花费，逐渐减少饮食，这种压力由此也越来越大。八天之后只供应面包、葡萄酒和水，直到成功选举出新教宗。以这些详细的有关规定为开端，在接下来的时期又产生了一系列起到标准化作用的程序规章。

王国图景

这里以 14 世纪三个著名的标准化之举为范例，展示关于政治决策的场景设计。1356 年的金玺诏书以及英格兰的《论议会的组织和权力》又成为突出的例子，只是现在我们以不同的方式来进行考察。另外，再加上法国国王查理五世 1364 年颁布的加冕之书（Krönungsbuch），这三部关于王国形象演绎的准则再次见证了政治秩序在欧洲各个王国的不同之处。[75]

在神圣罗马帝国，国王与选帝侯为他们的公开亮相打造了奢华的舞台。1348 年以来，封地仪式总是在搭建的高台上举行。华贵的服饰、富有象征意义的举止、仁慈的赏赐、谦卑的双膝——所有这些都进一步巩固了中世纪共同体中的等级制度和个人纽带。国王端坐，伸出双手，封臣跪地，双手十指紧扣，这幅图景将王国的组织结构公之于众。1356 年圣诞节，梅斯宫廷会议特别建起了一个可容纳 200 人的平台，金玺诏书的第二部分就是在这里颁布的。

在康士坦斯大公会议（das Konzil von Konstanz）上，国王西吉斯蒙德于 1417 年命人在集市打造了一座可容纳 30 人的高台。高台上铺陈金色的布，看起来"金光闪闪"。国王和选帝侯从一扇窗户中迈步走出，直接到达各自在高台上的位置，而刚刚被授予封地的新进的勃兰登堡选帝侯（Kurfürst von Brandenburg）不得不在众目睽睽之下苦苦爬上台阶。这种区别对待时至今日仍存在于君主制的仪式中。国王与选帝侯在舞台上的形象被演绎成反映王国结构的一面镜子，王国中的君臣好比头与肢体、屋脊与支柱。

另外的一座舞台是用于法国国王的兰斯受膏礼的。一部有着丰富插画的手稿描述了查理五世 1364 年的加冕礼。[76] 从中可以看到，十二诸侯（"Pairs de France"，法国爵位）一起托着王冠，象征着他们对于国王的认可。然后他们护送国王登上建在兰斯大教堂中的高台上的几步台阶。王后的告解神父让·高朗如此解释这个过程：空间上的提升象征着国王地位的提升。让·高朗认为，从舞台上看下去，国王对大人物和小人物能够做到一视同仁，不管个人外在如何，都能赐予他们公正。舞台升至上天，远离人间，由此，统治者及其贵族就作为律法的化身，悬浮在上帝与其信徒之间。此外，这个舞台还显示，法国国王不承认在地上有任何人高过他。在仪式中，人人各就其位，世俗之人在右，高级教士在左。颁布于 1337 年的由马略卡国王雅各布三世完善的《宫廷律》豪华插画本，同样也展示了头戴冠冕的统治者右手边是三位骑士，左手边坐着三位主教。[77]

罗马—德意志的国王在其世俗选帝侯与教会选帝侯的簇拥下的形象则展示了一种完全不同的排位序列，并且交换了左右。1356 年的金玺诏书以很大篇幅规定了仪式中集体如何坐、行、用膳和服侍。诸侯们曾经一次又一次地为了一个靠近统治者的位置争得头破血流。一个人若在空间上的位置靠后了，那么就意味着公开丧失荣誉，这是无法忍受的。于是诏书固定了左、右、前、后坐立的安排，想要以此一劳永逸地保住选帝侯们的一致意愿。

最炙手可热的是皇帝右手边的位置，自 1273 年起诸侯们激烈地争夺这个位置。一个成熟的妥协化解了这场持久的纷争。自此以后，在神圣罗马帝国，原则上皇帝右手边的位置属于美因茨大主教。而只有在科隆大主教管区以及意大利和高卢，这个位置才属于科隆大主教，因为他的地位若在自己的主教管区内下降的话是不合情理的。为了使特里尔大主教能忍

178　图 10　法国国王查理五世及法国贵族,《法国国王加冕之书》(*Livre du sacre des Rois de France*), 1365 年, 现藏于伦敦大英图书馆, 科顿手稿, 提贝里乌斯书架 B. Ⅷ, 对开本 59v

受他的这两位同事的优先权, 他的位置基本上被安排在皇帝的对面。

　　皇帝宴席上的席位安排沿用了这一基本理念。席位安排甚至还考虑到了皇后, 因为在选举君主制王国中, 皇后的地位不如世袭君主制中的欧洲王后。皇帝或者罗马国王及其夫人分别在两张桌子上各自进餐。统治者的餐桌高出选帝侯的餐桌六尺, 高出统治者夫人的餐桌三尺。在皇帝的宫廷会议上, 七位选帝侯最终可以按照深思熟虑后的先后次序进行公开的席间服侍并献上礼物。他们以膳务总管、掌酒司、内廷大臣和司库大臣的身份, 对端坐的统治者表示臣服。

　　英格兰的《论议会的组织和权力》则规定了一个完全不同的座次。国王、大主教、主教、修道院长、小修道院

长、伯爵、男爵以及领主应当在议会中依照固定的次序坐成
一排，等级相同的人分别坐在一起。国王坐在较大的长椅的
中间位置。在国王的右手边，坎特伯雷大主教（Erzbischof
von Canterbury）、伦敦主教和温切斯特（Winchester）主教
在一排就座，然后是其他主教、修道院长和小修道院长。在
国王的左手边，约克大主教（Erzbischof von York）、杜伦
（Durham）主教和卡莱尔（Carlisle）主教在一排就座，然后
是伯爵、男爵和领主。与金玺诏书不同的是，《论议会的组织
和权力》将君主制的行政机构负责官员也融入这种空间布置
中。在国王的脚下，右边坐着首相、司法官及其随从、神职人
员，左边则是财务主管、司库大臣、理财法院首席法官（财政
大臣）、王座法庭法官及其议会神职人员。这描绘了英格兰是
由国王、僧侣、贵族以及官员组成的。

这三种场景设计各不相同。在神圣罗马帝国，场景设计
呈现的是高级贵族的"塔尖"；在法国，场景则体现的是以共
识为基础的世袭君主制；在英格兰议会中，国王的行政机构
跻身权力舞台。以 14 世纪的这些不同场景为开端，15 世纪至
18 世纪欧洲出现了一整套王国图景。这些图景使得复杂的政
治关系或者政治主张可视化，并从视觉上描绘了后来的宪法以
文字铸造的内容。波兰国王亚历山大（König Alexander von
Polen）1505 年在拉多姆（Radom）举行的波兰大会（Sejim）
上的形象展示可以作为欧洲的这种"王国图景"文化的一个例
子。一年之后，一本印刷本复制了这种王国图景。带着冠冕的
国王，其统治标识处于被加冕的贵族纹章之下，被拥护者簇拥
着坐在中间，每个拥护者都有各自的纹章。他们有的坐着，有
的站着。国王的右手边坐着两名大主教，左手边坐着两名主
教。前面站着国王最重要的官员，即起草法律秩序的首相以及
执掌礼仪的内廷大臣。这幅图也将波兰王国展现为统治者、僧

180

侣、贵族和官员的总和。[78]

14 世纪以来，关于座次、饮食和庆典的规定逐渐增多。在种种团体亮相中，这种标准化克制了那些感到自己受冷落的个人或者群体的冲动情绪，然而，争执依然存在。15 世纪，在腓特烈三世加冕礼的队列游行中，威尼斯人与米兰人为了优先权而激烈地争吵。后来，神圣罗马帝国的选帝侯们成功地保住了他们相对于勃艮第公爵大胆查理（der burgundische Herzog Karl der Kühne）的优先地位，即使后者在宫廷之上的光彩看起来超越了他们，比他们显得更有诸侯的野心。场景设计体现的等级制度岌岌可危，所以每一次新的场景演绎都制造了一种危险：秩序会产生变化。位置一旦失去就再难夺回，因此必须顽强地守住自己的位置——虽然一切看似尘埃落定，但仪式流程实际上是一种持久的动态。

符号文化以及表演的强迫性使得庆典成为各个社会阶层自我意识的体现。恪守道德戒律的神职人员带着猜疑谴责乡间粗俗滑稽的表演和村庄中举行的敬堂节庆，他们认为这些有违出自上帝心意的农民的侍奉角色。城市的市政府试图借助细分的督查法律限制市民阶层炫耀财富。卫道士们的布道、当局的种种监督方法所揭露的不过是当时人们展示自己富足的强烈欲望，婴儿时期的洗礼、成人之后的婚礼、葬礼、舞会和马术比赛无一不体现这一点。在整个演出中场幕自然划分，并合乎总体的期望。

有时，逾越惯常的规矩是如此成功，以至于在骑士—宫廷文化中的人们对其记忆深刻。在中世纪末，勃艮第公爵们完美地掌握了场景设计的艺术。在短短数十年间，法国瓦卢瓦王室的这个旁支就以多种各异的元素在神圣罗马帝国和法兰西王国的夹缝中创造了使人惊叹的统治，但勃艮第最终还是未能升格为王国。尽管勃艮第公爵们名声显赫，物质资源丰富，但他们

图 11　波兰国王亚历山大在波兰大会上，1505/1506 年，
华沙历史记录中心档案馆

依然只是皇帝以及诸国王的封臣。他们希望以其宫廷风采弥补
这种缺陷，并以未来跻身欧洲强国为目标。可是，在 1477 年
公爵大胆查理突然战死之后，勃艮第登上顶峰的野心就无望实
现了。

　　勃艮第给排场文化设立了新的标准。自 14 世纪起，勃艮
第模仿传奇的亚瑟王（König Artus）的圆桌（Tafelrunde）
制度，在国王的宫廷中设立了若干骑士团。其中最为突出的
是英格兰的嘉德骑士团（Order of the Garter，意为吊袜带骑
士团），该骑士团让诸侯团体与君主本人结盟。勃艮第公爵好
人菲利普（Herzog Philipp der Gute von Burgund）在 1430
年与葡萄牙的以撒贝拉（Isabella）缔结婚姻时延续了这种传

统，建立了金羊毛骑士团。该骑士团至今仍存在于欧洲上层的贵族中，领主权属于哈布斯堡家族。古代神话传说中的伊阿宋（Jason）也成为勃艮第的榜样。传说中，他带领阿耳戈船的英雄（Argonauten）从黑海岸边的科尔喀斯（Kolchis）将金羊毛（Goldenes Vlies）带到希腊。公爵菲利普利用这种联系，打造了由 24 位骑士成员组成的团体（自 1433 年起由 30 位骑士和君主组成），后来该骑士团在定期举行的隆重的会议上仍念念不忘地传播十字军东征这一思想。

1454 年在里尔举行的雉鸡宴（Fasanenfest）起到了更新该骑士团的作用。在勃艮第公爵及其骑士团成员的诸多光芒四射的宫廷节庆中，雉鸡宴是最知名的一件大事。除了精美的菜肴和技艺高超的演出，还有演员们从超大号的菜肴中现身的表演，以及帆船模型和室内喷泉——所有这些都使尊贵的宾客们感到震撼。在奢华宴会的中心，站着一只活的雉鸡，戴着一条由黄金和宝石做成的昂贵的链子，雉鸡宴的参与者们就对着这只雉鸡许下了十字军东征的誓言。总管奥利维·德·拉·马氏（Olivier de la Marche）在回忆当时的空前盛况时说，当时的情景至今仍令人感到炫目。"在第二张也是最长的桌子上摆着一张巨大的酥皮馅饼，内有 20 个活人，他们依次演奏不同的乐器。第二个核心装饰物是一座吕西尼昂（Lusignan）风格的城堡，在城堡的主塔之上是蛇形的美露莘（Melusine），两个较小的塔向周围的沟渠喷出橙汁。在一座山丘之上可以看到一座风车，风车顶上站着一只喜鹊，各等级的宾客用弓弩射向这只喜鹊。更远处可以看见在一座葡萄山上有一个圆桶，其中有两种不同的饮料，一种甜，一种苦。……还能看到一块无人居住的地，像一块沙漠，在这里有一只引人注目的栩栩如生的老虎，这只老虎正与一只巨蛇搏斗。不远处是一个人骑着一只骆驼，而另一个人正朝着满是小鸟的灌木丛挥舞着一根棍

子。……宴请的方式以及菜品本身都富丽堂皇得令人感到不可
思议。每一只碗里都装了 48 道不同的菜肴，烤肉箱由铺衬着
金色和天蓝色的推车组成。桌子旁边是一个高高的配菜柜，装
满了金银餐具，其中还有水晶杯，装满了黄金和宝石。"[79]

　　大胆查理公爵详细的账簿上还记载着在战争期间目标明
确的奢华展示。在成千上万的条目中有一个单项十分具有代表
性，从中可以感受到这种奢华的排场：为了制造军旗和一件公
爵战袍，从财政大臣的钱箱中拿出了 800 镑支付给一位画家。
这位画家将 211 码非常精美的塔夫绸、4 码黄金和丝绸做成的
流苏、165 码白银和丝绸做成的流苏、299 码白色丝绸和蓝色
丝绸做成的流苏、240 码没有细说是什么材质的流苏以及 5 码
流苏用于制作战袍。[80] 插画手稿记录了即使在最血腥的屠杀中
也存在着如此的展示行为，其意图是通过用高超技能所制作的
长袍和旗帜震慑敌人，并鼓舞己方的跟随者。

　　我们从 14 世纪和 15 世纪的例子中了解了"王国图景"在
创造政治身份方面的力量，以及排场在巩固自我意识的方面的
力量。这些视觉上的图景世界和印象世界经历了一场双重的理
论奠基。自 13 世纪至 15 世纪，一方面，政治哲学发展出一种
代议学说（Repräsentationslehre），在这种学说中，特殊指
向总体，个体指向团体，环节指向链条。另一方面，出现了一
种想象系统（Systematik der Imagination），即从直接的印
象中产生一种对于复杂和超验的意境（Sinnzusammenhang）
的感知。这两条发展路径在此均以鲜明的案例得到了阐述。

　　托马斯·阿奎那（Thomas von Aquin，卒于公元 1274
年）就讲过，秩序的展示能够反映整个政体。在 14 世纪，这
种代议学说被进一步塑造成型。毕本贝格的鲁博德（Lupold
von Bebenburg），即后来的班贝格主教（Bischof von
Bamberg，卒于公元 1363 年），在他关于皇帝和帝国的著作

184

中强化了这种学说。他指出，选帝侯中的多数代表帝国，因此国王选举中的结果对所有人都有效。

帕多瓦的马西利乌斯（卒于公元 1342/1343 年）在他所写的《和平的守护者》一书中，结合亚里士多德的学说，将共同体中的多数人或共同体的代表所做出的决定合法化，原因是"人之立法权完全归于国民的整体或者其中的多数"。[81] 在这里，社团学说（Korporationslehre）将代表的意志与共同体的意志统一起来。后来，胡安·德·塞哥维亚（Johannes von Segovia）在 1441 年的一次国会演讲中区分了四种代表形式：相似代表、自然代表、力量代表以及身份代表。在第四种类型即身份代表中，公民社会在市政府中得到了体现。[82] 在 14 世纪和 15 世纪，政治秩序的场景设计覆盖面极广——14 世纪王国图景中明显可见的身体聚集以及在代议学说中，将多数派简化为个体代表众人的方式的观点：

185

次序一：欧洲王（1400）

神圣罗马帝国

法兰西王国

英格兰王国

苏格兰王国

阿拉贡王国（自 1282 年起包括西西里）

卡斯蒂利亚王国

纳瓦拉王国

葡萄牙王国

格拉纳达王国

那不勒斯王国

圣彼得遗产 [Patrimonium s. Petri，又称"教会国"（Kirchenstaat）]

威尼斯共和国

丹麦王国

挪威王国

瑞典王国

波兰王国

立陶宛大公国

莫斯科大公国

诺夫哥罗德亲王国

条顿骑士团

匈牙利王国

摩尔达维亚亲王国（Fürstentum Moldau，1387 年成为波兰属国）

瓦拉几亚亲王国［Fürstentum Walachei，1396 年成为奥斯曼朝贡亲王国（Tributärfürstentum）］

塞尔维亚王国（独裁统治，依附于匈牙利）

塞浦路斯王国

拜占庭帝国

奥斯曼帝国

次序二：国王与公爵的等级秩序（1505），由教宗的 186
仪式师巴黎·德·格拉西斯（Paris de Grassis）所制 [83]

十四位国王的等级秩序：

皇帝

罗马人民的国王（König der Römer）

法国国王

西班牙国王

阿拉贡国王

葡萄牙国王

英格兰国王（不认可前述三位国王的地位在其之上）

西西里国王（与葡萄牙国王相争）

苏格兰国王

匈牙利国王（匈牙利国王与苏格兰国王的先后次序存在争议，1487 年）

塞浦路斯国王

波希米亚国王

波兰国王

公爵的等级秩序：

丹麦国王（原文如此）

布列塔尼公爵勃艮第公爵

巴伐利亚公爵、莱茵—普法尔茨伯爵

萨克森公爵

勃兰登堡侯爵（与威尼斯总督的发言人意见不一致，1487 年）

萨伏依公爵

米兰公爵

威尼斯总督

巴伐利亚诸公爵

法兰西、洛林、波旁、奥尔良诸公爵

热那亚公爵

费拉拉公爵

187　　　在中世纪末期，乔万尼·弗朗西斯科·皮科·德拉·米兰多拉（Gianfrancesco Pico della Mirandola）从这种体验与感受的联系中发展出了一个真正的关于想象（Vorstellung）的理论。1500 年前后，他将自己的文章《论想象》（*Von der Imagination/De imaginatione*）呈给了罗马国王马克西米利安一世（römischer König Maximilian I.），后者本就是一位统治场景设计的大师。这位人文主义者认为，想象"处于理智与感知的边界；想象正处于这两者之间：它出现在感知之后，源于感知的现实性，而发生在理性活动之前。它与感知在某种意义上是一致的，即它如实地记录了个体、物质和当下；但它又超越感知，即它在没有外界诱因的情况下产生了图景，这些图景不仅包括当下，而且也包括过去和将来，甚至包括那些不能由自然创造的东西。此外，它与感知一致的地方还有，它的客体是感官映像。但是，在感知过程停止之后，想象仍能自由组合和分离感知留下的材料，从这个意义上来说，想象超越了感知，因为感知决不能做到这一点"。[84]

场景设计是映像、是创造，也是一种意义的赋予！中世纪晚期以新的方式集中了从可见之物指向不可见之物的各种可能。14 世纪和 15 世纪，欧洲各地发展出了各种演绎、符号体系和想象。在冷静的抽象到来之前的世界里，共同体、归属感和期待由以上方式变得可见。图景并不只停留在视觉上，它们瞄准的是集体意识，直到抵达内心为止。

6　第三节点：缩减的基督教世界与四分五裂的权威

188

1453 年 5 月 29 日，君士坦丁堡这座东罗马帝国的神圣之都被奥斯曼军队征服，随后被劫掠了三日之久。当时，人们立即就意识到这件事在世界史中的意义。它改变了基督教世界，也改变了伊斯兰世界，并成为土耳其人进入欧洲历史的象征。苏丹穆罕默德二世以胜利者的姿态进入基督教首都的圣索菲亚大教堂（Hagia Sophia）并将它改建为清真寺，这标志着帝国的衰落、重新诠释和重建。

博斯普鲁斯之滨的这座城市的三个名称标志着其历史的三大阶段。公元前 7 世纪，希腊殖民者将这个处于黑海至马尔马拉海（Marmarameer）和地中海通道上的具有战略意义的定居点命名为拜占庭。君士坦丁大帝于公元 4 世纪将他的世界帝国的政治中心从西方转移到东方，从旧罗马转移至新罗马，并将这座新的都城命名为君士坦丁堡，意为君士坦丁之城。自 1453 年起，它被称为君士坦丁尼叶（Kustantiniyye），并成为奥斯曼帝国的中心。不久之后，它又出现了其他的名字，其中包括伊斯坦布尔。而直到凯末尔改革（Atatürks Reformen）之后的 1930 年，伊斯坦布尔才成为这座城市的通用名。与拜占庭、君士坦丁堡、伊斯坦布尔相对应的希腊人、罗马人、土耳其人的三重奏呈现了欧亚边界处的历史变迁。其他任何一座历史名城都比不上这座城市，因为在这里我们能看到希腊—罗马古典时期、拜占庭中世纪以及奥斯曼近代不同文化的融合，或者说异教、基督教以及伊斯兰教的融合。

14 世纪，奥斯曼帝国开始向东南欧扩张。然而，正如在中世纪早期所经历的一样，君士坦丁堡的城墙一次又一次地顶住了围攻。然而，自 13 世纪起，衰落似乎就是不可阻挡的趋势了。衰落始于 1204 年君士坦丁堡首次被基督教十字军征服劫掠。虽然当时建立起来的拉丁帝国（lateinisches Kaiserreich）于 1261 年就灭亡了，而来自巴列奥略王朝（Palaiologen）的希腊皇帝们又成功地重建了他们的帝国，但是惨烈的记忆和政治文化上的清洗仍塑造了这座东罗马帝国首都最后两个世纪的特征。

在中世纪之初仍统治着整个东地中海地区的骄傲的东罗马帝国，在 15 世纪中叶仅剩下可怜的残余。博斯普鲁斯之滨的首都君士坦丁堡被奥斯曼帝国紧紧包围。君士坦丁堡只能艰难地与拜占庭在阿提卡（Attika）和伯罗奔尼撒半岛

（Peloponnes）上的最后残余统治力量相维系。千里之外的黑海东南岸的特拉比松帝国尚在奥斯曼人和蒙古人之间的夹缝中维持了一段时间的独立。除了地域上的缩减，拜占庭人还不得不忍受威尼斯人在爱琴海（Ägäis）以及热那亚人在黑海贸易中的经济优势。

尽管统治力被削弱，尽管东罗马帝国皇帝的统治区域不大，但他们的自豪感却始终如一。他们的自豪感基于一种独一无二的地位，基于对希腊礼基督教会正统性的认识，基于世界大城君士坦丁堡及其宗教中心圣索菲亚大教堂的光辉。1453年，奥斯曼帝国对君士坦丁堡的征服给这个历史意义上很大而地理意义上很小的世界帝国带来了数千人被杀的惨烈结局。在拉丁礼基督教欧洲，人们似乎已经习惯了这座东正教会堡垒长久以来面临的威胁和表面上的不可征服。这使得沦陷的消息所带来的震撼更加强烈。无论是教宗、皇帝，还是西欧各国王与诸侯、欧洲的骑士阶层，以及那些意大利富裕的沿海城市，均无力组织有效的救援。

君士坦丁堡大屠杀发生的前一年，来自哈布斯堡王朝的腓特烈三世在罗马由教宗加冕成为皇帝。1452年，现场的参与者们都没有料到，这将是在罗马举行的最后一场皇帝加冕礼。皇帝的谋士恩尼亚·席维欧·皮可洛米尼即刻组织了三场帝国会议以讨论土耳其人的问题，并言辞激烈地召唤欧洲命运共同体来对抗奥斯曼的威胁。但是，从皇帝腓特烈三世那里是无法指望得到真正的援助的。教宗、国王与诸侯的诸多十字军东征计划也只是止步于公开动员和豪言壮语，没有产生多大作用就烟消云散了。1453年君士坦丁堡的沦陷富有象征意义，它处处显示了教宗和皇帝建立已久的普世权柄的运作能力此刻已萎缩为号召和课税两个方面。基督教的国王、诸侯和城邦也无力进行共同的努力。虽然十字军东征计划不断地被宣传鼓动，甚

190

至许多人也为了自己的信仰而丢了性命，但是人们已知道或者说料到这一切都是无济于事的。

为何 1453 年基督教欧洲没有更大的动作呢？奥斯曼军队的强劲势头声名远播，引起基督教欧洲极大的恐惧。直到 1456 年，奥斯曼军队才在贝尔格莱德（Belgrad）首次被击败。在此前的数十年间，罗马教会学会的是争吵而不是研究出共同的解决方案。1378 年，中世纪最后一位伟大的罗马皇帝——查理四世逝世，而他也未能成功联合起各方力量。当时，在一场有争议的教宗选举之后爆发了长达数十年的教会分裂，整个西方世界分裂为忠于罗马教宗和忠于阿维尼翁教宗的两派。1409 年甚至还产生了第三位教宗，位于比萨。当时无论是拉丁礼教会本身，还是罗马国王或者其他的欧洲君主，都没有力量去解决这场教会分裂。直到聚集了来自整个基督教世界的参与者们的康士坦斯大公会议（1414~1418）才终结了这场分裂。然而在这场会议上，参与者们未能进行教会改革，更不用说产生信仰的统一了。相反，无数学者之间的论争导致了观点对立的令人迷茫的神学解释。

教宗们坚持他们是使徒之长彼得的继任人，并继续巩固他们在等级制度和信仰问题上的绝对优先权。相反，会议长老们作为所有使徒的继任人强调他们对于教会的共同责任，并从耶稣基督中直接推导出了他们的权威——这种权威即使是对教宗也依然是成立的。在 15 世纪上半叶的各大会议上，源自《新约圣经》的顺从和同工情谊陷入了系统性的对立。在这场冲突中，教宗最终胜出。改革的动力在巴塞尔大公会议（das Konzil von Basel，1431~1449）上消耗殆尽。1460 年，教宗庇护二世禁止向教会会议提出任何申诉，并由此巩固了教宗在所有教会程序上的裁决大权。然而，这种成功却无法掩盖普世权柄的危机，皇帝充其量只剩下在欧洲君主中名誉上的优先权，教宗的道德权威也持续受到冲击。教会改革已经被耽搁，于是宗教改革自 1517 年起分裂了拉丁礼欧洲的信仰共同体。直至 17 世纪后期，奥斯曼帝国的扩张一直威胁着东南欧和南欧，而同时这也成为天主教和新教之间宗派论战中的焦点。

奥斯曼帝国对君士坦丁堡的征服与拉丁礼基督教世界中的权威之争同时发生，但并没有产生直接的相互影响。可是，伊斯兰帝国在东南欧的统治日益巩固，这在欧洲思想与衰落的基督教世界之间产生了一种新的关联。来自异族的威胁使学者们产生了将整个欧洲家族视作命运共同体的最初想法。随着奥斯曼人在得胜之路上向西、向北征服了一个又一个地区，这个设想出来的基督教欧洲却拿不出任何共同的应对策略。在权威纷争和多重统治中，没有任何一个人或者机构有真正有效的整合之力。基督教防御的首次成功来自个别地区或者个别王国的努力，而欧洲的身份认同仅限于演说家们和作家们的言辞。

南欧和西欧在 15 世纪东地中海地区的变革中发生了剧烈的变化。巴尔干半岛上的边缘社会之间新的纽带与技术和知识的传递仅仅构成了"硬币的一面"。更重要的是，尽管当时的人们还无法遇见其后果，贸易线路被迫改变了方向，随之而来的是欧洲势力向大西洋方向的扩张。原因是马穆鲁克帝国和奥斯曼帝国的建立极大地损害甚至切断了欧洲人去往黑海、红海（Rotes Meer）、印度洋（Indischer Ozean）和丝绸之路的旧路线。随着 12 世纪和 13 世纪十字军帝国的衰落，以及 15 世纪和 16 世纪与奥斯曼帝国的对抗，欧亚之间的联系变得岌岌可危。

来自东方的奢侈品长久以来就是欧洲上流生活方式的一部分，这一点足以促使欧洲探索通往印度和中国的新路线。1415 年以来，葡萄牙海员进行了驶入大西洋以及沿非洲西海岸向南的大胆航行。一开始，航行仅仅是作为对于古典经验领域的重新探索而进行的，但在 15 世纪 30 年代转变为持续的边界跨越。随着基督教世界失去东南欧，葡萄牙人迈向了大西洋。成功绕行非洲最南端在中世纪末开辟了通向印度次大陆（indischer Subkontinent）的新航线。1492 年，克里斯托弗·哥伦布开始了他著名的穿越大西洋的航行，并在西班牙双王夫妇委托的航行任务中发现了"西印度群岛"（westindische Inseln），后来被证实为新大陆。

　　史学界常以欧洲扩张至全世界作为近代史的起点。与以往观点不同的是，在关于 15 世纪的本节内容中，本书强调的是中世纪的根基。穿越大西洋驶向世界的勇气无疑有许多原因，其中一个十分重要的原因是位于欧亚大陆边缘社会的愤懑。自 12 世纪至 15 世纪，在黎凡特和巴尔干半岛上持续的战争失利和边境体验唤起了基督教世界的忧虑不安。而后当欧洲人在非洲和美洲遇到"劣等文化"时，他们就没有那种在对于共同历史的认知中形成的顾忌了。此时人类被分为文明人和"野蛮人"。忧虑不安和一次次的战争失利使得欧洲人变得富有侵略性，这使得他们在对屈服于自己的新世界进行统治时变得更加肆无忌惮。

被预告的沦陷

　　君士坦丁堡在中世纪两次被敌人征服劫掠。这两次的劫掠者分别是 1204 年西方的基督教十字军和 1453 年东方的奥斯曼征服者。于 1204 年建立的君士坦丁堡拉丁帝国在西方的支持下只坚持到 1261 年，而后拜占庭统治者们成功收复失地。然而，1453 年奥斯曼人的胜利抹去了这个在罗马—基督教的传统中使得欧洲和亚洲紧紧相扣的帝国。帝国首都君士坦丁堡却作为两大洲纽带的象征而继续存在。穆斯林苏丹们在中世纪后期依托安那托利亚成功赢得在欧洲历史中的位置。自 1453 年直至进入 20 世纪，君士坦丁堡对于穆斯林苏丹来说是"中心之城"。

位于博斯普鲁斯之滨的这座骄傲的帝都早已培养了自己作为文明中心的自信。即使是西方的帝国也无法撼动拜占庭帝国独一无二的主张。在仪式符号体系以及自信方面，君士坦丁堡的巴西琉斯胜过地上所有其他统治者。即使他不得不与邻国君主或者到访君主达成政治上的妥协，即使他与异族王朝缔结婚约，他在形式上的优先地位也仍然起到了拜占庭世界秩序基石的作用，直至进入 13 世纪。诸国王处于巴西琉斯之下的画面可以体现这种等级关系。

1054 年罗马教宗和君士坦丁堡牧首将彼此逐出教会，这使得基督教世界长期处于分裂之中。由此，东方的希腊礼世界以及西方的拉丁礼世界逐渐形成了两套宗教等级制度及世俗等级制度。希腊礼基督教与拜占庭皇帝的政治体系紧密相连，这一点与西方的天主教世界中教宗与罗马皇帝之间的持久冲突形成鲜明对比。通过由教宗宣传鼓动的多次十字军东征，两个基督教体系之间的联系逐渐增多，成见也迅速发展。拜占庭人——其实后来他们在东地中海地区灾难性的失利之后得到了十字军的帮助——很快认为来自西方的基督教信仰兄弟破坏了条约，并害怕他们在圣地建立新的王国。而十字军认为他们的巨大努力得到的支持不够，并很快猜想希腊人背叛了他们。双方精神上的彼此厌恶与经济、政治和文化上的对立结合在一起。

在这种互不信任的联盟中，威尼斯人于 1203/1204 年率领一支为了解放圣地而出发的基督教十字军舰队掉头驶向博斯普鲁斯。征服君士坦丁堡之后，佛兰德伯爵博杜安（Graf Balduin von Flandern）加冕成为皇帝，威尼斯人托马索·莫罗西尼（Tomaso Morosini）出任拉丁礼君士坦丁堡牧首。威

194

尼斯人在政治上的优势似乎完美无缺。19 座修道院和 8 座教堂落入拉丁异族统治者的手中，数不清的圣髑和艺术品被运往西方。拉斯卡利斯王朝（Laskariden）的皇帝以及东正教牧首依托尼西亚曾组织希腊人进行抵抗。1261 年皇帝米海尔八世（Kaiser Michael Ⅷ., 1259~1282），即拜占庭最后一个王朝巴列奥略王朝的创始人成功收复君士坦丁堡。他在维护记忆方面借鉴了拜占庭传统，然而，权力的全面恢复并不成功。1261 年，热那亚人取得了进入黑海的通道。与都城中心仅隔一道金角湾（Goldenes Horn）的加拉塔（Galata）成为热那亚人从克里米亚通往西地中海的贸易枢纽。威尼斯人与热那亚人在东方保持着经济上的决定性的影响力，直至 15 世纪。

14 世纪和 15 世纪，奥斯曼的扩张越来越清晰地主宰着拜占庭的历史。尽管面临穆斯林的威胁，1204 年的惨痛经历已不再允许建立一个基督教统一战线。拜占庭帝国必须在西方以及东方的侵略者之间寻求自己的道路。直到 1453 年底，君士坦丁堡还在讨论在教宗的三重冕和奥斯曼苏丹的头巾之间如何抉择的问题。拉丁礼教会与希腊礼教会的联合是西方教会所要求的，最后实际上是被强加的，西方教会先是在 1274 年的里昂第二次大公会议上，然后又在 1369 年由皇帝约翰五世（Kaiser Johannes V.）在罗马宣布了这一联合。1439 年，在佛罗伦萨大公会议（das Konzil von Florenz）上双方庆祝两个教会的联合，君士但丁堡沦陷不久前的 1452 年 12 月双方又在圣索菲亚大教堂庆祝了一次。然而，拜占庭社会中有很大一部分人始终抗拒自己的正统信仰的终结。屈服于拉丁人的要求并不会给他们带来多少好处，即使拜占庭皇帝进行西方之旅——这样的旅行在 1204 年之前是不可思议的——也无法改变这一点。在数百年的骄傲历史中，君士坦丁堡接待的是行臣服之礼的外邦君王。直到后来，面对内部的皇位之争或者来自奥斯曼的威胁，拜占庭皇帝才亲自向西方宫廷寻求援助。比如，1365 年约翰五世在匈牙利，1369~1371 年在那不勒斯、罗马和威尼斯寻求过援助；1389 年约翰七世（Johannes Ⅶ.）在热那亚和米兰寻求过援助；1399~1402 年曼努埃尔二世（Manuel Ⅱ.）在意大利、法国和英格兰寻求过援助，并与阿拉贡和葡萄牙建立外交联系；1423/1424 年约翰八世（Johannes Ⅷ.）在威尼斯、米兰和匈牙利寻求过援助，并于 1437~1440 年参加费拉拉 / 佛罗伦萨大公会议（das Konzil von Ferrara/Florenz）。

尽管教宗一次次地号召十字军东征，尽管西方对希腊文化又有了新的好感，尽管有许多政治上的努力，但依然缺乏富有成效的援助。1396 年，一支主要由匈牙利士兵和勃艮第士兵组成的十字军在多瑙河下游的尼科波利斯（Nikopolis）遭遇惨败。1444 年，匈牙利—塞尔维亚联军在瓦尔纳覆灭，教宗的枢机使节切萨里尼（Cesarini）与匈牙利国王拉斯洛三世（Ladislaus Ⅲ.）不幸战死。这是拉丁礼基督教世界为拜占庭帝国所进行的最后一次联合的武装行动。当时在阿尔巴尼亚山区由乔治·卡斯特里奥蒂（Georgios Kastriota）组织的战斗被证明更有成效。在他由基督教改信伊斯兰教之后，他在奥斯曼军队服役时被称为"亚历山大"或"斯坎德培"（Skanderbeg）。1443 年他背弃苏丹，重新改宗基督教，作为指挥手段高超的"军阀"（warlord）抵挡奥斯曼人吞并巴尔干，直至 1468 年死亡。

东罗马帝国末代皇帝就没有这样的好运了。他与土耳其人的竞争持续了将近 150 年，土耳其人在奥斯曼王朝的带领下将国土扩张至小亚细亚和巴尔干地区，而拜占庭人为此付出了代价。奥斯曼·加齐（Osman Gazi）和他的儿子乌尔汗（Orhan，卒于公元 1359 年）创建了奥斯曼帝国的基础。他们成功地以布尔萨（Bursa）为政治中心迅速建立了与诸多游牧民族的联盟，而土库曼人和拜占庭人为此付出了代价。14 世纪五六十年代，在征服了加里波利（Gallipoli）半岛以及哈德良堡［Adrianopel，又称埃迪尔内（Edirne）］之后，奥斯曼军队就向欧洲进发。土耳其军队势如破竹，征服了马其顿（Makedonien）和保加利亚的大部分地区。1389 年，在科索沃平原（Amselfeld）上土耳其军队对塞尔维亚取得了划时代的一场胜利。在巴尔干半岛上一度强势的王国仅仅在很短的时间内就变为了奥斯曼帝国的附庸。起初，在朝贡依附中拜占庭尚能保持宗教和文化上的多样性，然而招募年轻男子并强迫他们改宗伊斯兰——这被称为"募集男童"（Knabenlese，德夫希尔梅）——给这些人留下了深深的烙印。

197

1400 年，拜占庭帝国的领土已缩减为君士坦丁堡周围的小片地区以及今天希腊的部分地区。西部的埃迪尔内已经变为奥斯曼帝国的中心。在这种紧急状况下，皇帝曼努埃尔二世进行了一次绝望的西欧之旅。1402 年蒙古征服者帖木儿在安卡拉（Ankara）战胜了奥斯曼人，这当然给面临覆灭的皇帝带来了新的希望。苏丹巴耶济德一世（Sultan Bayezid I.）沦为战俘，他的儿子们为了统治权而互相争夺，整个奥斯曼大业看似已经成为过去。亚洲骑兵民族迅猛的战力再一次得到了验证。帖木儿以最短的时间建立了一个自印度至安那托利亚（Anatolien）的辽阔的帝国。这股扩张之力在伊斯兰的旗帜下宣告 13 世纪兴起的蒙古世界帝国的复兴，而本身就一直充满变数的奥斯曼帝国行将屈服于此。然而，1405 年帖木儿英年早逝，他的新帝国也随之瓦解，这使得欧洲形势突然改变。

1402 年的创伤深植于奥斯曼人的记忆之中。巴耶济德的儿子们为了继承权争斗数年。他的儿子穆罕默德一世（Mehmed I., 1413~1421）及其继任者穆拉德二世（Murad

Ⅱ.,1421~1451）用了数年时间来休养生息，这给了拜占庭帝国一个重要的喘息之机。长久以来，拜占庭人生活在威胁与修整、猛烈的战事与筋疲力尽交替出现的对峙之中，他们已经逐渐适应了这样的环境。现在回头来看，这个过程是持续的衰落，而对于 14 世纪和 15 世纪的人来说，这可能是一个结局开放的生存竞赛。数百年以来，拜占庭的皇帝已经习惯于在有需要的时候与侵略者缔结和平条约，或为了实际的利益而达成政治联姻。为了渗透敌国，约翰六世·坎塔库泽努斯（Johannes Ⅵ. Kantakuzenos）在 1346 年让女儿塞奥多拉（Theodora）与巴列奥略王朝之大敌乌尔汗结婚。最终，拜占庭一代又一代的公主们为了帝国之福祉而前往"野蛮王公"的宫廷。此时宗教上的顾虑不得不沉寂下来。

198

14 世纪以来，奥斯曼人、拜占庭人和热那亚人之间不断变化的联盟在特定情况下发挥了各自的作用。在皇帝曼努埃尔二世与苏丹穆罕默德一世之间，战争与和平交替出现。1422 年，奥斯曼军队围攻君士坦丁堡未果。1424 年的和平条约使得拜占庭皇帝成为苏丹的朝贡附庸国。由此一来，抵抗的重点就转移到了其他地方。1430 年，皇帝和威尼斯商人失去了塞萨洛尼基（Thessaloniki）；1446 年，穆拉德二世的军队横扫希腊；1448 年，穆拉德二世在科索沃平原战胜匈牙利联军。在拜占庭皇帝约翰八世和苏丹穆拉德二世死后，君士坦丁十一世（Konstantin Ⅺ., 1448~1453）和被称为"征服者"（der Eroberer）的穆罕默德二世（1451~1481）分别继任各自王位。两人在 1453 年争夺君士坦丁堡的最后一场战斗中决出了胜负。

"不能理解之恶"[85]

1452 年夏，苏丹命人在博斯普鲁斯海峡的欧洲一侧兴建攻城要塞，即如梅利堡垒（Rumeli Hissar），它恰好正对着处于亚洲一侧的安纳托利亚堡垒。而通向君士坦丁堡的海路依然畅通。奥斯曼舰队虽然在数量上占有优势，但无法阻止威尼斯人和热那亚人先进的武装桨帆船进入这座都城北方的金角湾。拜占庭人将这个生死攸关的海湾以一条锁链封锁，锁链在另一端延伸至加拉塔，由此，拜占庭人保障了他们的供给基地。依靠朝西的极为坚固的陆墙以及朝北、朝东和朝南的海墙，拜占庭人希望在威尼斯和热那亚雇佣兵的支持下挺过这次围攻。

但是奥斯曼人这一次不仅有大约十倍于对方的军队，而且在技术上也具有优势。一名叫乌尔班（Urban）的基督徒——关于他的信息很少——在埃迪尔内组织制造了一大批不同口径的加农炮，这些炮能发射石球或者铁球。这种火炮在摧毁君士坦丁堡的城墙的行动中发挥了真正具有穿透力的重要作用，即使在个别情况下，关于其发射频率和威力的消息有可能夸大其词。自 14 世纪起，火器的战术性使用在欧洲变得十分普遍；第一个生产金属加农炮的订单来自 1326 年的佛罗伦萨。在 1453 年，基督徒的武器技术在穆斯林军队的手中发挥了决定战争走向的作用。著名的"达达尼尔炮（Dardanellengeschütz）"（现位于伦敦塔）能射出直径 63 厘米、重 340 千克的炮弹。穆罕默德二世战略上的伟大之举是在 1453 年春将这些金属加农炮部署到不同兵团以及舰队中。

1453 年 4 月，奥斯曼军队对君士坦丁堡的进攻开始了。数日之后，奥斯曼的炮兵连队就攻破了君士坦丁堡陆墙的一部分。随后，拜占庭的守城者拼命修好了城墙。当西方人的三条桨帆船和拜占庭人的一条桨帆船在激烈的海战之后抵达港口并带来补给时，这曾给拜占庭人带来短暂的希望。其实，后来才发现这是来自西方的最后一次救援。由于苏丹的船只在金角湾的入口处无法越过拜占庭人布置的锁链，穆罕默德二世便以难以置信的花费通过陆路将他的舰队运送到金角湾的北部。1453
年 5 月，双方最后的决战开始了。

　　君士坦丁堡最后的日子一再被讲述，关于它的记忆也被一
次次地唤起。这其中包括奥斯曼入侵者的强大，塞尔维亚矿工
在防御工事的地下通道中的表现，耶尼切里（Janitscharen）
精英部队在攻破城墙的技巧；还有君士坦丁堡守城者的殊死搏
斗，意大利指挥官的精明策略，更重要的是末代皇帝的英雄气
概。灾难过后的诸多记载是由奥斯曼的胜利和基督徒的溃败所
共同塑造的：获胜的一方欢庆胜利，失败的一方或试图解释，
或试图开脱，或试图指责。以往，在具体事件方面，人们乐于
参考一部拜占庭视角的编年史，这部编年史被认为是由目击证
人乔治·斯弗朗齐斯（Georgios Sphrantzes，卒于公元 1477
年或 1479 年）所作。它记录了巴列奥略王朝和奥斯曼王朝的
起源史，详尽地叙述了 15 世纪的各大事件，包括从 1453 年奥
斯曼人征服君士坦丁堡到 1481 年穆罕默德二世死亡这段时间
的历史。该编年史的表述方式为目击者报告，但是留传至今的
版本仅存于很久之后才形成的一部文集中。尽管人们对这本著
作的来源存在很大的疑问，即这到底是对原文的整理收集还是
16 世纪为了消化难以理解的事件而有意创作的纪念作品，但
它仍然值得人们去阅读、研究，下面看一下这本著作对世界史
上的一件大事的文本化处理。[86]

　　该著作在讲到 1453 年 5 月 28 日决战的前一天时，紧张
的叙事戛然而止，只剩下大战前最后的平静。该著作混合了集
体暴力与个人英雄主义的讲述完全可以与现代战争片相比。绝
望的君士坦丁堡居民在一场大型游行中对着圣像祈求上帝的援
助。皇帝君士坦丁在长篇演说中强调了他的军队"对抗信仰之
敌"的防御决心。为了四件事，他们宁可死也不愿作为战败者
继续活下去：信仰和宗教、祖国、作为主的受膏者的皇帝以及

200

亲人和朋友。"当不幸的东罗马人听到这些话时，他们坚定了内心巨大的勇气，彼此请求宽恕过去一切可能有过的冒犯，并宽恕彼此；然后他们互相拥抱，从此时起，没有人再想着自己的孩子、妻子或财产，而是他们时刻准备为了祖国而死。……而皇帝则动身前往智慧圣殿，即上帝的话语的圣殿（圣索菲亚大教堂），含泪完成祈祷，领受无瑕的圣礼。这一晚，其他许多人也都这样做了。然后他走进宫殿，休息片刻，之后他请求所有人的宽恕。这是怎样的恸哭，殿中回响的是怎样的悲鸣！就算有人是木石之心，也定会一同哭泣。"

在 5 月 29 日最初的几个小时，战斗"像一座火炉一样"猛烈地燃烧起来。一波又一波的敌军冲向城墙。希腊人的燃烧武器仅仅暂时延缓了奥斯曼军队的攻势。然而，当热那亚指挥官乔万尼·朱斯蒂尼亚尼（Giovanni Giustiniani）受伤后临阵逃脱，土耳其人已突进都城的流言传播开来的时候，抵抗阵线就崩溃了。有目共睹的是皇帝在战斗中一心求死，"像一头狮子那样咆哮着，右手上的剑已出鞘，他砍倒了许多敌人。鲜血从他的双手和双脚流淌下来。……他就这样在自己必死之前杀死了许多敌人"。上午八点半，君士坦丁堡就落入了奥斯曼人的手中。胜利者们劫掠三日，这对他们来说是一场大捷，对于战败者而言却是一场劫难。"在许多地方，堆积的死人多到见不到地面。这是令人惊惧的景象，数不清的囚徒以各种方式被带离，贵族夫人、少女、奉圣职的修女在可怕的号啕大哭中被扯着头发从教堂中拖出，伴随着孩子们的哭泣和嚎叫，诸多神圣场所被玷污——谁能描写出所有这一切的劫难呢？"

最终穆罕默德二世以胜利者的身份进入这座城市，未来这里会成为他的帝国的新中心。起初，他的兴趣在于对手的命运。"城已破，苏丹已入城，并命令全力寻找皇帝的下落。他心中没有别的想法，只想知道皇帝是死是活。有些人前来禀告，说他逃走了，另外一些人则声称他躲在城内的什么地方，还有一些人说，他已经死于战斗。苏丹为了想要知道准确的消息，就派人前往死者尸体堆积成山的地方，在那里基督徒和非信徒的尸体混杂在一起。许多死者的头被清洗干净，以便从中找到皇帝。但是，现场的人并没有认出皇帝的脸，反而认出了他的躯体，尸体确实穿着皇帝的靴子，上面绣着金色的鹰，如同在皇帝的服装上通常见到的那样。苏丹对此感到非常高兴，并命令正巧在场的基督徒以适宜的礼节埋葬皇帝的遗体。啊，啊，上帝的旨意让我经历了多么美好的时光啊！但是，这位无上荣光、仁慈的皇帝和殉道者死亡时享年仅 49 岁零 3 个月又 20 天。"

东罗马的末代皇帝没有逃跑。对于他的支持者来说，他在保卫都城的战斗中成为基督教的殉道者。与 1204 年不同的是，这一次东罗马帝国的历史以丢失都城、皇帝战死而终结。博斯普鲁斯之滨的罗马统治始于君士坦丁一世，终于君士坦丁十一世。穆罕默德二世一步步征服了拜占庭帝国最后的几个外部要塞：1456 年征服了雅典（Athen），1460 年征服了伯罗奔尼撒半岛［摩里亚（Morea）］——在这里，君士坦丁十一世的两个兄弟争夺统治权，1461 年征服了特拉比松。最后，国土面积已经变得很小的拜占庭帝国处于奥斯曼帝国的包围之中。在巴格达的哈里发国于 1258 年落入蒙古人之手，伊斯兰世界通过对君士坦丁堡的征服终于又赢得了一个世界政治中心。

这位征服者进入圣索菲亚大教堂并在此完成了首次主麻日功课，庆祝了从罗马到奥斯曼的延续，从基督教到伊斯兰教的延续。起初，除了这座主教堂，还有另外五座教堂被改为清真寺。苏丹还延续了热那亚人的贸易权。1453 年的事件是一场政治上和人道上的巨大灾难，然而系统性的种族或者宗教清洗却没有出现。作为防御措施，苏丹对他的新都城进行了重建，并命令加固黄金城门（Goldene Pforte），修建耶迪库（Yedikule）堡垒和达达尼尔海峡（Dardanellen）岸边的防御工事。在圣索菲亚大教堂的一道门——皇帝门（der Kaiserlichen Pforte）上的建筑铭文中，穆罕默德二世被热情洋溢地赞颂："两地之君，二海之王，真主在人世间和灵界的影子，在兴亡之间来自真主的帮助，水与地的英雄，君士坦丁的堡垒的征服者，胜利之父，苏丹穆罕默德·罕，苏丹穆拉德·罕之子，苏丹穆罕默德·罕之子。"[87] 这篇阿拉伯文铭文不承认欧洲这个概念。铭文用双数形式将两片海（bahrayn）与两块陆地（barrayn）区别开。博斯普鲁斯海峡将奥斯曼帝国一分为二，鲁米利亚（Rumelien，意为"罗马人的土地"）在西，安那托利亚在东，这并非拉丁礼西方意义上的大洲。直到近代才出现了新词 Avrupa 和 Asya，分别指代欧洲和亚洲。

随着 1480 年对奥特朗托（Otranto）的征服，穆罕默德二世甚至越过亚得里亚海（Adria）迈向了意大利。同年，君士坦丁堡威尼斯画家真蒂莱·贝利尼（Gentile Bellini）为穆罕默德二世画了一幅肖像。他在六道冠冕之下的半身像（现藏于伦敦国家美术馆）展示了一位欧洲文艺复兴时期的帝国君主。

奥斯曼对于欧洲历史的参与使我们以一种新的方式去理解 1453 年之后的文化变迁。尽管在征服的同时有残酷的杀戮，尽管君士坦丁堡的政治生活和宗教生活发生了变化，但新的奥斯曼统治并未对原有的帝国带来激烈的冲击，奥斯曼化是渐进的。穆罕默德二世不仅延续了帝国的传统和东罗马皇帝的排场，还将皇帝之前的谋士和臣民吸收进奥斯曼帝国的架构中。1477 年针对君士坦丁堡所做的人口普查显示，这座城市仍存在多元文化，在 15197 户中，8951 户为穆斯林，3151 户为希腊人，3095 户为拉丁人、亚美尼亚人或其他族群。苏丹在 1454 年初就为君士坦丁堡的东正教团体任命了一位新的牧首根纳季乌斯（Gennadios）。重建工作也需要基督徒。

在穆斯林的统治下出现的新的共存关系，在克利托布罗 204斯（Kritobulos）的历史著作中有所体现。克利托布罗斯是一位来自爱琴海印布洛斯岛（Imbros）的希腊学者（卒于公元1467 年或者 1468 年之后）。虽然他带着极大的同情讲述了拜占庭帝国的灭亡，但是穆罕默德二世随后成为他心目中新的英雄，这部著作以穆罕默德二世的上台为开端，并献给了这位君主。因此，学者们通常认为克利托布罗斯是一个无常的机会主义者，为了自己的职业生涯而一心想要骗取新任当权者的宠爱，但这种看法却忽视了他对于 1453 年所发生事件的清醒的认识。整本书仅三分之一的篇幅是关于穆罕默德二世的，其重心仍然是帝都君士坦丁堡，这座城为奥斯曼帝国的未来奠定了重要的历史基础。根据他的观点，宗教冲突明显要让位于帝国的政治延续。这一点体现在他对穆罕默德二世进入君士坦丁堡时的场景的情绪激烈的描述中，他的所有描述都是为了和解。起初，苏丹还为这座城市的光彩感到兴奋，而后他就瞥见军队造成的巨大的破坏。"突然之间同情之感向他袭来，他因为奥斯曼军队的破坏和劫掠而感到十分懊悔，他挥泪，痛苦地大声叹气，大喊着：'我们竟任由这么美好的城市遭受掠夺和蹂躏！'他的灵魂伤痛至此。"[88]

少年时期的穆罕默德被克利托布罗斯描述为对古罗马文化充满兴趣并且想要统治世界的统治者。"尽管他继承了一个大帝国的遗产，能够支配大量的钱财、武器、士兵和军队，并且毫无疑问地统治着亚洲和欧洲最大最好的一部分，但是他感到这些还不够，他并不满足于现状，而是立即想象自己驰骋于全世界，怀有统治这一切的信念。与此同时，他把目光投向亚历山大（Alexander）、庞培（Pompeius）、恺撒，以及像他们这样伟大的国王和将领。"[89]

205　　　关于奥斯曼王朝丰富的史学研究也证明，新奥斯曼帝国的权力植根于人类的帝国传统，并不仅仅是希腊学者灵感的结果。实际上，它在 1453 年之后才开始发展，这证明了欧亚交界处新的文化融合所带来的刺激。此时新的统治者们有了一个追溯到上古时期的家族谱系，可与那些在起源神话中来自特洛伊的瓦卢瓦王朝的法国国王或者哈布斯堡王朝的罗马皇帝的家谱相媲美。奥斯曼王朝将其自身确定为诺亚后代的过程是很典型的。如同欧洲人那样，他们源于诺亚的儿子雅弗，都是乌古斯（Oguz）的后代。决定性的历史构建是在 1481 年由哈桑·本·马哈茂德·巴亚提（Hasan bin Mahmud Bayati）完成的。他列出了 70 代人的族谱：从亚当、塞斯（Seth）、玛土撒拉（Methusalem）、诺亚以及乌古斯直到当时的奥斯曼苏丹巴耶济德二世（1481~1512）。奥斯曼学者穆罕默德·麦德·奈斯里（Mehmed med Nesri）在关于奥斯曼王朝的著作（从史前神话时期至 1481/1485 年）中又引入了雅弗的另外的一个儿子——博伽斯（Bolgas），他是乌古斯的祖父、蒙古人和土耳其人的祖先。[90] 后来的奥斯曼史书延续并进一步发展了这个基本模式。通过将自己的生活世界嵌入世界历史，奥斯曼的学者们遵循了拉丁西方人文主义史学研究中同样也在使用的基本模式。

奥斯曼人的嗜血和西方的新欧洲

　　当然，在西方并未发现这种结构上的相似性。恐惧占据着首要之地。即使当时人们或许能预料到这一点，甚至很多人对此预言过，拜占庭帝国的灭亡还是使人感到意外，就像 1187 年耶路撒冷的失守或 1291 年阿卡的失守让十字军措手不及一样。毫无疑问，在 1453 年，一个对于中世纪人而言更理所当

206　然的存在被抹去了。来自君士坦丁堡的难民带着他们的知识和

文字迅速抵达西方的中心，引发了一场真正的"希腊文化热"，这在政治上与之前数百年的其他各种情感一样是无用的，但在文化上却更加有成效。奥斯曼的暴力扩张仍然使人感到惊骇，并威胁着拉丁礼基督教世界的都城，直至进入 17 世纪。

关于 1453 年 5 月 29 日那场灾难的消息一个月以后传到了威尼斯，并很快传遍了整个欧洲。文字记载中一开始充满了关于奥斯曼人残暴屠杀的消息，他们嗜杀成性，变态堕落。[91] 关于穆罕默德二世个人残忍行径的内容被反复描写。法国编年史作者马蒂厄·德斯库施（Mathieu d'Escouchy）对他受惊吓的读者们这样讲述：苏丹把君士坦丁十一世的女儿强行拉到他的床上，想要使她改信伊斯兰教。当这位公主拒绝时，苏丹将她拖进圣索菲亚大教堂，在圣母玛利亚雕像上向她展示了基督徒们是如何被砍掉脑袋的，然后撕下她身上的衣物，最后命人将她斩首。"对人的侮辱和对上帝的亵渎合二为一。"[92] 新的处决方式——木棒穿刺和锯断激发了人们许多幻想。不久之后，土耳其人的形象很快充满了穆斯林在西方已经引起的恐怖。这一切要到什么地步呢？穆罕默德二世——归来的穆罕默德会踏上席卷整个欧洲的胜利之旅吗？还有，造成这场灾难的原因是什么？又是因为基督徒的罪应受上帝公义的惩罚，还是因为老老实实的拉丁人从第一次十字军东征以来就不得不承受的希腊人持续的背叛，抑或是因为拉丁人自 1054 年以来从天主教教义中分离的好似异端一样的信仰？

面对如此多的问题，1456 年保卫贝尔格莱德取得的暂时的胜利看起来在一定程度上起到了纾解的作用。枢机、教宗使节库萨的尼古拉将此事置于动人的布道词中："基督的躯体忍受了许多迫害，尤其是那个残酷的土耳其人穆罕默德，基督十字架的蔑视者。……上帝允许十字架的迫害者升至统治者的高位，将那座伟大的新罗马、充满神圣殿堂的君士坦丁堡占为己有，因为那里的居民在关于圣灵从哪里来的教义上偏离了天主教的信仰，造成了分裂。……但土耳其人决定将他们的胜利扩张至'老罗马'，一直到基督教世界最后的边界。关于暴君意图的流言也传到了我们这里：他的力量无人能挡。耐心的上帝任由这一切发展到令人绝望的地步，以至于我们整个军队惊惧异常，不敢攻击那位拥有大约四十万大军的土耳其人。他建造了精妙的攻城武器，人间见所未见的大炮，就算是最坚固的城墙也无法抵挡。……但是，尽管人类感到绝望，一些小人物在十字架的旗帜下仍然击溃了十字军的敌人。……那个土耳其人在他的手下被痛击之后，在夜幕的掩护下可耻地逃跑了；他不得不将数量众多的强大武器和大炮交给基督，而后基督用土耳其人的这些武器阻止了他的迫害行为。这一天终于有了好消息，这一天我们终于得到了奇妙的胜利的消息。"[93]

神学家们则在讨论，最终能否使穆斯林改宗基督教以及如何做到这一点。胡安·德·塞哥维亚早在 1445 年就写道："基督徒诚然在思想上更优越，但是在战争武器上却处于劣势。所以，穆斯林蔑视学问，回避学术辩论。由此可见，我们必须和他们进行对话。"这种关于基督徒与穆斯林对话的呼吁在 15 世纪末产生了一些效果。一位朝圣作家建议派几名朝圣者去穆斯林那里，理由是"他们定会早早改宗，因为他们很容易相信"。一位东方的改宗者甚至做了预测：在开罗或者大马士革举行的公开的基督教布道会上，86% 的穆斯林会自愿改宗。[94] 这种错误对于基督教传教使命来说肯定不是最后一个。

相比之下，欧洲人团结一致抵御奥斯曼帝国威胁的这种意识产生了更持久的影响。其中，著名的人文主义者恩尼亚·席维欧·皮可洛米尼的宣传鼓吹发挥了最大的作用。他起初是皇帝腓特烈三世的文书官员，后来成为教宗庇护二世（1458~1464）。在对于来自奥斯曼的危险的恐惧之中，他的演说与文章创造了一种新的欧洲思想。[95] 1454 年，皮可洛米尼在法兰克福帝国议会（Frankfurter Reichstag）上发表了著名的"土耳其演说"，他借助君士坦丁堡这场灾难，向基督教世界发出热烈的呼吁——对于基督教世界而言，他们的祖国欧洲正在遭受重大的威胁。"基督教共同体数百年来——如果我们想承认事实的话——从未遭受如现在一般的屈辱。因为早先我们是在亚洲和非洲，也就是说，是在异族地区受了创伤。但是现在我们是在欧洲，也就是说在我们的祖国，在我们自己家里，坐在我们的座位上瑟瑟发抖，引颈受戮。尽管有人会说，土耳其人许多年前（早就）从小亚细亚渡至希腊，鞑靼人已在顿河的这一侧驻扎，撒拉森人在跨越直布罗陀（Gibraltar）海峡之后占据了西班牙的一部分，但是我们在欧洲从未丢失过可与君士坦丁堡相比的任何一城或一地。……这个如此有利、如此有用、如此必不可少的地方就这样从救世主基督手中丢失了，成为诱骗者穆罕默德的战利品，而此时我们不是睡着了就是沉默着。"

他以古典时期和基督教时期的光辉的典范人物来鼓励他的听众们，这些典范人物融合成了欧洲共同的记忆文化。对于一个历史上的英雄共同体的追溯是为了鼓舞人心，此举将《旧约圣经》中的显赫人物［摩西、约书亚（Josua）、扫罗（Saul）、大卫、马加比家族（Makkabäer）］与马拉松（Marathon）战役（公元前 490 年）中的希腊胜利者们抑或罗马英雄们连接为一体。在面对德意志的听众时，他将"查理、罗兰（Roland）、赖纳德（Rainald）、康拉德、奥托、海因里希以及腓特烈"作为基督教边境守护者的例子。皮可洛米尼有技巧地运用恐惧控制着整个场面："土耳其人的力量在欧洲和亚细亚是很强大的。……如果匈牙利被战胜或者成为土耳其人的盟友，那么无论是意大利还是德意志都不会安宁，莱茵河也不再

209

会是保护法国人的屏障。"

他关于欧洲共同行动的呼吁甚至还设想得到亚细亚的基督教信仰弟兄们的支持。"'但是你们不会独自战斗，德意志人。'我想说，许多人会从意大利、法兰西、西班牙而来，无论是匈牙利还是波希米亚，无畏之民从来都不会缺席，塞尔维亚人、保加利亚人，以及所有巴尔干半岛上的居民和所有希腊人都会抓住机会并反抗，甚至连亚细亚的邻居们也会伸出援手。君王们，不要相信整个小亚细亚都听从穆罕默德，以至于没有多少人仍侍奉基督；奇里乞亚（Kilikien）、比提尼亚（Bithynien）、卡帕多细亚（Kappadokien）、本都（Pontos）以及叙利亚的许多人都是基督徒，即使他们带着奴役的枷锁。西伯人（Hiberer），也称为格鲁吉亚人（Georgier），特拉比松人和亚美尼亚人都尊崇基督，只要他们一看到你们的英勇表现，就会毫不犹豫地拿起武器。"

尽管道义上的呼吁并没有带来任何政治上的行动，但是它形成了将基督教与欧洲捆绑的新的思想基础。起初相当稀少，而在后来的数百年间越发有力地出现了一种新的传统，这种传统的指向超越了早期来自基督教信仰、教宗或者皇帝的普世主张。它将欧洲作为一个大洲从之前的联结中解脱出来，并在救世史意义上，同时也在政治意义上指派给了欧洲一个在这个世界上特别的、单独的角色。

我们不可以高估这种宣传鼓吹的影响广度。在 15 世纪，这种宣传也许更多是对学界和政治精英团结意识的巩固。在这种语境下，起类似作用的还有据称是教宗庇护二世写给苏丹穆罕默德二世的一封信，信中教宗敦促苏丹从伊斯兰教改信基督教。"最重要的是，你已经看到，若你仍执迷不悟，你将无法在基督徒中，尤其是在欧洲人和西方民众中，获得声望以及权力地位——你似乎希望自己得到这种地位。但如若你愿意接受基督教圣礼，我们许诺你得到权力和声望的极大希望。记住我们的话，接受值得信赖的劝告：接受基督的洗礼和圣灵的沐浴！将至圣的福音装进你的内心，将你自己完全交托出去！如此你将赢得你的灵魂，如此你将很好地看顾土耳其民众，如此你的计划将能实现，如此你的名字将被永远传颂，如此整个希腊、整个意大利、整个欧洲都将敬佩你，如此你将在拉丁文、希腊文、希伯来文、阿拉伯文以及所有的野蛮人的文字中被称颂，如此将没有一个时代缺失对你的颂词，如此你将被称为和平的发起者和安宁的奠基人，如此土耳其人将称你为他们灵魂的再发现者，基督徒将称你为他们生命的救星。叙利亚人、埃及人、利比亚人、阿拉伯人，以及无论何种尚在基督信仰之外的民众，当他们一听到你的名字，都将追随你的道路或者轻易地被你的武器或基督教的武器战胜。如果他们不想在我们的律法下接纳作为盟友的你，那么他们将在他们自己的律法臣服于作为主人的你。我们将支持你，借着仁慈上帝的帮助立你为这些民众的正当统治者。"

值得怀疑的是，是否能指望这样的文字产生效果，以及这封信到底被送出去了没有。即使这封信仅仅作为对自身传教使命的巩固，它也仍然反映了15世纪的人的思维。而在今天，了解基督教和伊斯兰教之间裂痕的我们可能会觉得这种思想是幼稚的。然而，或许能从欧洲与亚洲持续相连的古老传统以及反复被证明的欧洲的融合意愿的角度来解读教宗写给苏丹的这封信。这种融合意愿在欧洲向世界扩张时才逐渐退居次要地位。

211

脆弱的权威

1453年，一个来自亚洲的民族的强有力的冲击又一次穿透了欧洲的地理边界。如果说巴尔干半岛上有抵抗的话，那也只是由个别地区组织起来的抵抗。对基督教共同努力的各种呼吁仅仅是富有文采而实际上毫无用处的空谈。其中，在奥斯曼征服君士坦丁堡的前夕，教宗和皇帝——拉丁礼基督教世界的两种传统普世力量再一次大显身手。此前，教宗与教会会议之间为了在拉丁礼基督教世界中的优先地位与解释权而进行的长达数十年的角力才刚刚终结。教宗独有的绝对权力（plenitudo potestatis）在多个教宗互相争夺正统地位的西方教会大分裂（Großes Abendländisches Schisma，1378~1417）中以及各大教会全体会议——康士坦斯大公会议（1414~1418）和巴塞尔大公会议（1431~1449）——上受到质疑。会议长老们作为使徒的继任人主张教宗和长老共同代表整个教会，而教宗作为使徒之长彼得的继任人不顾他们的反对实施了自己的统治。这场斗争于 1460 年暂时结束，教宗庇护二世在他的教谕（Execrabilis）中禁止了每一个向大公会议提出的申诉，因为这挑战了教宗之位的权威。教宗们虽然守住了他们的指挥权，但是错过了亟须进行全面教会改革的机会。基督教会的进一步分裂，给 16 世纪的那场宗教改革（die Reformation）提供了温床。基督教世界中的大部分信徒又再度拒绝了教宗的行政权威和教义权威，而后从中产生了全新的地区教会结构。

中世纪的帝权本来也无力领导基督教诸国王对抗土耳其人。长久以来，罗马皇帝们已将他们的权威限制在自己的王国之内，从而使他们的欧洲邻居免受帝国主张的打扰。话虽如此，但帝权在 1452 年，即基督教的君士坦丁堡沦陷的前一年，再一次辉煌复兴。当时，皇帝腓特烈三世（1440~1493）由教宗尼古拉五世（1447~1455）加冕。这是中世纪记录最详尽的一次帝国皇帝加冕礼，但它也将是在罗马举行的最后一场皇帝加冕礼。

　　来自哈布斯堡王朝的腓特烈的继承人将德意志民族神圣罗马帝国的统治维持到了 1806 年，期间有一次短暂的间断（1742~1745 年）。他们出于各种原因免去了辛苦进军罗马的仪式。马克西米利安一世于 1508 年在教宗的允许下接受了"被拣选的罗马皇帝"这一称号而无须前往罗马。他的孙子查理五世于 1530 年作为最后一名这样做的皇帝从一位教宗手中领受了皇帝冠冕，虽然他是在博洛尼亚加冕的。此后，皇帝加冕就与法兰克福选帝侯选举（Frankfurter Kurfürstenwahl）联系在了一起，并在法兰克福修道院（Frankfurter Stiftskirche）所属教堂——圣巴尔多禄茂（St. Bartholomäus）举行。这种制度虽然保留了罗马的名号以及主张，但是放弃了真正亲临罗马城的仪式，也不再依赖作为加冕者的教宗。与此相呼应的是，15 世纪 70 年代以来国名的扩展。出自斯陶芬时代的"神圣罗马帝国"这一名称加上了更精确的补充说明——"德意志民族的"（deutscher Nation）。致颂词者们赞颂肩负救世使命的皇帝们，直至旧帝国于 1806 年灭亡。然而，这种被假定的对罗马教会的宗主权与帝国的普世主张一样很少能够实现。长久以来，欧洲诸王国的多重现实已弱化众王之首，至多为皇帝保留了一点礼仪性的优先地位。拿破仑一世（Napoleons I.）的时代则实现了民族的优先，这代表着欧洲以及世界 19 世纪和 20 世纪的未来。

　　在中世纪，欧洲的多元化一再重演。在这个时期，从未形成过一个有效的一体化的思想。最接近这一点的是，教宗自 13 世纪至 15 世纪仍有能力在拉丁礼基督教世界拓展他们的宗教权威。而他在政治上对欧洲诸王国的驾驭却未能成功。普世原则的脆弱性贯穿了 15 世纪的历史，并在沉重的教会问题与外部入侵中显得越发明显。

情感上的敬虔与教会合一

古典时期后期与中世纪的基督教传教使命虽然已在形式上创造了统一的空间，但有各种不同的宗教实践被保留并不断发展。11 世纪以来，希腊礼基督教与拉丁礼基督教的分野已成定局。自 11 世纪至 13 世纪，罗马教宗的重要性主张以及教宗重要性的增强在拉丁礼基督教世界导致了等级制度的形成以及延续。在教宗的行政权威和教义权威的实施过程中，各种背离教宗主张的制度逐渐被清除了。此外，还有对拉丁礼基督教世界财政上的掌控，掌控权在 14 世纪落入了阿维尼翁教廷的手中，自 1417 年起又回到了罗马教廷。长久以来，教会以清晰的层级分类而存在，包括教省、都会联盟、教区、副主教教区、堂区。教会各机构中充满了受俸神职（Pfründe），这使得这个行业成为有利可图的生意，也导致了受俸神职越来越多，却不怎么履行相应的牧养职责。在一个没有有效税收体系的时代，新的发展，比如大学的建立或者教会行政机构的资助，常常只能由这种教会俸禄体系去推动。

后来的宗教改革对于神职只接受俸禄而不履行牧养职责［拉丁文为 sine cura animarum，"闲职"（Sinekur）一词即由此而来］的批评确实触动了时代的神经，但是没有认清深层次的制度限制。在中世纪末，受俸神职的市场被欧洲化了。以成功为导向的神职人员在与教廷的良好关系中通过用高价买来的推荐信为自己获取了有利可图的教会职业的大好先机。教宗多次利用权威，将忠实的追随者或者亲属［拉丁文为 nepos，"裙带关系"（Nepotismus）一词即由此而来］带到重要的位置上。教宗对教会收入体系和资本体系的控制权越来越大，由此产生了教廷中的财政主义，它将拉丁礼欧洲联合为税务共同体。役税，一开始是对彼得继任人的自愿捐赠，后来发展成了定期的征税。由教廷安排的受俸神职有一年的释放期，以便揩

走此职位的圣职首年收入。自 13 世纪起，教士的遗产，即主
教、大修道院院长、修道院院长、大学校长的个人遗物归于教
宗，同样属于教宗的还有所有教廷中重新空缺出来的受俸神职
的收益［这被称为居间生长的果实（Interkalarfrüchte）］。在
阿维尼翁的教宗宫中，人们至今仍能参观隐藏的钱币密室，这
里聚集了征收来的成桶的税币。如此一来，教廷先是在罗讷河
之滨，在转回罗马之后又在台伯河（Tiber）之滨成为一个以
金钱衡量敬虔的财政中心。

　　教宗对自身庄严气派的宫廷以及雄心勃勃的政策的需求
日益剧增，这种需求通过对新的资金来源的不断开发而得到满
足。1350 年，作为 1300 年设立的圣年，教宗本应引导大批朝
圣者前往罗马，但他利用了这一圣年。虔诚的朝圣者们以前只
能通过亲自前往罗马圣地进行辛苦的朝拜才能获得的恩典，现
在可以通过捐赠获得。不久之后，几乎所有的东西都可以在兴
旺的赎罪券（Ablass）生意中买到。人们对地狱的恐惧被教
会的卓越的手法转化为金钱。人们还在世时就可以用金钱让自
己，最后也可以让后代减少在炼狱中承受罪之罚的时间（炼狱
是一个特意被发明出来的、处于个人死亡与上天堂还是下地狱
的最终决定之间的中途逗留之地）。

　　16 世纪的宗教改革者们以其对赎罪券买卖的激烈批评冲
击着这套体系的根基。他们认为，仅仅凭着信仰，仅仅凭着恩
典，人就能在上帝面前称义。所有虔诚的功课，所有的赎罪券
都没有任何的帮助。这彻底地改变了由金钱与恩典组成的结
构。但是为什么之前那么多代人相信他们在物质上的牺牲就会
换来精神上的神圣力量呢？产生这个转变的原因是 15 世纪与
16 世纪之交激进的个体化进程。在这个进程中，个体被完全
单独地置于造物主的面前。在这样的视角下，先前的一切看起
来只不过是一个未成熟的时代的虚荣妄想。在宗教改革、天主

215

教改革以及反宗教改革实施之后回头来看，当代人已不可能根据具体成就对教宗、教会做出公正的评价。尽管如此，我们仍需要去正确发掘中世纪晚期深厚的虔诚，以便理解拉丁礼基督教世界在财政方面巨大的决心以及时常出现的许多人对宗教的狂热。

个人来世得救的希望比以往更清晰地与一种物质上实在的灵性相联系。除对官方教会的奉献精神以外，对圣人以及圣髑的尊崇也成为外在的标识。众国王与诸侯花费巨资购入基督教信仰的纪念标志物，比如耶稣基督的十字架、荆冠、缠腰布、袍子或者鞋子的一小块。此前数百年中，来自基督及其家人以及众使徒在地上的遗留物被信徒们尊崇。而此时，对于越来越紧缺的担保救恩的圣髑日益增长的追求催生了一个带着荒诞特征的全球化市场。从托钵修会僧侣们的财产清单中，塞巴斯蒂安·布兰特（Sebastian Brant，卒于公元 1521 年）列举了以下圣髑：伯利恒马槽中的干草、巴兰的驴子的一条腿、大天使米迦勒的翅膀上的一根羽毛、圣乔治的马的缰绳以及圣嘉勒的束带鞋。[96]

在中世纪，对罗马教会的批评不仅限于圣髑和赎罪券之事项，还对准了教会的等级制度以及对信仰的教条式定义。可是这些批评并未改变以教宗为导向的教会对于职务和权威的严苛的理解。教宗自 13 世纪至 16 世纪早期在神学上以及财政上向整个拉丁礼基督教世界开放。当然，作为个体获得救恩的前提条件而对所有信徒提出的顺服要求，只能在教会合一与教义明确的环境中实现。而这里的前提条件，是指教宗的职位和教会、信仰及教义的约束力，而在 14 世纪末与 15 世纪它们都受到了严重地冲击。当时，教宗在一次史无前例的教会分裂中，失去了把握亟待进行的教会改革的行动力。这场分裂始于 1378 年，持续了将近 40 年。

216

此前，教宗居于阿维尼翁已将近 70 年。1377 年，教宗格列高利十一世（Gregor XI.）终于重回罗马的使徒之墓。然而，一年之后就选出了两位教宗，整个教会又分裂了。此事显示了意大利的支持者与占据多数的法国人所掌控的枢机团之间尖锐的对立。教宗乌尔班六世（Urban VI., 1378~1389）留在了罗马，还在此处连续产生了三位继任人，而教宗克雷芒七世（Clemens VII., 1378~1394）又返回了阿维尼翁。自此以后，两位教宗与各自的枢机团在分裂为两个阵营的拉丁礼基督教世界中力争取得认可。裂痕蔓延至欧洲各个地区与王国：法国、萨伏依、勃艮第、苏格兰、卡斯蒂利亚以及阿拉贡支持位于阿维尼翁的教宗，罗马教宗则获得了在意大利、英格兰、中欧、北欧以及中东欧的大多数信徒的顺服。

形势变得很明显，即争端中的双方谁也无法胜出。此时，神学家们终于登场了。巴黎大学在一篇专家意见中拟定了化解矛盾的三种方法：（1）两位教宗都退位（via cessionis，即放弃之法）；（2）仲裁程序，即争端双方听从判决的结果（via compromissi，即仲裁之法）；（3）通过全体会议来做出决定（via concilii，即会议之法）。在随后一年的时间里，逐渐变得清晰的一点是，只有会议能够解决这场危机。朗根施泰因的海因里希（Heinrich von Langenstein，卒于公元 1397 年）、盖尔恩豪森的康拉德（Konrad von Gelnhausen，卒于公元 1390 年）、皮埃尔·德阿伊（卒于公元 1420 年），以及让·格森（Jean Gerson，卒于公元 1429 年）等学者为此提供了必不可少的神学依据。

教宗之位数百年来建立的君主式的原则与教会会议古老的同工思想相冲突，这是一种二元对立，此种对立也出现在世俗统治里诸侯与各等级贵族组成的结构中。基督教社区建立之初就形成了首领思想与共同体思想。教宗从继承使徒之长彼得的主教座中推导出了他们的权威主张，基督将在地上捆绑与释放的权柄交给了彼得。作为上帝在地上的代表以及基督教会的首领，罗马教宗声称拥有天国钥匙的权柄。而聚集了高层僧侣的教会会议借助新约中的使徒团体成为基督教会的榜样。主教们认为自己是使徒们的继任人，因此他们的集会就代表了耶稣弟子们的共同体。由此可见，在教会面临如此关键的非常时刻，这种同工原则应当再次建立起教会的合一。

教宗统治与教会会议共同体之间的对立贯穿了长达2000年的教会史。自12世纪至14世纪，教宗违背共治原则逐步实施了自己的意图。然而在教宗职位的危机中，会议长老们终于登场了。可是他们的第一次行动失败了。虽然比萨大公会议（das Konzil von Pisa）废除了阿维尼翁和罗马的两位教宗，并选出亚历山大五世（Alexander V., 1409~1410）为新教宗，但是这位教宗在欧洲并未得到全面的认可。在充满争论的政治公共领域中，舆论变得越来越重要。此时，三位教宗及其追随者们互相竞争。罗马国王西吉斯蒙德（1410~1437）通过不懈的努力与高超的谈判技巧艰难地为一场在康士坦斯举行的全体教会会议铺平了道路。人们希望通过这场会议最终解决拉丁礼基督教世界的基本问题：（1）教宗之位的统一；（2）教会改革；（3）决定正确的神学理论。考虑到在对圣礼及其中介性方面存在教义上的分歧，解决最后一个问题变得越来越迫切。

直接来自基督

会议长老们在康士坦斯开会长达四年（1414~1418），在此出现了欧洲教会公共领域的一个大舞台。这次集会在教会会议权威的定义以及教会分裂的解决方案方面取得了成功，而教会改革以及与之相称的神学理论的更新却失败了。尽管有国王许诺的安全通行令，但布拉格人扬·胡斯大师（Magister Jan

Hus）仍然在 1415 年教会的一场异端审判中被判有罪。扬·胡斯被无情地嘲讽，并与他的著述一起被公开焚毁。他在信仰上的伟大榜样——英格兰神学家约翰·威克里夫（John Wyclif，卒于公元 1384 年）同样也作为异端被判有罪。1428 年，他的遗骨从坟墓中被挖出来并被焚毁。康士坦斯的会议长老们和英格兰的教会权威们想以此来清除这种异端邪说的所有痕迹，然而他们却没有料想到论据与记忆的力量。扬·胡斯之死在他的家乡波希米亚被解释成为基督事业的殉道。支持他的胡斯派（Hussiten）的共同体意识引发了一场民族反抗，由此，神圣罗马帝国和波希米亚陷入了长达数年之久的战争对垒。

在康士坦斯，教会改革在教宗以下的各个层次也失败了。神父对金钱的贪婪以及受俸神职这一套经济体系早就使信徒的虔诚产生了动摇。教会作为上帝救恩的中保尚未在原则上被质疑，然而，《圣经》中的榜样难见回归，信徒对此的失望是根深蒂固的。众多关于宗教改革的著作见证了信徒对于效仿基督及其使徒的灵性生活的极大渴求，而这种渴求已经不能从教会的诸多神职官员那里得到满足。

因此，会议在引人注目的神学辩论中确立了其裁决权的合法性。在作为罗马教会保护人的国王西吉斯蒙德的筹划下，这场会议由居于比萨的教宗若望（二十三世）正式召集并拉开序幕。起初，对抗的教宗中至少还有一位仍有行动力。然而，随着若望与会议长老们决裂，随后逃走并被抓捕带回，会议取得了其自身的合法性。1415 年 4 月 6 日，"神圣的康士坦斯会议成为一场大公会议，并以对全能上帝的赞美而在圣灵中合法聚集，为消除当下的教会分裂，实现上帝的教会从头至肢体的合一和改革"隆重地宣布了一部以拉丁文"Haec sancta"为开头的名称命名的教令。教令的开头就透漏了一种强烈的自信："这场在圣灵中合法聚集的（会议），成为一场大公会议并代表了互相争辩的各天主教会，它有着直接来自基督的权柄。每一个人，无论其等级或者身份，就算是教宗也好，在涉及信仰、消除上述教会分裂，以及对上帝的教会从头到肢体进行普遍改革这些方面，都有顺服于会议之义务。"[97]

一部合法的会议决议使教宗屈服于会议之下，关于这一点自 15 世纪直到当代都存在争议。会议的优先地位能长久地胜过教宗的绝对权力，还是只限于西方教会大分裂被消除之前呢？1415 年以来，这两种解释方案引起了罗马教会的关注。与主张固化这一问题同时出现的是关于代表和程序的问题。这样一个由来自整个欧洲的高级僧侣组成的复杂集会，应当如何达成合理的结果呢？在普世会议的构造中，产生了按照大区或者国家设计欧洲秩序的新的蓝图。按照国家划分的想法可能是受到欧洲大学各成员按照地理位置分类的影响。最先在比萨，然后主要在康士坦斯，在举行全体会议的同时，大国间的平行磋商也变得日益重要。充满矛盾的各种程序草案与结构草案反映了各方在影响力和执行力方面都激烈争夺。意大利人和法国人能保持他们在领导教会方面的传统的影响力吗？还是现在的德意志人、西班牙人、英格兰人（在同时期肆虐于欧洲的百年战争中它们是法国王室的死敌）在教会决策方面获得恰当的份额？

奥斯定会隐修士迪特里希·维瑞（Augustinereremit Dietrich Vrie，卒于公元 1431 年）认为，各国之间的协同是必要的，因为上帝创造了各国，由此它们与上帝的秩序相称，在它们当中聚集了最丰富的智慧。因此，各国的协同是教会合一的基础。[98]虽然教会会议代表所有的基督徒，但是出于实际的考虑，教会会议按照四个会议国（Konzilsnationen）划分：意大利、法兰西、英格兰和德意志。更困难的问题是如何安排其他民族和王国，以及这些会议国家之间确切的边界划分。代表权应以几个平等大国的平衡为基础。然而，未能成功以各方都能接受的方式对会议国与政治意义上的国家进行区分。因此意大利和英格兰的提议就变得十分重要，即四国几乎可以以自然的方式按照四个方位进行划分，这样就绕过了由来已久的关于先后地位的论争。为了避开政治国与会议国之间的争端，意大利及其在希腊和东方的飞地应组成南国，不列颠诸岛以及斯堪的纳维亚应组成北国，东国由德意志和中东欧各民族组成，西国由法兰西以及伊比利亚半岛组成。英格兰人也最喜爱这个方案，因为"如果以特定的王国命名这些会议国，那么其他王国对此是很反感的"。

与此相反的是，那些确立已久的势力却坚持自己的优先地位。罗马国王西吉斯蒙德总称自己是三国之人的统治者：德意志、意大利和高卢/法兰西。法国人甚至提议"主要国家"有唯一的投票权，而其他"附加国"只能与其更有分量的邻居合并。这样的辩论并未产生历史后果，但是它们表明了欧洲各民族、各国家试图建立现代秩序的尝试，他们要么希望按照政治分量先后排列，要么希望获得一视同仁的平等地位。

教会会议对于重新赢得了整个教会的代表权以及高于各个教宗的权威的自我归因完全地笼罩着有关会议的结构、表决和决策的所有程序性辩论。1415 年，会议长老废黜比萨教宗若望（二十三世），并迫使罗马教宗格列高利十二世（Gregor Ⅻ.）退位。阿维尼翁教宗本笃十三世（Benedikt ⅩⅢ.）强硬地拒绝退位，随后也被会议长老废黜，尽管他在伊比利亚半岛被称为"真正教会的诺亚方舟"（Arche Noah der wahren Kirche）的城堡中坚持了一段时间。最终，康士坦斯的会议长老们选出了各方都能接受的教宗马丁五世（Martin V., 1417~1431），并以此再次使教会的合一。而在此前不久，他们还于 1417 年 10 月 9 日通过了一部以"Frequens"为开头的名称命名的会议教

221

令，以此确立了教会会议原则的持久性。"经常性的召开大公会议是看护田地的一种好办法。"⁹⁹ 为了避免任何教宗的干涉，下一次会议定于五年后召开，下下一次会议定于七年后召开。"在那之后，教会会议每十年召开一次，教宗在各会议结束前一个月必须确认下一期会议地点；如果教宗耽搁，那么就由教会会议本身来指定地点。由此一来，会议几乎不间断地举办，要么正在进行，要么即将到来。"

权威之争

虽然教宗马丁五世很快又解散了 1423/1424 年于锡耶纳召集的会议，他的继任人尤金四世（Eugen IV., 1431~1447）也试图解散 1431 年的巴塞尔会议，但是失败了，并导致了教会会议至上主义新的反弹。在教宗的枢机使节切萨里尼的带领下，教会长老们开启了一项巨大的工程，使得本来有期限的集会有可能变成永久化制度。尤金四世于 1437 年将会议地点转移到了对他来说更恰当的费拉拉，并最终将会议安排到了佛罗伦萨，会议参与人员由此分裂为支持教宗和批评教宗的两派。以前是教宗之间的分裂，现在变成了教会会议内部的分裂，这再一次激发了学者们和欧洲诸教会之间激烈的神学理论之争。在争夺权力的过程中，留在巴塞尔的会议长老们于 1439 年 6 月 16 日为了教会合一发表了《三论天主信仰的真理》（Tres Veritates）。¹⁰⁰ 在此，他们声明："普世教会的化身大公会议的职权高于教宗及任何人。这一点已经由康士坦斯大公会议宣布，现在在巴塞尔再次宣布，它同样也是天主信仰的真理。"天主信仰的第二条真理是禁止教宗未经会议同意而解散、推迟或迁移一场正当的、作为普世教会代表的大公会议。"谁若强硬抗拒以上所述的两条真理，即可被视为异端。"

教宗尤金四世对此表示拒绝，在巴塞尔会议长老们看来，合乎逻辑的必然结果就只有废黜他的教宗之位并进行新的教宗选举。萨伏依公爵阿梅迪奥（Amadeus）成为新教宗，称斐理克斯五世（Felix V., 1439~1449）。这是教会史上最后一次分裂的教宗选举。斐理克斯连同巴塞尔会议一起失败了，1448 年的教会会议仍迁往洛桑（Lausanne）继续。但是，由于会议耗时太长且效率低下，会议原则的支持者们感到大失所望。时下，欧洲的统治者们，为了他们自己的教会政策能得到支持，更愿意站在教宗尤金四世及其继任人尼古拉五世（1447~1455）的一边。1449 年的教会会议再一次被解散，拉丁礼教会中系统性的二元对立就此终结。

教宗庇护二世于 1460 年发布了以拉丁文"Execrabilis"为开头的名称命名的教谕，虽然并非毫无争议，但该教谕可以被认为是对教会会议至上主义的终结。教宗给出的论断清楚明确，他谴责向大公会议提出的申诉，认为这是"可诅咒的、在早年闻所未闻的滥用"，是"对神圣律法的冒犯，对基督教共同体的破坏"。"为了将这种'毒物'排除出教会，我们谴责此类申诉，如果它们胆敢再次出现，我们将驳回这种错误，声明它们完全无效，我们将它们看作是毫无用途和毫无意义的。"[101]

随着教宗对教会会议至上主义的胜利，一场百年实验就此走向终结。这场实验想要改变拉丁礼教会中的决策之道，然而教宗为自己夺回了神学上的解释权。尽管如此，随着拜占庭帝国的灭亡，基督教欧洲缺少了一种整合的力量。在长期的争斗中，教宗和罗马帝国皇帝的普世主张不睦，也与会议长老、贵族等各种势力不睦。崛起的欧洲君主们在对立的竞争中维护他们各自的地位，而不采取共同的行动。欧洲仅仅作为某些人的一个口号而存在，这些人为了个人利益而利用这个假定的价值共同体。虽然人们在君士坦丁堡的崩溃之后召唤着一个欧洲命运共同体，但是一个有效的行动共同体仍然无法实现。因此，

15 世纪不同形式的二元实验对于欧洲的整合来说最终也没有产
生效果。在拉丁礼教会中，君主式的教宗之权胜过了教会会议至
上主义；在帝国中，贵族参政侵蚀了皇帝权力的施展空间，将统
治者排挤到核心王国之外。由此可见，权威之争没有产生清晰的
结果，反倒是意见的不一致强化了多元存在。欧洲的未来既不属
于教宗，也不属于皇帝，而是属于各王国以及各民族。他们保持
了自己的独立，各自找到了通往世界和近代的道路。

7　15 世纪欧洲的扩张

欧洲向世界的扩张始于 15 世纪。这与欧洲在东地中海地
区遭遇的灾难相呼应。史料也将寻找传说中的祭司王约翰列为
欧洲船只驶向大西洋，进行新航行的原因；自 12 世纪起，人
们就盼望来自东方的基督教同盟者祭司王约翰共同对抗穆斯林
诸国。起先，人们想要在东亚或者南亚找到他，后来又认为
他在埃塞俄比亚。葡萄牙船长们一次次地打听约翰传说中的
王国。随着十字军东征在黎凡特的每一次失利，这个王国的光
彩、领土面积和战力就被描述得愈加传奇。奥斯曼的扩张和君
士坦丁堡的沦陷破坏了建立已久的从亚洲至欧洲的贸易路线。
香料、丝绸等奢侈品的进口尤其受到影响。于是，15 世纪期
间，葡萄牙船只改变航路，向大西洋进发，只为寻找另外的海
路以避开当时被穆斯林掌控的印度贸易路线。作为为数不多的
这样做的欧洲君主之一，葡萄牙国王阿方索五世（Alfons V.，
1438~1481）以有效的战备回应了教宗在基督教的君士坦丁堡
沦陷之后发出的十字军东征的呼吁，并于 1458 年征服了非洲
北部海岸上的一个据点。葡萄牙人将他们新的金币称为"十字
军币"（Cruzado），因为他们以中世纪的十字军东征这一理念
合法化了他们自 1415 年征服北非贸易中心休达（Ceuta）以来

的商业冒险行动。

追随印度航线模式的还有克里斯托弗·哥伦布 1492 年的著名的冒险行动。他受西班牙双王的委托，想要通过向西的航行穿越大西洋抵达印度，在此行动中他"发现"了中美洲。在葡萄牙人和西班牙人横渡大海的航行之后，是其他欧洲势力在 16 世纪进行的大规模冒险。"发现者"的声誉通过 15 世纪中叶以来得到改良的印刷术这一新媒介得以迅速传播。然而，比起声名更重要的是，从奴隶贸易对人的剥削以及通过进口贵金属、香料、糖以及奢侈品获得的经济上的巨大利益。此前因位于贸易路线周边而被边缘化的伊比利亚半岛上的王国，在 15 世纪至 16 世纪突然获得了一个堪比引擎一般的角色。这里也逐渐开始了经济、文化和艺术上的繁荣，改变了 16 世纪直至 18 世纪欧洲历史的重心，随后才慢慢地在竞争中被西欧各势力追赶上来。究其原因，与中世纪相比，欧洲人与外部交流的方式发生了变化，此时欧洲人的行动不再仅仅以欧洲与亚非地理上的纽带为出发点。

偶然与差异

欧洲在大洋之上的扩张曾被称作一个新时代的开端，这是不无道理的。15 世纪至 16 世纪过渡期中的诸多转折点实际上是清晰可见的。此时，世界观不再由留传下来的权威之词来塑造，而是从实际的经验中形成。关于新"发现"的美洲大陆的知识很快消解了古典时期和中世纪的三块大陆的说法。航海中必不可少的对天体的观测在 16 世纪颠覆性的假说中经历了理论上的重新建模：处于星系中心的并非地球而是太阳。对地球和太阳的新认识来源于 13 世纪依赖对实践的信任。尽管这一切可以作为进入新时代的跃迁，然而不可忽视的是，伊比利亚半岛上新动向的动机、行为模式以及解释模型仍是以熟悉的已

226

知为养料。所以，葡萄牙人、西班牙人及意大利人的航行还是完全属于中世纪的 15 世纪，而不适于作为新殖民时代的前奏。

对于欧洲殖民主义及其延续至 20 世纪的现实性以及对 21 世纪的影响的考察论证引起了当前对于世界史中的欧洲进行地方化的需求。欧洲在 15 世纪开始对外扩张，这一点无可辩驳。然而，不能忽略的一点是，欧洲与其他大洲之间在一个缓慢而绝非目标明确的并延续至 18/19 世纪的过程中形成了巨大的差异。较早的解释模型将欧洲的优越性要么解释为文明与野蛮之间的差距——两者同"野蛮人"这种污名化的印记一样，是纯粹的构想，要么解释为在技术和社会方面的优势，而这些模型早已过时。于是，在过去数十年间，人们远离了"发现者"这个概念，这是因为欧洲人误认为是印度人的那些人和在非洲最南端的黑人早就"发现"了他们自己的土地。随着欧洲中心主义的消解，"发现者"的时代变为欧洲扩张史。这段历史开始的偶然性、清晰性以及结果的开放性，可以与同时期中国在 15 世纪的航海实验相比较。

227　　东亚与东非之间的联系存在了数百年。在桑给巴尔（Sansibar）和摩加迪沙（Mogadischu）之间出土的唐宋时期（618~1279）的中国钱币和瓷器证明了这一点。[102] 明代（Ming-Dynastie，始于 1368 年）初期加紧了船队建造，并在永乐皇帝（Yongle-Kaiser，1402~1424 年在位）在位期间七次向西派出舰队远航。起初，远航应该是为了追捕一个逃走的争夺帝位的对手①，但不久就开辟了新的贸易路线，这使得中国的声望远播。中国人的舰队多次（1405~1411，1431~1433）来到位于印度西部马拉巴尔海岸（Malabarküste）的古里（Calicut，又称科泽科德）。第四次航行（1417~1419）

---

① 关于起因，历史学家看法不一，此处为其中一种论点。——编者注

远至位于波斯湾（Persischer Golf）入口处的霍尔木兹岛（Hormuz），第五、六次航行（1417~1422）到达了亚丁（Aden）和东非的摩加迪沙、马林迪（Malindi）。中国旅行家们当时还前往了麦加（Mekka）、麦地那（Medina）和吉达（Dschidda）。指挥官郑和（Zheng He）通过向当地赠送礼品和树碑立传的方式留下了身后名。与此同时，一头活的长颈鹿从东非抵达了中国的皇宫，并由一位宫廷画师记录在一幅画中；同样抵达中国皇宫的还有来自吉达的威尼斯人的眼镜。

考虑到中国人在印度洋上军事和地理方面的支配力，以及葡萄牙人 1500 年以来在印度贸易中取得的成功，解释中国人为何自 1436 年起裁撤军事舰队、结束海上探索并不是一件容易的事。1426 年，中国大臣在呈给明朝皇帝的一封陈情书中是这样请求放弃海上探索的："臣愿陛下勿复屈尊谋划战事，征远地而获盛名。弃蛮夷不毛之地而使民休养生息，由是民可务耕织、修学问，则边境将无战事而免灾祸，且庶民无有怨言。将不必为名而趋之，士不必远离故土而殒命。远人将自来臣服，远方将得华夏之教化：由是得千秋万代之社稷。"[103]

这样的文字更可能掩盖了中国人缺席海上探索的根本原因。从遥远的 21 世纪的视角来看，中国人的海上探索看上去是葡萄牙人海洋远航的反向进程——后者开始时拥有的资源微薄得多。如同欧洲人对早就在东亚发展出来的技术的利用一样，十字军东征时代形成的坚韧的使命感在这方面也产生了不同的结果。无论如何，在 15 世纪到 16 世纪的过渡时期，欧洲人将他们作为雅弗后代和好战民族的古老神话勇敢地呈现在了舞台中央。

228

荣誉—路线—财富：葡萄牙与海洋

葡萄牙的海上扩张始于 1415 年征服北非据点休达。1488

年葡萄牙舰队绕航非洲最南端之后，1498 年瓦斯科·达伽马（Vasco da Gama）抵达印度的科泽科德标志着葡萄牙的海上扩张的第一个高峰。虽然穆斯林在葡萄牙的统治于 1249 年就结束了，但是 15 世纪的这些海洋远航冒险行动仍带有确定无疑的十字军的特征。这些行动与在西班牙的收复失地运动同步进行，后者在 1492 年征服摩尔人的格拉纳达时才结束。在对休达的胜利中，参与行动的葡萄牙诸王子爱德华［即杜阿尔特（Duarte），1433~1438 年为国王］、佩德罗（Peter）和恩里克（Heinrich）获得了骑士荣誉。随着在休达建立起一个稳固的据点，葡萄牙巩固了进入地中海的航线并控制了当时对非洲商队贸易的一个十分重要的终点站。在这条贸易路线上，黄金、象牙和奴隶从非洲运至欧洲，黄金的输入对欧洲的意义尤为重大。在新大陆开采之前，南欧的黄金需求主要由非洲来满足。在一个倾向于赤字的经济体中，优良金币从欧洲的流失导致了贵金属的稀缺，尤其是在葡萄牙，出现了严重的通货膨胀。1383~1435 年，这里甚至没有铸造任何金币。直到取得了非洲的金属资源，对于葡萄牙的宏图大计至关重要的黄金供应才得到保障。

自 14 世纪起，逐渐出现了对于早在古典时期就为人熟知的大西洋诸岛以及西北非海岸的"再发现"。著名的加泰罗尼亚世界地图集（Katalanischer Weltatlas）表明，在 1375 年，这些相关的知识就已经十分丰富了。对加那利群岛（Kanarische Inseln）和马德拉群岛（Madeiragruppe）的开发首先归功于意大利人、加泰罗尼亚人、卡斯蒂利亚人和葡萄牙人交错的探险考察。几乎所有的殖民技术都是在地中海地区被研究、发明出来的，而后这些技术在欧洲向西和向南扩张的过程中得到了应用。海上越来越多的航行以新的船只类型和导航技术为前提条件，而目前仍保留在地中海的以人力驱动的桨帆船已不再适用。适用于远洋的新的船只有船首和船尾的结构以及两个或者三个桅杆，为人熟知的船帆技术（前桅杆或主桅杆上的四角帆，三角形的"拉丁帆"）被人们改良，使得顺风高速航行与复杂的"之"字形逆风航行成为可能。大型船只，如克拉克帆船（Karacke）能够载重 1000 吨以上，但在远洋航行中首先取得成功的是小而灵活的卡拉维尔帆船（Karavelle），其长 20~25 米，载重低于 100 吨。

　　由于定位困难，远洋航行意味着一次特殊的挑战。如同在古典时期，地中海上的船只航行始终以海岸为定位依据，自 13 世纪起，制作越来越精细的领航手册［波特兰型海图（Portolane），即葡萄牙航海图］成为被普遍使用的航海定位依据。此外，自 12/13 世纪起，人们还使用指向北方的磁罗盘、海图和简单的航海日志来确定方位。按照精确的地理长度和宽度确定地点和线路的定位方法非常重要，然而长久以来这都是一个几乎无法逾越的问题。知名的带有角度刻度的瞄准装置（如四分仪和星盘）以星辰和太阳为定位依据，却无法测出地理上的长度。因此，必须要赞美勇敢的航海家们在 15 世纪取得的成功，这是航海技术和导航技术上的成功。

230

　　葡萄牙人之所以能够崛起为领先的航海民族，总体上与恩里克王子（生于公元 1394 年，卒于公元 1460 年）的影响有联系。恩里克王子是葡萄牙国王若昂一世（Johann I.，1385~1433）的次子。"航海家"这个光荣的称号不能掩盖以下事实，即王子早年在北非的探险之后根本就没有出过海，而仅仅是计划并资助了他的船队的探险考察。据说他建立了萨格里什航海学校（Seefahrerschule von Sagres），并将其作为一所海军学院提供系统化的培训项目——这种说法在留传下来的史料中根本找不到可靠的支持。但可以确定的是，恩里克通过高额的资金配给笼络了一批专家，安排他们收集地理和海

洋信息并命人制作地图和仪器。[104] 理想化的恩里克的形象主
要是由人文主义宫廷史官们塑造的，比如戈梅斯·埃亚内斯·
德祖拉拉（Gomes Eanes de Zurara，卒于公元 1474 年）、
若昂·德·巴罗斯（João de Barros，卒于公元 1570 年）、达
米昂·德戈伊斯（Damião de Góis，卒于公元 1574 年）。他
们基于对种种功绩的了解进行写作，而他们的主人公作为天才
的预见者登场。

在相关史料描述该过程时，人们忽略了海上航行的陷阱和
许多令人困惑的挫折，也忽略了冷静的经济计算。在达米昂·
德戈伊斯的回忆中，恩里克从一个大无畏的王子变成了学问爱
好者。他并非"像之前传言的那样通过神圣的灵感来行动"。
"他通过学习和研究获得的知识和经验才是进行一项如此庞大
的任务的唯一前提条件。"达米昂·德戈伊斯写道，墨涅拉俄
斯（Menelaos）自特洛伊通过直布罗陀海峡，迦太基船长汉
诺（karthagischer Kapitän Hanno）"沿非洲海岸线几乎航行
到昼夜平分之线"，腓尼基人穿过红海绕行非洲直到进入直布
罗陀海峡——这些成功的航行案例给了恩里克向新世界起航的
关键的推动力。代替纯粹的神圣灵感的是与 1567 年达米昂·
德戈伊斯发表的编年史同时期流行的希罗多德（Herodot）、
斯特拉波（Strabo）、普林尼（Plinius）、科尔奈利乌斯·奈
波斯（Cornelius Nepos）、蓬波尼乌斯·梅拉（Pomponius
Mela）的著述。这种近代的解释策略与 15 世纪前数十年的观
点无关。[105]

葡萄牙人在 1418~1425 年殖民马德拉群岛，而又在
1427~1452 年殖民亚速尔（Azoren）。恩里克获取加那利群
岛的企图在卡斯蒂利亚当地民众的反抗下失败了，1437 年对
丹吉尔（Tanger）的出击又再次以失败告终；同时，自 1422
年起沿着非洲海岸航行的船队向着南方越行越远。恩里克的宫

廷史官们认为，引领王子行动的是他对荣誉的渴望以及寻找基督教同盟者的想法，是了解穆斯林敌情的渴望以及基督徒的传教使命。然而，1443 年以来这位"航海家"获得的各种特权却揭示了另一种事实，即王子的航海行动是为了垄断大西洋贸易，是为了巩固奴隶贸易，是为了征服和获得财富。

1434 年，在经过坚持不懈的努力之后，一项非同寻常的重要成就由船长吉尔·埃阿尼什（Gil Eanes）取得：绕航非洲西北海岸［今天的西撒哈拉（Westsahara）］上的博哈多尔角（Kap Bojador）。此前这座地标一直被认为是不可逾越的障碍。德祖拉拉后来在他的编年史中记载了海员们当时的不安："因为他们面对的是某种完全未知的事物。这个事实与那些存在于西班牙海员之间的、父子代代相传的古老的传说相混合。尽管它们显然是错的，但是这样的想法看起来还是有些恐怖：万一它们（指传说）被证明是真的，会发生什么呢？另外，让人十分迟疑的是，谁应当在这样一场冒险中第一个去玩命呢？海员们说：'我们应当怎样跨过我们的祖先建立的边界呢？''如果我们丢了魂还丢了命，对这位王子有什么好处呢？那我们就像自杀者一样了！'……海员们又说：'很明显，这个角的另一边没有人，那里无人居住，那块地上的沙子不比利比亚（Libyen）荒漠上的少。那里没有水，也没有树或者绿色植物。而且海这么浅，距离陆地一里格（Legua）①的地方都没有一英寻（Faden）深，但此地的海浪却那么强，以至于那些曾经经过这个角的船没有一艘能够返回。'"[106]

绕航博哈多尔角，即等于超越了古人在思想和世界认知方面的障碍，此时，航行持续地向南推进且越来越远。恩里克

② 里格（Legua）是欧洲和拉丁美洲一个古老的长度单位，一里格通常为 3 英里或 3 海里。——编者注

232

王子早已计划绕航非洲直到抵达印度——这一点是他后来才声称的。无论如何，他激励了他的船长们不断地做出新的努力。1441 年，葡萄牙的船队抵达博哈多尔角，并在金河（Rio de Oro）抓到了第一批奴隶。德祖拉拉编年史中的文字反映了遮掩有利可图的人口贸易的虔诚的面纱："船队回到我们王子的身边，带来了抓到奴隶的消息——我在叙述此事时，无法抑制某种振奋的情绪。……哦，神圣的王子，当你获知财富的数量与你之前为了达到这种目的而付出的同样多时，或许此时你的愉悦欢喜在表面上产生了贪婪的假象？现在你看到了得到回报的希望，我们难道不应该认为，你因被抓的人数而感到的欢喜的程度不及你因胸怀赢取更多成就的希望而感到的欢喜？微不足道的财富利益，肯定不是你高尚的心灵真正向往的！……你的欢喜仅仅出自你神圣的目的……，即拯救那些迷失在异教中的灵魂。……这对他们（指被抓的奴隶）来说是更有益处的，虽然他们现在不得不接受某种外表上的征服；鉴于他们的灵魂已得到拯救，被征服只不过是小事一桩。现在他们的灵魂永远获得了真正的自由。"[107]

234

有如此成就的航海带来了能产生效益的资金，于是恩里克王子不得不与日益增长的竞争相抗衡，尽管他有 1443 年国王赐予的博哈多尔角以南的勘察垄断权。在他去世的 1460 年，非洲海岸直到塞拉利昂（Sierra Leone）的广大区域都被考察过。1456 年意大利商人发现了佛得角（Kapverdische Inseln）。为了实现更远的海上航行，葡萄牙人在 1452~1456 年凭借三条教宗的教谕确保了他们的扩张区域。以"Romanus Pontifex"开头的名称命名的教谕（1455）受到东方基督徒丢失君士坦丁堡的影响，教宗以一项西方人的征服计划来回应葡萄牙人的请求。带着与想象中的远在东方的基督徒结盟的希望，国王阿方索五世和恩里克王子接受了打败穆斯林和异教徒并使之臣服为奴的任务。为了确保这些任务顺利进行，教宗禁止了其他所有基督教君王在大西洋区域的航海、贸易和征服活动。这个关于垄断合法化的文件在外国使节的见证下在里斯本主教座堂（Kathedrale von Lissabon）隆重颁布。1456年，教宗卡利克斯特三世（Calixt Ⅲ.）在他的教谕"Inter cetera"中将新地区的教会组织权转让给了一个由恩里克王子领导的骑士团——葡萄牙基督骑士团（der portugiesische Christusorden）。

国王阿方索五世于 1471 年征服了丹吉尔以及更多位于非洲北海岸的地点，此外，1469~1475 年，他将非洲南部的开发权租借给了来自里斯本的费尔诺·戈麦斯（Fernão Gomes），规定他每年"发现"550 千米新的海岸线。这种模式的发展进一步导致王室对于黄金、奴隶、胡椒和象牙的垄断，并且以极小的投入就能获得丰厚的收入。1471 年，在今天的加纳（Ghana）发现了阿散蒂人（Aschanti）的黄金贸易，并在此处于 1482 年建立了要塞——埃尔米纳（Elmina）。不久，大量的纯金从几内亚（Guinea）流向葡萄牙。1475 年，葡萄牙的船队跨越赤道，并到达今日的加蓬（Gabun）。

国王若昂二世（Johann Ⅱ., 1481~1495）时期，印度作为航行的实际目的地和利润丰厚的香料贸易入口变得更加重要。这位国王以三种方式探索路线：第一，驶向南大西洋的远洋船次更加密集；第二，发现刚果河（Kongofluss）后，开辟一条横贯非洲的道路，但考虑到该大洲的实际宽度，这被证明太过艰难；第三，国王于 1487 年派遣两名装扮成穆斯林的密探，途经开罗至印度和埃塞俄比亚。人们相信信仰基督教的尼古斯（Negus），即埃塞俄比亚的统治者就是祭司王约翰。佩罗·达·科维良（Pero da Covilhã）实际上抵达了印度的马拉巴尔海岸，并途经波斯湾和今天的莫桑比克

235

（Moçambique）返回了开罗。1490 年他向葡萄牙宫廷提交了一份详尽的报告，并鼓起勇气绕航非洲。其间，他替代那位死去的同僚驶往埃塞俄比亚，并在此地被软禁数十年之久。

在南大西洋，迪奥戈·康（Diogo Cão）曾抵达刚果（Kongo），并被认为于 1485 年抵达了今天的纳米比亚（Namibia）。为了证明葡萄牙人来过此地，他在各个海岸点竖立了带有十字架的纹章柱，上面刻有铭文："自创世以来已有 6685 年。自基督降生以来有 1485 年。高贵荣耀的葡萄牙国王若昂二世命令他的骑士迪奥戈·康在此立发现碑。"[108]

"发现"刚果导致葡萄牙人与姆班扎刚果［Mbanza Kongo，在今天的安哥拉（Angola）最北部］的土著统治家族之间不寻常的接触。1490 年，葡萄牙人开始在此地传教，1506 年受洗的酋长之子——阿方索（Afonso）确立了自己的统治者地位。在送往里斯本的信件中他说明了目的，即在基督教的帮助下将葡萄牙文化在自己的王国中巩固下来。为此，他在 1508 年将儿子送往葡萄牙学习。教宗利奥十世（Leo X.）于 1518 年任命他的儿子，即恩里克王子（Dom Henrique）为主教；三年之后他完成了受膏礼。然而，传教和奴隶贸易之间的竞争很快给这种文化移入（Akkulturation）的尝试蒙上了阴影。由此，充满希望的交流逐渐让位给了殖民统治。

一个新的世界

1488 年，骑士巴尔托洛梅乌·迪亚士（Bartolomeu Dias）率领两艘船以非同寻常的方式幸运地完成了绕航非洲最南端的壮举。从今天纳米比亚的海岸出发，他被风暴驱赶着向南行驶了 13 天。若昂·德·巴罗斯后来这样记载了这次伟大的事件："恶劣的天气引起了海上的暴风雨，但在天气好转之后，他们继续向东行驶，想要再次靠岸。因为他们以为陆地还是在南北方向上伸展着，就像他们此前遇到的那样。然而，当他们数日之后仍然遇不到陆地时，他们收起了帆，沿着一条向北的路线行驶，这条路线将他们带到一个海湾。他们将它命名为牧人湾（Bucht der Viehhirten），因为在那里他们看到了许多牛，由它们的牧人牧养。因为当地没有人会说他们听得懂的语言，所以他们无法与当地人对话交流。当地人出于对全新事物的恐惧，将他们的牲口赶往内陆方向，这样一来他们也就无法了解到任何关于当地人的信息了。"[109]

由于船员们的不满，船长无法要求船队继续向前航行，而不得不下令船队返航。巴罗斯写道："从此地动身之后，他们看到了那个庞大的、引人注目的海角，多个世纪以来它一直隐藏着。它的出现意味着，被发现的不仅仅是它自己，同时还有一个新世界（novo mundo dos terras）。由于他们在前往途中遭遇危险和恶劣天气，巴尔托洛梅乌·迪亚士及其随行将这个海角命名为风暴角（das stürmische Kap）。但是，在他们返回葡萄牙之后，国王若昂二世给这个海角起了一个悦耳的名字——好望角（Kap der Guten Hoffnung），因为在经历了这些年的挫折之后，他是多么希望得到通往印度的航线。"[110]

与海员们在非洲的体验相呼应的是欧洲各势力之间的政治商讨。葡萄牙与西班牙各王国之间持续的竞争迫使教宗进行调解，并产生了两个意义重大的条约。在这两个条约中，最近"发现"而尚待开发的世界被瓜分殆尽。1479 年，《阿尔卡索瓦什—托雷多和约》（Friedensvertrag von Alcáçovas/Toledo）对卡斯蒂利亚王国中各方围绕以撒贝拉女王（Königin Isabella）之位的继承权的争端进行了调解。葡萄牙国王阿方索五世放弃了他对于卡斯蒂利亚王位的主张，作为补偿，他获得了博哈多尔角以南的所有土地和水域的宗主权。只有加那利群岛仍在西班牙的统治之下。受西班牙双王夫妇的委托，克里斯托弗·哥伦布向西的远洋航行修正了东西走向的贸易路线，并使得对扩张区域进行新的划分成为必要。在教宗亚历山大六世（Alexander Ⅵ.）的调解下，《托尔德西里亚斯条约》（Vertrag von Tordesillas）于 1494 年制定了一条南北走向的葡萄牙王国与卡斯蒂利亚王国的分界线，这条线在佛得角以西 370 海里（约合 685 千米）的地方。当时谁也没有料想到，因为早期的边界划分，巴西后来落入葡萄牙之手，美洲及其他地区落入西班牙之手。当这条线越过极地进一步延伸时，引发了葡萄牙与西班牙围绕摩鹿加群岛（Molukken），即位于今天印度尼西亚（Indonesien）的香料群岛（Gewürzinseln）的冲突。16 世纪，葡萄牙与西班牙之间围绕该群岛的归属权问题发生了强烈的争议。

在阿尔卡索瓦什和托尔德西里亚斯达成的条约意味着伊比利亚诸王国之间对新世界的划分达成了一致意见。由此，葡萄牙和西班牙的殖民扩张在方向上保持着长期有序的发展。但是很快就参与到殖民扩张中来的欧洲其他王国，却不愿再承认这些协议中的安排。然而，这些产生于全球殖民化初期阶段的分界线直到 18 世纪才被正式废除。

达伽马的时代

238

在葡萄牙国王曼努埃尔一世（Manuel Ⅰ.）（1495~1521）的资助下，瓦斯科·达伽马率领的船队于 1498 年抵达印度的科泽科德。[111] 当欧洲国家庆祝 1497 年的圣诞节的时候，他们尚在非洲南部的纳塔尔（Natal）。1498 年 3 月，这支小小的联合舰队在莫桑比克闯进了由穆斯林控制的区域。在那里，非洲、阿拉伯和波斯的文化传统互相融合。凭借一位有经验的向导的帮助，达伽马率领的船队成功穿越印度洋，并于 1498 年 5 月 20 日抵达科泽科德。这些初来乍到者在此处不仅感受到了来自贸易竞争对手穆斯林商人的敌意，还意识到了他们缺乏对新事物的认识以及相应的应对技巧。一本详尽的日志记录了葡萄牙人在与印度东道主及其酋长打交道的过程中，在礼仪举止以及谈判技巧方面存在的错误，同样也记载了双方在宗教实践上的种种误解。印度教徒（Hindu）不是基督徒，虽然瓦斯科·达伽马及其随从一开始认为他们是基督徒。海员们几经挣扎才逃离了一场阴谋，无论如何，他们还是带回了一些香料和科泽科德扎莫林王室（Samorim）写给葡萄牙国王的一封书信，信中提议用黄金、白银、珊瑚和精美布匹来换取胡椒、肉桂、丁香、姜和宝石。

仓促的返程由于葡萄牙人缺少对印度洋风向的了解而几乎变成了一场大失败。直到 1499 年夏天，这支队伍才抵达里斯本。尽管远洋航行多次失败，但是这次探险行动不仅证明了航行至印度的可行性，还使得欧洲人产生了对于彼处的财富的渴求。曼努埃尔一世迅速给自己增添了一项满怀希望的统治者头衔，他大胆地将自己欧洲的出身与在非洲和亚洲的前景联系在一起："葡萄牙与阿尔加维（Algarve）的国王，几内亚与征服地的主宰，航海的主宰，埃塞俄比亚、阿拉伯、波斯与印度之贸易的主宰。"[112] 1499 年，他自豪地向西班牙双王夫妇告知这项关于科泽科德的成就："在那里，有各种香料和宝石，它们由船只运来。上述发现者们在此地发现的香料和宝石数量极大。（香料和宝石）从此地运往麦加，然后又从麦加运往开罗，再从开罗散布到整个世界。并且（发现者们）现已取得一些上述产物，具体来说有肉桂、丁香、姜、坚果、胡椒以及其他种类的香料；而且（他们还知道）这些产物的原产地。此外，他们还发现了大片蕴藏金矿的田地。"[113] 这足以让刚刚自认为开辟了通向西印度航线的邻居感到嫉妒。

与此同时，一个从波兰行至科泽科德的犹太人被船队从印

239

度带回了欧洲。在基督教洗礼中，他接受了他教父的名字——加斯帕·达伽马（Gaspar da Gama）。在为下一次冒险做准备的过程中，他被证明是一个知识渊博的线人。由于葡萄牙人 1498 年低估了来自穆斯林的竞争以及印度马拉巴尔海岸发展的形势，他们周密计划了第二次远征，并全力出击。由 12 艘船和多达 1500 人组成的一支联合舰队在佩德罗·阿尔瓦雷斯·卡布拉尔（Pedro Álvares Cabral）的率领下于 1500 年向南航行，并于是年 4 月偶然"发现"了一处海岸，起初它被称为"真十字架之地"（Land des wahren Kreuzes），由此开始了葡萄牙人在巴西的据点的建立。9 月，他们就抵达印度。这一次，葡萄牙人为当地的统治者扎莫林准备了适宜的礼物，然而针对阿拉伯商人的暴力却很快升级。在血腥的冲突中，有 500 名穆斯林死亡，整个城市也被船炮轰击。瓦斯科·达伽马率领的舰队，由 22 艘船组成，对阿拉伯商船实施了目标明确的恐怖行动。在占领对方一艘大船之后，他们挑出 20 个男孩受洗为基督徒，并将剩下的乘客洗劫一空，然后将其活活烧死。

240　　葡萄牙人通过利用印度酋长之间的矛盾以及暴力来实现贸易垄断。由于扎莫林不同意将全部的穆斯林商人驱逐出科泽科德，瓦斯科·达伽马命人在港口前抓捕了当地的渔民和水手，并将他们吊死、断肢；科泽科德则再次遭到炮击。1501~1505 年，葡萄牙共派遣超过 80 艘船和大约 7000 人前往印度，目的是通过暴力活动巩固通往印度的航线，并在那里建立起稳固的据点。1504 年，多艘逃亡的阿拉伯商船被一支刚刚驶出欧洲的联合舰队消灭。随着法兰西斯科·德·亚美达（Francisco de Almeida）于 1505 年被提名为印度副王，在印度西海岸建立长久据点取得了组织上的保障。葡萄牙的这些行动反映了一个清晰的计划：先是巩固东非的各个据点，然后以此为

跳板，征服锡兰（Ceylon）和马六甲（Malakka）。肉桂和
丁香对欧洲的征服者们有魔法一般的吸引力。随着新任总督
（Generalgouverneur）阿方索·德·阿尔布克尔克（Afonso
de Albuquerque，卒于公元 1515 年）在 1510 年对果阿
（Goa）的军事征服，葡萄牙对印度殖民扩张的第一个十年落
下了帷幕。殖民过程中的考察对象也迅速地发生了变化。

进入新世界的西行

克里斯托弗·哥伦布在西班牙双王夫妇阿拉贡的费尔南
多（Ferdinand von Aragón）和卡斯蒂利亚的以撒贝拉的资
助下于 1492 年实现了穿越大西洋的航行，这次航行与葡萄
牙人环绕非洲的印度之旅具有相同的目标。1451 年出生于热
那亚的哥伦布在葡萄牙服役时首次抵达了非洲，他先是向葡
萄牙国王若昂二世陈述了想法。里斯本的宫廷断然驳回了他
的请求，并将全部精力集中在环绕非洲上。而哥伦布却深信，
穿过外海向西航行能够抵达日本。为了证明他的认知的正确
性，哥伦布研究了关于计算地球周长的权威手册，并与佛罗伦
萨的医生、学者保罗·达尔·波佐·托斯卡内利（Paolo del
Pozzo Toscanelli）取得了联系。后者在 1474 年写给葡萄牙
的咏祷司铎、国王阿方索五世的告解神父马丁斯·德·洛里兹
（Martins de Roriz）的一封信中，阐明了关于向西航行至契丹
可汗（Großen Khan in Cathay）的想法："拉丁诸民探访此地
很可能是值得的。在那里，不仅会发现我们的对手们从未染指
的大量的金、银、宝石和香料，而且能遇到智者和高明的占星
家。他们靠着经验和智慧，率领着他们的军队统治着这块壮丽
之地。"[114] 如同其他早期的对于欧洲扩张的见证一样，这类书信
因其来路不明而在真伪方面备受争议。只有在取得伟大成就之
后，人们才更加重视具有开创性的最初构想，而这些想法有时

是后来才写就成文甚至是重新编造的。

越洋计划基于托斯卡内利的一个错误结论，他根据古典时期和中世纪权威们的理论推测出的地球周长太小，而亚洲东部的范围太大。他估算从加那利群岛出发去往日本的行程是3000海里（约合5556千米），哥伦布甚至预计只有2400海里（约合4445千米），而实际的距离达10600海里（约合19631千米）。无人能预想到会出现一个未知的第四大洲，其离岸岛屿大约在人们预想中亚洲东海岸的起点出现。

在那个时代，领先的航海民族葡萄牙人在那里失意之后，哥伦布再次对西班牙双王夫妇游说。他们两人的婚姻使得阿拉贡和卡斯蒂利亚这两个独立王国实现了首次合并。随着对摩尔人的格拉纳达的征服，长达几个世纪的反对穆斯林在西班牙的统治的收复失地运动在1492年初胜利终结。作为葡萄牙的对手，国王费尔南多和女王以撒贝拉同意了哥伦布的提议。1492年春结局不确定的形势也解释了为何哥伦布能从双王夫妇那里为他的探险行动而获得高等贵族的种种特权：身份提升到贵族等级、可世袭的海军上将荣誉、"被发现"之地的副王、累积收益的十分之一份额，以及得到舰队装备八分之一的权利。

哥伦布以微薄的启动资金装备了载有90名水手的三条船：纳奥（Nao）帆船圣玛利亚号（Santa Maria），属于一种较大的船型，排水量100吨，约28米长；两条卡拉维尔帆船，平塔号（Pinta）（排水量60吨）和尼尼亚号（Niña）（排水量50吨）。哥伦布的旅行始于1492年8月3日，从西班牙南部海港城市帕洛斯（Palos）出发，并于9月6日离开加那利群岛继续进发。现在，哥伦布的航海日志起到了对于研究这次航行来说最重要的史料的作用，但同样并非原版，留传下来的仅仅是后来加工整理的。根据这部文本，平塔号上的水手罗德里戈·德·特里阿纳（Rodrigo de Triana）于10月11日~12

日的夜里第一个看到了陆地，哥伦布也注意到了一道光芒。乘坐着一艘武装小艇，这位海军上将及其随从顺利登陆了。随后他们在陆地上遇到了人，这些印度之旅的航行者们将他们称为"印第安人"（Indios）。在他们的语言中，这块被"发现"的岛叫作瓜纳哈尼（Guanahaní）。哥伦布将这个岛屿命名为"圣萨尔瓦多岛"（圣萨尔瓦多意为"神圣的救主"）。在今天看来，西班牙人的登陆地点是巴哈马（Bahama）群岛。

哥伦布以天主教双王旗帜完成了占领仪式："海军上将带着国王的旗帜，两名船长带着两面旗，旗帜上有绿色十字架，这些旗由海军上将作为标志物置于他所有船上，带有字母 F 和 Y；每个字母之上各有一个王冠：分别位于十字架的水平线左右。……海军上将召集两位船长及其他已经登上陆地的人来到自己的面前；同样前来的还有罗德里戈·德斯科维多（Rodrigo Descovedo）——他是舰队的公证人，以及来自塞哥维亚（Segovia）的罗德里戈·桑切斯（Rodrigo Sánchez）。上将说，他们要为他证实，见证他在所有人的眼前占据这个岛屿，他也是以他的主人，即国王和女王的名义做的。"[115]

从圣萨尔瓦多岛出发，他们航行至古巴（Kuba）和海地（Haiti）的北部海岸。1492 年的圣诞节，哥伦布的船队在那里建立了定居点纳维达德（Navidad）。相较于瓦斯科·达伽马后来对于科泽科德的种种印象，哥伦布及其船员对于印第安人以及期望得到财富的初始体验是稍微清醒一些的。在圣玛利亚号沉没后，两条卡拉维尔帆船于 1493 年 1 月返回欧洲。由于强有力的风暴，哥伦布的船队不得不于 3 月在里斯本靠岸，哥伦布在此向葡萄牙国王陈述了他发现"印度"的功绩。由此，伊比利亚王国之间围绕亚洲之旅的竞争拉开了帷幕。哥伦布为他的西班牙双王打开了在西印度的宏大的场景，并将带回来的印第安人作为陈列品展示给他们看。不久之后，他就为

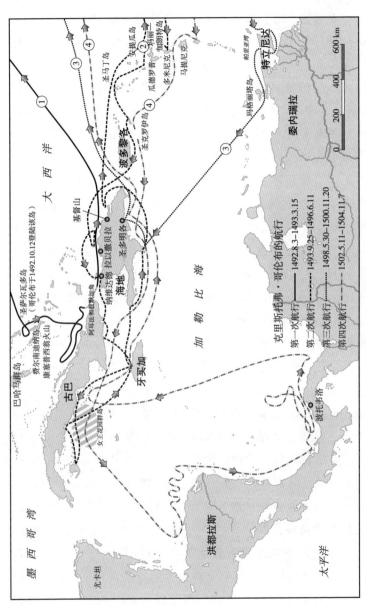

图 12 克里斯托弗·哥伦布的航行 1492~1504

第二次航行组建了一支较之前大得多的舰队，共由 17 艘船组成，人员远远超过 1000 人。这次航行从 1493 年 9 月持续至 1496 年 6 月，哥伦布的船队考察了小安的列斯群岛（Kleine Antillen）、波多黎各、牙买加以及古巴和海地的南部海岸。在此期间，由于西班牙人的内部争端以及与印第安人的冲突，纳维达德逐渐衰落。直到 1496 年圣多明各的建立，欧洲人才开始继续在此定居。欧洲人对黄金、香料和奴隶的巨大的贪欲当然只能部分地得到满足，提供最大收益的还是奴隶贸易。然而，在组织西班牙人定居活动时，这位副王的手腕却失灵了。

有限的利润和各种冲突推迟了哥伦布的第三次航行。自 1498 年 5 月至 1500 年 11 月，哥伦布在今天的委内瑞拉找到了南美洲大陆海岸，并探测到了特立尼达岛和玛格丽塔岛。第四次航行自 1502 年 5 月开始一直持续到 1504 年 11 月，途径当时被认为是中国的古巴，并到达了今天的洪都拉斯和巴拿马（Panama）所在的中美洲海岸。哥伦布未能像他在 1492 年的第一次向西航行中所承诺的那样取得成功。直到他于 1506 年去世时，他仍然坚信他到达了东亚。

第四块大陆后来并未以它的第一个"发现者"命名，而是以佛罗伦萨人亚美利哥·韦斯普奇（Amerigo Vespucci，卒于公元 1512 年）的名字命名。人们对于他的表现看法不一，他到达中美洲和南美洲的旅行到底是真实发生的还是杜撰的，这一点存在争议。他写给美第奇家族（Medici）的关于"新世界"（Mundus novus）的报告多次被印刷并被翻译成其他文字，使人们逐渐意识到他来到了一个新大陆。马蒂亚斯·林曼（Matthias Ringmann）和马丁·瓦尔德泽米勒在他们于 1507 年出版的《宇宙学入门》（*Einführung zur Kosmographie*）一书中以亚美利哥命名这块大洲："现在这些大洲已经被全面地考察过了，而第四大洲已由亚美利哥·韦斯普奇……发现。

我不知道，假如有人有理由对以下陈述表示反对，那么理由会是什么：将这个大洲叫作亚美利支（Amerige），即亚美利哥之地或者亚美利加（America），以纪念它的发现者亚美利哥，一个聪明睿智的人。欧洲和亚洲也都是以女性命名的。……于是，地球以分为四块而为人所知，前三块是大陆，第四块是一个岛，因为我们已经看到，它四面都被海洋包围。"[116]

16 世纪前十年，第四块大陆强有力地挤进了地图学领域。由此，它最终打破了古典时期关于三大洲的世界认知及其在中世纪的发展，即三大洲是诺亚三子的遗产这说法。15 世纪，欧洲的航海家们已经根据实践经验重新绘制了世界的图景。与之前的想象相反的是，人们不得不重新考虑非洲的长度和宽度，亚洲的地理位置也需要更精确的测定，而美洲则完全不符合留传下来的知识体系。

斐迪南·麦哲伦（Fernão de Magalhães）于 1521 年的环球航行提供了强有力的证据：欧洲人能环绕整个世界！航海家们在 15 世纪的起航还基于中世纪传统。在很长一段时间里，新的观察结果只能通过对留传下来的认知加以改进来得到解释。当实证经验带来的认知迫使人们对此做出全新的解释时，古人对于世界的认知发生了剧烈的变化。起初，中世纪边境体验的阴影依然笼罩着欧洲人的起航。然而，当葡萄牙人和西班牙人在非洲的埃尔米纳、美洲的圣多明各或印度的果阿扎下根基时，他们的外出劫掠也改变了他们自己的大洲。殖民主义的发展是如此的活跃，以至于旧有的秩序很快就被颠覆。16 世纪末，欧洲自豪地以地上女王自居。

第三章

1500 年前后的欧洲

　　谁若是对整数年抱以很高的期望，那么他就要失望了。诚然，1500 年也有大事发生。从今天的视角来看，甚至可以辨认出指向过去或者未来的有趣的联系。卡布拉尔在遥远的巴西登陆，炮击印度的科泽科德，这两件事后来甚至也改变了欧洲的面貌。巴尔托洛梅乌·迪亚士在发现他的新世界——好望角12 年之后死于一场南大西洋的海难，可以说这标志着中世纪非洲考察的终结。几年之前，马丁·贝海姆（Martin Behaim，卒于公元 1507 年）将三大洲的古老模型以三维形式描绘在一个球体之上，而不再以二维形式绘于地图之上［现藏于纽伦堡日耳曼国家博物馆（Germanisches Nationalmuseum）］。他的这个"贝海姆地球仪"（Erdapfel）帮助人们产生了对于地球新的理解。随着人们地理和天文知识的不断增长，此后不断出现了新的地球仪和天球仪（Himmelsglob）。

　　罗马教会依旧约传统将 1500 年定为禧年，这是它的第八个禧年。始于 1300 年，至今仍吸引着一代又一代人去罗马朝圣的这个传统，是由教宗保禄二世（Paul Ⅱ., 1464~1471）确立并推广的。后来每过 25 年庆祝一次禧年。在此之前，只有去过罗马圣伯多禄大殿的朝拜者才能从他们虔诚的朝圣之旅中得到完全的赦免，而此后朝拜罗马四大圣殿或者基督教世界中其他每一个大教堂的朝拜者都能得到赦免。教会按照人类的表现越来越慷慨地分发上帝的恩典。教宗亚历山大

248　六世（1492~1503）于 1500 年确立了罗马各特级宗座圣殿（Patriarchalkirche）中圣门打开和关闭的庆典仪式。当时，纽伦堡制图家爱尔哈特·埃茨劳勃（Erhard Etzlaub）印制了一幅地图，从而为朝圣者的旅行提供帮助。在这幅地图上，所有的道路都通向罗马，无论是南方的那不勒斯、北方的维堡（Viborg），还是西方的布鲁塞尔（Brüssel）、东方的克拉科夫。中世纪的印刷术"发明"不到 50 年就已经使得如此实用的大众产品在市场上流行。

1500 年 2 月 24 日，后来成为皇帝的查理五世降生在根特（Gent）。他的统治改变了帝国的命运，因为他将中世纪的罗马与新的西班牙世界帝国相结合，并由此冲出了欧洲的边境。查理五世统治着一个日不落帝国。然而，西班牙征服墨西哥（Mexiko）和秘鲁（Peru）的光辉都无法掩盖在欧洲中心发生的对天主教的摒弃。年轻的皇帝虽然信封正统的天主教，但已经不能再驯服反对教宗权威的宗教反抗势力。1521 年，言辞确凿地在沃尔姆斯议会（Wormser Reichstag）上反驳他的统治者的宗教改革者马丁·路德（卒于公元 1546 年）仅仅是其中一个。宗教和政治变革之风已经席卷欧洲，且已无法阻挡。教宗在拉丁礼基督教世界中的霸权地位在欧洲各势力扩张到全世界之后很快就陨落了，而它们对外扩张的合法性还是从教宗的教谕中获得的。

在诸侯和各等级贵族中、在学者以及平民中酝酿着反抗教会的力量，他们大肆地批评罗马教会的弊病，并与个体的抗辩相结合。马丁·路德曾将自己作为一个有罪的僧侣而鞭笞到流血，而后他仅仅凭着恩典，仅仅凭着信心，仅仅通过经文便找到了他个人通向上帝的道路。宗教改革简明扼要的语言十分具有颠覆性，因为它否定了旧传统和中间媒介，并超越了所有人类的权威而唯独仰仗上帝的话语。个人无须圣人和神职人员

的帮助就能来到他的创造者面前。善行、购买赎罪券、追随规
则、重视等级制度——所有这些都不再有帮助,而仅仅是过去
的事了。单单是恩典、信心、《圣经》就能使人与上帝同在。²⁴⁹
16 世纪初的这场宗教反抗可以这样描述:对新约中使徒保罗
的恩典神学的再发现,建立在中世纪楷模的基础上,即 14 世
纪的约翰·威克里夫以及 15 世纪的扬·胡斯对教会的颠覆性
理解。他们在各自的著作中已经对官方教会的权威和等级制度
提出了质疑。实际上,16 世纪宗教改革正是由于诸侯和贵族
等当权者愿意与罗马教宗断绝关系并建立属于自己的新教地区
教会才得以成功的。

可是,对自我和上帝的兴趣夸大了 1500 年前后人心思变
的氛围。即使欧洲诸势力扩张到了全世界,即使旧权威动摇
了,即使天与地的图景都发生了变化,欧洲也依然在其原有的
社会和经济轨道上运行。生命的耐久性覆盖了新产生的宗派对
立或者旧世界观的变化。因此,在 1500 年前后的欧洲,与数
百年前一样难以作为一个整体来理解。在网罗与分离的张力结
构中,凸显的不是同质化,而是碎片化。对经济、社会以及文
化变革的描述旨在捕捉这种复杂性,但毫无方向。

未形成的欧洲经济共同体

城市化的出现与发展自 13 世纪起使欧洲的生产和贸易发
生了重大改变。¹ 除在有限的空间内赚得个人的需要之外,还
出现了复杂的贸易网络,促进了专业分工和资本积累。相较
于意大利沿海城市、西欧会展城市或者北欧汉萨同盟城市的财
富——这些财富突出反映在令人印象深刻的物质遗产和文字记
录中——在乡村地区持续存在的诸多限制就很容易被忽视。

在乡村地区,尽管人们付出了艰辛的体力劳动,但物资匮²⁵⁰
乏仍是生活的常态。本来就微薄的农作物产量由于气候的恶化

或者变化而受到影响。而战争和世仇对立往往不升级为直接的军事冲突，而更多地反映在摧毁对方的经济基础，即农田和收成上。此外，农民们本来就微薄的农业利润还要交出很大一部分。虽然在传统的庄园中，农役劳动越来越多地被固定的实物赋税以及后来的货币赋税所替代，但所有这些偿付对于农民来说都是持续的重担，不管是物质上、法律上的，还是象征意义上的。庄园领主（Grundherr）对农奴基本生活的控制一直存在。为了结婚，农户们需要获得婚姻许可，而且如果是与其他统治联盟的农户联姻，他们还需要花高价才能买到许可。庄园对于农奴个人部分遗产（最好的肉——圈中最好的牲畜，最好的衣——家中最好的衣物）的所有权也持续到了中世纪之后。

然而，来自农村地区的稀少记录（大部分是财政记录）表明，中世纪后期，瘟疫灾难之后的人口缩减、货币经济对农业赋税制度的渗透以及市场对农业生产日益增长的引导作用，都带来了重要的缓和。然而，把中世纪晚期说成是农民的黄金时代会误导大多数人。实际上，从经济转型中获益的主要是乡村的精英或者中产阶级。随着农村社会动荡的加剧，他们也提出了种种要求，甚至对制度提出了质疑："亚当耕而夏娃织，此时贵族老爷在哪里？"[2]

251   尽管在1500年前后，大部分人居住在乡村，但持续的城市化进程却是不可阻挡的。在14世纪的那场瘟疫灾难中剧烈减少的城市人口，在1450~1550年又重新创造了新的纪录；城市人口的大幅增长源于乡村人口的迁移。食品价格和工资之间的关系进一步提升了城市的吸引力。在14世纪和15世纪，谷物的价格相对于手工业者的工资来说越来越低廉，虽然存在显著的地区差异。直到15世纪末，这种价格—工资剪刀差才开始重新减小。

在大多数的经济史中，由于缺少文字记载或者中世纪考古证据不充足，占欧洲人口大多数农民的生活境况往往被遗忘。广泛的商品流动、货币交易的发展、银行与兑换业务、城市手工业、奢侈品贸易、纺织品贸易、金属制品贸易、冶金业的蓬勃兴起，利用水力和风力取得能源的新方法——这些才是 15 世纪经济的各大主题。

当时，意大利沿海城市的贸易网络跨越地中海和黑海，远至亚洲和非洲，并与北海和波罗的海的汉萨同盟的经济体系相连。法国、弗拉芒地区和德意志的会展城市及会展系统为远程贸易者之间的生意往来创造了接触区域。而作为新枢纽的美茵河畔法兰克福和安特卫普是其中的佼佼者。纽伦堡商人将贵金属和有色金属以及来自东方的货物运向法兰克福，以便在此处购入与东方进行贸易所需的布料。在 15 世纪的布拉班特会展上——在此，安特卫普发展成为名副其实的世界贸易中心——葡萄牙商人带着非洲和亚洲的货物亮相，并购买英格兰和弗拉芒的布匹、北德意志的金属产品。

然而，一个一体化的经济空间却没有形成，因为各地区之间的差异依然是巨大的。被追捧的来自亚洲的奢侈品（香料）以及来自欧洲特殊的文化奢侈品（丝绸、天鹅绒、玻璃、手工艺品）的毛利非常高，然而谨慎的汉萨同盟的商人们却算了另外一笔账。在连接诺夫哥罗德、吕贝克、汉堡、伦敦和布鲁日的贸易路线上，他们大部分时候在运送廉价的大宗货物，比如谷物、鱼或者纺织品，这些货物因其体积和重量之大而产生了相当高昂的运输成本。维京胡森家族（Veckinchusen）在 1402~1411 年从俄罗斯购入了大约二百万件皮草。同时作为交换，他们将布料、盐、鲱鱼和贵金属运送至东方。其中的贸易利润率平均来说在 15%~20%（具体到细节有很大的波动）。由于航海中的风险和持续存在的政治冲突，贸易商人们需要精打细算和制订长远的计划，[3] 这就催生了一种有别于威尼斯或

252

热那亚的商人的心态。

　　贸易的前提条件是有一个建立在对白银或者黄金信任的基础上的正常运转的货币经济。[4] 因此，铸币上的种种变化和一种非现金支付方式的发展反映了中世纪的经济状况。13 世纪和 14 世纪的世界经济扩张得益于更大面值银币的铸造和具有更高购买力的金币的推出和广泛接受。然而，14 世纪非洲黄金的供应量下降，而本来产量就有限的匈牙利无法弥补这个缺口。在意大利北部和中部、撒丁岛、克恩顿（Kärnten）、哈茨山（Harz）、厄尔士山脉（Erzgebirge）、波希米亚、摩拉维亚和匈牙利曾一直高产的白银开采业几乎陷入停顿。由于矿井中的管涌问题以当时的技术难以克服，向更深处的掘进未能取得成功。这使得欧洲的钱币生产迅速萎缩，这种状况一直持续到了 15 世纪中叶。对于倾向于产生赤字的欧洲经济来说，这将导致越来越多的钱币从欧洲流失，流向亚洲或者非洲的贸易伙伴手里，同时金属含量高的钱币被更劣质的钱币取代。在 1356/1357 年，法国学者尼克尔·奥里斯姆（Nicolas Oresme，卒于公元 1382 年）就已完成一篇关于钱币的论文（De Moneta），他不顾诸侯武断的操控而要求单单为了公共利益而进行铸币。1510/1512 年，布伦瑞克（Braunschweig）的关税书吏赫尔曼·伯特（Hermen Bote）在他的文章《出自羊皮卷》（Van der pagemunte）中明确指出，当前的钱币政策要为社会的不安定负责，这是一篇早期的关于货币稳定与满意程度之间关系的有洞察力的文章。

　　欧洲对贵金属的渴求直到 1460 年之后才重新得以满足，此时技术革新给采矿业带来了一次巨大的提升。[5] 借助复杂的排水系统［"水之技艺"（Wasserkünste）］，此时人们在矿山中能够将矿井钻到 400 米深。此外，还有新的冶炼技术应用到铸币当中，即借助铅来提炼铜和银［"垂直法"

（Saigerverfahren）]。采矿业的迅猛发展只有通过巨大的资金投入才能实现。采矿新技术的应用虽然有巨大的风险，但是为矿石和金属产品的销售提供了无法估量的利润前景。勇敢的家族，比如富格尔家族（Fugger）以令人印象深刻的方式利用了这一点。在 1470~1520 年，欧洲的白银产量翻番。当时在蒂罗尔（Tirol）、厄尔士山脉、上普法尔茨（Oberpfalz）、锡根地区（Siegerland）以及瑞典的基律纳（Kiruna）的周边都出现了繁荣的冶金景观。危险的地下开采业利润可观，这使得大量矿工成为靠工资为生的人，而不断地开辟新隧道也催生了一门真正的冶金学，这方面的专家往往有着高额的报酬。格奥尔格·阿格里科拉（Georg Agricola，卒于公元 1555 年）在意大利进行研究和逗留期间，以及在萨克森和波希米亚的厄尔士山脉长途旅行之后，在他关于金属学的著作《论矿冶》（*De re metallica*）中总结了新的知识。

对贵金属的贪欲也解释了欧洲人向新世界野蛮扩张的原因。尽管取得了一些成功，但不应高估起初的黄金和白银进口量。从阿兹特克人（Azteken）或者印加人（Inka）那里抢来的宝藏一开始让西班牙人眼花缭乱。然而，直到 16 世纪墨西哥和秘鲁的大量白银储备被开采后，西班牙人才获得了渴望已久的源源不断的银矿资源，但这也未能阻止西班牙的国家破产。

15 世纪末以来，大量可用的白银有力地促进了铸币业的发展。1472 年，威尼斯开始铸造银币。自 1486 年起蒂罗尔，随后不久厄尔士山脉也开始铸造大面额银币。这些银币的价值相当于一个莱茵金古尔登（rheinischer Goldgulden），便于支付大量货物的交易。自 1519/1520 年起，圣约阿希姆斯塔尔 ［St. Joachimsthal，即今天的亚希莫夫（Jáchymov）和捷克（Tschechien）］铸造的钱币采用了后来广为流传的币名"塔

254

勒"（Taler）。后来该新币名演变成了现在的"元"（Dollar）。

由于钱币携带数量大，贸易距离远，用钱币支付变得越来越困难。于是意大利远程贸易者们早在 12/13 世纪就将他们的货物运输与兑换交易联系起来。对现金的放弃以生意伙伴之间高度的信任和可靠性为前提，而由于当时物流业并不发达，这种交易方式得到了迅速发展。起初，领先的银行家来自锡耶纳和佛罗伦萨，他们维持着整个欧洲内银行业的发展。货币交易与货物交易常常与包税制、信用贷款捆绑在一起。佛罗伦萨的美第奇家族、奥格斯堡的富格尔家族及布尔日（Bourges）的雅克·柯尔（Jacques Cœur）等成为 14 世纪至 16 世纪的主要投资者。在这个层面之下，还发展了多种多样的私人兑换者或者银行家。他们的生意在货币经济发达的地区迅速发展了起来，但是由于中世纪后期贵金属的稀缺，在货币经济危机时期账目被洗劫的情况也导致他们频繁破产。因此，在巴塞罗那、巴伦西亚、热那亚等城市建立了公共兑换所。15 世纪下半叶，在方济各会的倡议下，意大利和西班牙不仅在城市，而且在农村建立了公共当铺（Monte di Pietà），以便以适中的利率购买种子。

善于经商的人们首先必须绕过《圣经》中关于暴利和利息的戒律。这种戒律会阻止每一笔以盈利为目的的贷款。教会以耶稣的话语对此三令五申："你们既要爱仇敌，也要善待他们，并要借给人钱财而不指望偿还，你们的赏赐就必大了，你们也必作为至高者的儿子；因为他恩待那忘恩的和作恶的。你们要慈悲，就像你们的父亲一样。"（《路加福音》，6：35~36）然而，仅依靠基督教的爱的信条已无法控制分化经济中的资金流动。第四次拉特朗大公会议中一段关于犹太人放贷生意的文字固化了一种刻板的印象："基督教徒越是在放贷生意上克制自己，犹太人就越发在这方面寡廉鲜耻，于是他们在短时间内抽干了基督徒的财产。"[6] 犹太金融家几乎是迫于基督教环境而从事借贷业务的。考虑到基督徒债务人一贯欠钱不还，犹太人设定的高额利息常常只能勉强抵消亏空的风险。然而，对犹太人高利贷生意的不断控诉无法掩盖这样的事实，即实实在在有利可图的货币生意早已通过巧妙的转移策略落入了基督徒的手中。

对自由的渴望

在那个时代，从小农的赋税到诸侯的赎罪，一切都以金钱衡量清算，但同时也存在例外。在欧洲许多地方，14 世纪和15 世纪是为了获取权利和自由[7] 而斗争的时代，也是充满暴力和肢体冲突的时代。不仅统治者和各等级贵族在王国和公国中不断协商权力关系和边界，在城市和乡村地区，社会危机也一再出现。如何用恰当的术语来描述这些对传统秩序模式的攻击，论争已久。这些冲突是革命、反叛、内战、行会暴动抑或是农民起义？与 18 世纪至 20 世纪的大规模革命不同，在大多数情况下，这些冲突的目的不是推翻现有秩序，而是为了自身的有限利益而改变现状。许多反抗赋税加重的农民暴动就以此为目标。他们的发言人要求归还旧时美好的——时常也是模糊的——法律，因为他们认为由于庄园领主的狂妄，如今的法律已经被掺水或者篡改。直到 16 世纪，农民的要求才与宗教改革的学说捆绑在一起，这些学说认为基督徒拥有来自上帝的自由。然而，既有的社会结构只在极少数情况下才被质疑。颠覆性的要求对当时人的影响是有限的，只是在后来的社会学说中才更清楚地得到了赞赏。在 15 世纪，所涉及的并不是抽象意义上的自由，而是非常具体的自由：免于压迫的自由、免于赋税的自由、免于义务的自由。几十年以来，对于等级社会中骚乱的研究力度不断加大，这些研究区分了作为反抗组织者的城

256

乡中产阶级与作为大量追随者的下层阶级。

在城市中，反叛的目的也往往是让新崛起的社会群体参与城市管理。在城市社区中，市政委员会作为对抗旧有城市领主的市民代表委员会在 12/13 世纪已发展成形。它由先前的封建官员和富有的商人组成，但很快就自我封闭起来，不允许作为手工业者联盟或者小商人联盟的行会参与城市的政治决策。14世纪和 15 世纪，行会的抗议针对的就是这种寡头政治。

血腥的城市内战带来了种种新秩序。在个别的城市中，城市新贵保住了自己的地位，在另外一些城市中，新贵被行会完全地取代，在政治上逐渐边缘化。市政的管辖权或者市长之位常常被新贵与行会瓜分。委员会的构成频繁发生变化。源于长期社会变革的持续动荡席卷了城市社区和乡村社区。因此，人们倾向于将中世纪末描述为危机时代。虽然由于瘟疫和战争给14 世纪的欧洲带来了巨大冲击，危机这个概念是恰当的、合适的，但是我们还是想回避这种时代的标签。因为持续数十年甚至两个世纪的长期危机已不再具有任何解释矛盾的尖锐化的价值。

虽然围绕参政权的斗争是社会史上的一种泛欧洲现象，但是斗争的发展情况和结果却显著不同。在意大利和德意志，独立的城邦大大地规避了国王在财政和政治上的处置权，而这种形式无论在俄罗斯还是法国都不存在。在经历了百年战争的摧残之后，法国的统治者们确保了城市依附于君主。一个好城市的王室名誉头衔（"bonne ville"）很好地描述了这种良好品行的特征。

虽然无法对地理偏远区域的反叛蓄积找到明确的解释，但是这些密集出现的反叛活动却是引人注目的。1340~1390 年的数十年被认为是德意志城市中行会斗争的高峰期。在西欧、南欧和中欧，1378~1385 年，无论是在城市还是在乡村都出现了大规模的反叛活动：佛罗伦萨的梳毛工起义（1378 年）、英格兰的瓦特·泰勒农民起义（1381）、法国南部的图尚抗税运动（1381~1384）、巴黎的铁锤起义（1382），阿拉贡的农奴起义（1350~1415），此外还有发生在但泽（Danzig）、吕贝克、布伦瑞克和根特等地的城市起义。引人注目的是起义数量的增长：在神圣罗马帝国，在农村地区，14 世纪发生了四场起义，而在 15 世纪上半叶发生了 15 场起义，在 15 世纪后半叶更是有 25 场起义。此外，卡斯蒂利亚在 1391~1476 年共发生 16 场起义，神圣罗马帝国在 1301~1500 年约有 150 场起义，但这些起义的范围划分并不精确，也不够完整。

在西欧，英格兰与法国统治者为了争夺法国王位继承权而进行的百年战争带来的惶恐感，加剧了城市和乡村的动荡。这场战争一再暴露了君主制以及整个封建秩序的危机。1356 年，法国人在莫佩尔蒂 / 普瓦捷溃败，法国国王约翰二世沦为英格兰人的囚徒达数年之久，此后，巴黎布商埃田·马尔塞（Étienne Marcel）领导发动了反对贵族管理不善的斗争，这场斗争既是阶级斗争，也是城市斗争。巴黎人 1357/1358 年的起义不以君主制为目标，初期他们倾向于支持王位继承人查理五世，由此，他们甚至强调了他的正统合法性。然而，当 1358 年 2 月两名大臣当着查理的面被杀，起义者们开始寻求与纳瓦拉国王和英格兰人结盟时，他们与瓦卢瓦王朝的关系彻底决裂。1358 年 7 月，埃田·马尔塞被杀。他领导的巴黎起义对于现有的秩序冲击巨大，因为该起义与同时期的大规模农民起义——札克雷暴动（Bauernaufstand der Jacquerie）恰好发生在同一时间。后者席卷了博韦西地区（Beauvaisis）、法兰西岛（der Île-de-France）以及香槟、诺曼底和皮卡第（Picardie）的部分地区["扎克雷老乡"（Jacques Bonhomme）这一称呼形成了对农民的常用称呼]。

258

法国贵族在 1346 年的克雷西大战和莫佩尔蒂大战中的军事失利深深地动摇了法国传统的忠诚观念，这种忠诚立足古老的观念，即战争必须为农民提供保护。起义很快也吸引了城市中的同盟者，在富有地主吉约姆·卡尔（Guillaume Cale）的率领下，起义将目标清晰地指向贵族在乡村地区的优先地位。编年史记载了本次起义针对个别骑士家族的过度暴力行为：封建领主被残酷地肢解，他们的妻子被强暴。尽管战争形势紧张，但是这场起义并未造成系统性的崩溃。纳瓦拉国王查理二世（König Karl II. von Navarra），即法国国王的一位近亲，同样声称拥有法国王位的继承权，于 1358 年作为骑士大军的头领将农民军歼灭。起义军的首领们在骑士大军的报复行动中被追杀，随后是一场广泛的针对乡村人口的复仇行动。

1358 年的法国起义体现了一种跨等级的抗议的潜力，这同样也能在 1381 年英格兰的农民起义［农夫造反 (Peasants Revolt)］中观察到。其根源同样也是在对法国的百年战争中的失败。为了弥补战争的花销而征税，这推动了农民的公开反抗。从埃塞克斯（Essex）和肯特（Kent）的伯爵领地开始，暴动蔓延至该王国更广大的地区。起义头领瓦特·泰勒（Wat Tyler）神秘的生平就已激发同时期人们的幻想，在编年史中他更是成为恶棍的国王、农民的偶像。无论如何，他还是率领起义军抵达了伦敦，事实上连国王理查二世在都处于他的支配之下。封建体系的主角，比如坎特伯雷大主教或者国王的首席理财大臣以所谓的不忠实为由被处死。然而，瓦特·泰勒也在与国王的谈判中被谋杀。由于他的死，此前如此成功的反抗在数日之内就崩溃了。一场可怖的审判消灭了反抗者。

虽然 1358~1381 年发生在法国和英国兰的起义有着残酷的细节，但它们不应仅仅被看作无秩序的侵犯。即使在情绪化的斗争和杀戮中，这些起义也依然遵循了各种文化模式。在仪式化的暴力中，起义者们展示了他们的异见，篡夺了统治权，在他们的毁灭和亵渎中表明了他们的隶属关系，并为他们的联盟采用了传统的手段。他们通过视觉上易识别的党派标识，以团体的形式出现，并采用公开惩罚、庭审和忏悔的方法。极端暴力的迅速升级使所有当事人感到惊慌失措，尤其是编年史的作者们，他们以可怖的画面描述了他们此前曾看似稳定的生活所经历的种种冲击。

260

　　在 15 世纪和 16 世纪之交，传单和宣传册也让平民有了发言权，即使在大多数情况下这些文辞出自能言善辩的头领。常见的情况是这些文字材料出自教士之手，他们虽然有学识，但是在教会的受俸神职市场上得不到展示的机会。他们通常作为收入微薄的代理牧师代替缺席的领俸禄的神职人员从事牧养工作。他们在宗教改革中勇敢地抓住新的机会，毫不留情地谴责旧有的官方教会的弊端，针对这一群体，逐渐形成了"教士无产者"（Klerikerproletariat）这一概念。特别是新的印刷媒介促使文字和思想迅速传播。在 16 世纪早期，宣传单以简明扼要的语言传播发起者的主张，与 14 世纪约翰·威克里夫那种考虑周密的神学文本相比，这种方式触及的是完全不同的受众。

　　15 世纪，在神圣罗马帝国南部，乡村地区的官员常常处于农民抗议的最前线。农民有时也与城市市民或者矿工合作，共同进行抗议活动。他们先是要求乡村拥有自主的发展空间，要求限制"外界法庭"，要求当局撤回让他们感到不公正的措施。减少负担以及主张将公有地（Allmende）作为共同管理的土地使用是他们的核心诉求。饥荒和系统性的剥削进一步提升了抗议的潜力，它在世纪之交达到了顶点。匿名留传下来的改革文章《西吉斯蒙德改革》（Reformatio Sigismundi, 1439/1440 年）以及《百章之书》[*Das buchli der hundert capitel*, 又名

《上莱茵变革者》(*Oberrheinischer Revolutionär*)，1498~1510
年著］抨击当局墨守成规的行为是傲慢狂妄的。而后福音被解
释为唯一合法的法律形式和生活形式。在此基础上，抗议和
起义获得了一种新的革命性的爆破力。德意志西南地区反抗的
参与者们带着军旗，上面绘有农民鞋，即农民服装中典型的
系带鞋。汉斯·波姆（Hans Böhm）于 1476 年在法兰克的尼
克拉斯豪森（Niklashausen），约斯·弗里茨（Joß Fritz）于
1502 年在下格罗姆巴赫［Untergrombach，即天主教施派尔
教区（Bistum Speyer）］以及 1513 年在布赖斯高地区弗赖堡
（Freiburg im Breisgau）的雷恩（Lehen）得到了巨大的帮
助。当局以血腥的暴力和具有威慑性的处决作为回击，然而抗
议仍接二连三地出现。1525 年在梅明根（Memmingen）递交
给施瓦本同盟（Schwäbischer Bund）的 12 篇文章，被印刷
了超过 20000 份，并将到当时为止的单个批评总结为清晰的纲
领。这些文章援引的是上帝的法律。现在，人们要求废除农奴
制，因为基督被认为以自己的血赎回了每一个人的自由。更加
具体的要求包括选举教区牧师的权利、在狩猎和公有地上的应
得份额、减少农役和赋税，更重要的是废除死亡税，以及遵守
旧时的良法。[8]

农民的这些要求从宗教改革的学说中吸取能量。马丁·
路德 1525 年在他的著作《反对杀戮成性的农民强盗团伙》
(*Wider die mörderischen und räuberischen Rotten der
Bauern*) 中反对反抗当局的起义，此时这位教士与社会抗
议力量的关系分裂。德意志农民大战争（großer deutscher
Bauernkrieg，1524~1526）是一场平民革命，尤其是在法兰
克、施瓦本、图林根、萨克森、蒂罗尔和阿尔萨斯，发展势头
风起云涌，此时中世纪后期的社会动荡达到了顶点。在激烈的
战役、大规模的破坏、数以千计的杀戮和血腥的惩罚中，农民

起义军和他们的贵族支持者、市民支持者完全崩溃。封建领主们以其组织有方的雇佣军取得了一场完全的胜利。此后的长时间内平民没有任何反抗的机会。

屠杀与肢解

拉丁礼基督教世界的十字军东征虽然在军事上以惨败而结束，但是在对王国、民族和同盟的集体意识的影响方面却取得了大捷。践行或者忍耐残酷的暴力是每一代人的日常体验。无论是使用酷刑，还是仇杀、反叛或者大规模战争，对人的身体和生命的威胁一直存在。编年史越来越赤裸裸地展现富有表现力的血腥画面，且不放过任何细节：砍碎、劈碎、毁容、杀戮。在军事胜利之后，残存的危险和自身的胜利被用来创造一种新的团结意识。面对失利，人们则需要解决遭受的种种创伤。[9] 在潜伏的暴力体验中，尤为凸显的是特别的战役纪念。这逐渐成为自我的独立、意义或者自由的基础，成为民族历史的里程碑。

在东欧，13 世纪的蒙古风暴消灭了基辅罗斯，并使得俄罗斯各公国长期处于对伏尔加河下游的钦察汗国的朝贡依附之中。莫斯科的崛起以德米特里·顿斯科伊大公（Großfürst Dmitrij Donskoj）在俄罗斯联盟巅峰期的两次大胜为起点。1380 年，俄罗斯人对手的军队被消灭于库里科沃原野（Kulikovo pole），即顿河上游鹬之原野（Schnepfenfeld），蒙古人不可战胜的光环也随之褪去。俄罗斯编年史庆祝苦战得来的胜利，战胜"肮脏的茹毛饮血者、该死的马麦（Mamaj）"是上天赐予的礼物。"信徒们看到，此时此刻，天使、神圣殉道者与基督伟大的武士乔治与德米特里（Georg und Demetrios）、鲍里斯与格列布（Boris und Gleb）率领的大军帮助基督徒取得了胜利，其中有整个天军的统帅、大战略家米迦勒。"[10] 然而两年之后，蒙古人进行了残酷的报复，并征服了莫斯科。"此前这是一座伟大而美妙的城市，居住者甚多，她的财富和名声满溢，她的声望超过俄罗斯土地上其他所有的城市……。但在此时她的美改变了，她的名誉褪去了，她受到了羞辱，城中没有任何好看的东西，只有浓烟和光秃秃的土地，许多尸体横躺，用石头建造的教堂的外部被大火焚毁，内部则完全被烧毁，被熏黑，此地充满了基督徒的血和尸体。"[11]

直到一百年之后莫斯科才成功地从与蒙古人的捆绑中解脱出来。1480 年，在乌格拉（Ugra）河畔，阿黑麻汗统领下的一支钦察汗国的军队与大公伊凡三世（Großfürst Ivan Ⅲ.）统领下的一支从容等待的俄罗斯军队对峙了几周。俄罗斯军队持续展示出强大的实力，迫使蒙古人撤退。由此，莫斯科人长期的依附结束了。"就这样，上帝回应了至为纯洁的圣母和显灵迹者们的祷告，将俄罗斯的土地从异教的鞑靼人的手中夺了回来。"[12]

法兰西王国的民族独立要感谢另一个奇迹。瓦卢瓦王朝为得到法国王位的优先继承权与英格兰诸国王斗争了一百多年。这场百年战争（1337~1453）非常波折。然而，在 15 世纪 20 年代，法国国王查理七世（1422~1461）的处境看起来毫无希望。直到贞德（卒于公元 1431 年）这位十七岁的洛林（Lothringen）农家少女登场，才阻止了法国军队看似无可避免的溃败。在法国军队的巅峰期，他们于 1429 年解围被英格兰军队包围的奥尔良（Orléans），从而取得了一场决定性的胜利。而后这位"奥尔良少女"将她的国王引至兰斯主教座堂举行加冕仪式和受膏之礼。这场具有象征意义的胜利成为战争的转折点，这场战争以法国人的胜利而告终。

贞德对她的神圣使命的认识至今仍使人感到惊奇。1429年她给英格兰国王亨利六世（Heinrich Ⅵ., 1422~1461,

1470~1471）写了一封威胁信，这封信在她受审时的案件卷宗中保留了下来。"我是大军的头领，无论我在法兰西的什么地方遇到贵国的士兵，我都会驱逐他们，无论他们是否乐意。如果他们不服从，我就会下令杀死他们。我受天国之王上帝派遣来到此处，为的是要将贵国军队打出法兰西。但是如果他们愿意服从，我会仁慈地饶恕他们。另外，阁下不要以为有朝一日会得到属于天国之王上帝、至圣童贞女玛利亚之子的法兰西王国。查理国王，即真正的继承人将拥有法兰西；因为天国之王上帝之意即如此，并已通过童贞女向他显明了这一点。"[13]

264

　　发生在 1429 年的诸事件将秩序上下颠倒：一位身着男装的年轻女子赢得了一场战斗；人们相信圣人的声音为贞德指明了道路；王室决定不惜打破常规。对于法国人在 1429 年的战争中表现出的坚定果敢，同一时期给出的各种释义完全互相矛盾：要么是上帝本人借由一名被拣选的农妇干涉了历史，要么贞德是女巫。她被英格兰人囚禁，并于 1431 年在鲁昂被公开烧死。法国在百年战争中的获胜引发了对这场异端审判的平反。1920 年，教宗本笃十五世（Benedikt XV.）封贞德为圣女，这当然也发生在法国取得第一次世界大战胜利的背景下。

　　20 世纪发生了一场可与之相比的工具化利用的事件，即 1914 年发生在东马祖里亚（das östliche Masuren）的坦能堡之战（Schlacht von Tannenberg——德国的叫法），或称格伦瓦德之战（Schlacht von Grunwald——波兰的叫法）、加基里斯之战（Schlacht von Žalgiris——立陶宛的叫法）。在波兰—立陶宛王国与条顿骑士团之间的这场战争因萨莫吉希亚（Samaiten）而爆发，这是梅梅尔（Memel）以北的一个地区。波兰的骑兵在国王瓦迪斯瓦夫二世·雅盖沃（König Władysław II. Jagiełło）的率领下以一场胜利终结了条顿军团在政治、军事和财政上的支配地位。条顿骑士团总长（Hochmeister）乌尔里希·冯·容宁根（Ulrich von Jungingen）也在此次战争中阵亡。在波兰的战争历史上，这场胜利被大加赞颂。波兰为了纪念这次胜利，在战场上建起了一座小教堂，在卢布林（Lublin）建起了一座修道院，在克拉科夫主教座堂展览缴获的旗帜，后来又在羊皮纸上描绘出各种军队标识的轮廓，并由编年史作者扬·德乌戈什（Jan Długosz）给出了详尽的注释。15 世纪的这场争夺波罗的海普鲁士沿岸统治地位的战争直到近代的德国与波兰对峙中才以国家的角度被重新诠释。1914 年第一次世界大战之初，兴登堡（Hindenburg）率领军队在这个中世纪战场附近打败一支俄罗斯军队，这场战争命名为坦能堡之战。1939 年，伪造的格莱维茨电台受突袭事件（Überfall auf den Sender Gleiwitz）被第三帝国（das Dritte Reich）作为发动第二次世界大战的借口嫁祸给波兰人，这次事件的代号就是"坦能堡行动"（Unternehmen Tannenberg）。

战场上的胜利塑造了中世纪后期各王国的自信。前文已经提及 1453 年奥斯曼征服君士坦丁堡以及 1492 年西班牙双王征服格林纳达的重大意义。军队标识具有识别意义，有时甚至具有崇拜意义。在法国，金焰旗（Oriflamme），即闪烁着红金色火苗的旗，被尊崇为查理曼的胜利之旗。自 16 世纪早期开始，丹麦人将他们的丹尼布洛旗（Dannebrog）解释为国王瓦尔德马二世（König Waldemar Ⅱ.）于 1219 年带领十字军东征波罗的海异教徒时上天赐予的礼物。

战争和暴力体验以特别的方式伴随瑞士联邦（Eidgenossenschaft）的形成。新的政治实验在中世纪末仍在神圣罗马帝国的框架内进行，并且直到近代才形成了主权。面对各诸侯国的威胁，瑞士的乡村社区和城市社区不得

不以血腥的战斗来争夺和守护自治权。1315 年在莫尔加滕
（Morgarten）、1386 年在森帕赫（Sempach）、1499 年在
卡尔文桥（Calvenbrücke），瑞士联邦的对手是哈布斯堡王
朝。1476 年在格朗松（Grandson）和穆尔滕（Murten），瑞
士联邦的对手是勃艮第公爵大胆查理。瑞士的插画编年史和生
动的史料令人印象深刻地记录了军事功绩，这些功绩也使得
军事上的技术发生了革命性的变化。瑞士联邦通过长矛方阵
（Gevierthaufen）获得一场又一场胜利。长矛方阵以向外刺出
的长达五米的长矛为防御。凶狠的气势、严明的纪律和高昂的
战斗士气，配合严酷的训练和士兵们的团结一心，使得由农民
和市民组成的、像刺猬一样展开防御的部队击败了封建领主高
高在上的骑兵。各武装力量的首领可以迅速召集起多达 20000
名士兵，并将他们分为两个几乎无法战胜的大约由 10000 人组
成的矩阵。在中世纪末，长期专注于高度武装的骑兵部队的君
主们也在他们的雇佣步兵部队中采用了这种战术。瑞士联邦的
士兵由于其士气和可靠性成为价格不菲的雇佣兵，被称为"瑞
士佣兵"（Reisläufer）的他们进入外国军队服役。

　　15 世纪晚期，瑞士传统中流传着肢解尸体和食人的恐怖
故事。14 中世纪的恐怖纪事往往以花哨、夸张的言辞谴责异族
的对手，而将自己描述为无辜的受害者。瑞士人的这些故事并
不在这些寻常纪事之列。卢塞恩（Luzern）市政厅收集了关于
1487 年瑞士联邦军队与米兰公爵的军队之间的那场战斗的信
息，并了解到罗曼人将"说德语的人"（den Tütschen），即
瑞士联邦人的手指砍下来，并将其戴在帽子上。他们还剖开死
去的瑞士人——有时甚至是还活着的瑞士人——的肚子，取出
油脂，然后以高价格卖给米兰的药店。米兰人割下有着漂亮头
发的男人的头，插在长矛上，并公开在城市中到处展示。

　　米兰公爵卢多维科·马利亚·斯福尔扎（Ludovico Maria

Sforza，卒于公元1508年），人称"摩尔人"（il Moro，意为"皮肤黝黑的人"），也是列奥纳多·达·芬奇（Leonardo da Vinci）等艺术家的大资助人。他冷漠地回应了卢塞恩人含目击者证词的控诉文字："犯下这些不同寻常的暴行的并不是我的正规军，而是那些无用之人。他们出于贪婪洗劫、杀害了俘虏。对于这些人来说，取出人腹部的脂肪也是完全有可能的。"肢解死者和展示残肢的行为就这样被认定为不可控的行为，米兰公爵认为自己对此没有任何责任。

267

　　在一个充满暴行的时代，躯体的残缺和脆弱成为常态，而完整性变得罕见。在编年史中，人们经常可以读到骨头断裂、血液喷溅的场面描述，仿佛杀人很容易。根据菲利普·德·科米纳的描述，就连勃艮第公爵大胆查理——宫廷世界的光辉人物——也在1477年南锡战役（Schlacht von Nancy）中无声无息地死了。"许多人蜂拥而上，打死了他，然后洗劫了他的财物，但他们并没有认出他是谁。这场战斗发生在1477年1月5日，即三王节的前夕。"[15] 后来，人们发现公爵的尸体赤身裸体，已经冻僵，还有被狗撕咬的痕迹。

对女巫和动物的宗教迫害

　　制服异端邪说的工作历来由地方主教负责，13世纪的宗教裁判使这一工作更加完善和职业化。此时，主要由多明我会成员——"主的看守犬"（domini canes）负责搜寻异端的踪迹并将他们定罪。通过这样的赋权，在官方教会的等级制度体系中产生了一种结构性的动荡。几乎任何人都躲不过诽谤、审讯、控告，这导致了无数的异端审判。在审判过程中，使用酷刑而使人招供的情况并不少见。通常，被指控的人一开始根本就料想不到自己已脱离了真正的信仰。对异端的谴责自古典时期起就成为信仰纯正的官方教会对异常的学说观点和信仰实践进行排斥和污名化的策略。

原则上，设立宗教裁判所和进行异端审判的目标是净化处于异教思想危险之中的人，并引导他们回到基督教共同体当中。如果指控被证实为真，而被指控的人顽固地坚持他们的错误思想，那么教会法庭和世俗法庭除判其死刑之外别无选择。具有净化功能的火刑是实施死刑的主要手段，火烧之后，不会留下任何可供纪念的遗物。对于从健康的有机体上将腐烂的一部分撕扯下来这一点，《圣经》已预备了各种各样的准则，包括耶稣在山上宝训（Bergpredigt）中所说的话："若是你的右眼叫你跌倒，那就剜出来丢掉，宁可失去百体中的一体，也不能让全身丢在地狱里。若是右手叫你跌倒，就砍下来丢掉，宁可失去百体中的一体，也不能让全身下入地狱。"（《马太福音》，5：29~30）

268

13 世纪和 14 世纪，在北法兰西的十字军部队取得军事上的功绩之后，宗教裁判所的审讯官们主要在南法兰西建功立业。作为帕米耶（Pamiers）主教的雅克·福尼尔（Jacques Fournier）在富瓦伯爵领地（Grafschaft Foix）进行的调查非常有名，后来他成为教宗本笃十二世（1334~1342）。保存下来的审讯记录显示，审讯官们的调查毫无界限，一直逼问到乡村居民私人生活的细节。面对精通神学的法官吹毛求疵的问题，这些人常常束手待毙。[16]

15 世纪，巫术作为特别危险的异端形式逐渐被"发现"，而伴随这一过程的是对其系统化的打击。长久以来对邪术、黑魔法和不可解释的力量的恐惧几乎全部投射到了女性（较罕见的情况下为男性）身上，据说她们将自己献给了魔鬼。托马斯·阿奎那（卒于公元 1274 年）早已将奥古斯丁的想象系统化为恶魔之约、撒旦崇拜和巫术等异端邪说的模式。在中世纪末和近代早期的想象中，这些邪术的形式和后果被博学的僧侣和忧心忡忡的当局添加了越来越多的细节。女巫飞行、女巫夜宴中与撒旦见面的仪式、女巫和男巫及魔鬼交媾，以及不计其数的邪术形式——这些流言蜚语将毫无防备的女性驱赶进了一个真正的"魔鬼圈"①，在时间上和地域上渐渐造成了集体精神失常。虽然真正大规模的猎巫行动在近代早期才开始——欧洲广大地区有无数的女性和男性沦为它的牺牲品，直至进入18世纪——但是在中世纪后期的教会法中和15世纪的迫害实践中已形成它的基础。

在15世纪之初，瑞士的史料中出现了"巫术"这一来历备受争议的统称。此前，魔法或者蛊术就已经在法国和意大利被禁止。而自1437年起，在瑞士联邦以及整个南德意志地区禁止巫术的事件不断增加，并间歇性地持续至1486年。1440年前后，洛桑主教管区在多菲内和萨伏依的审讯中将巫术列为一项指控。在15世纪的后半叶，在不断累积的关于巫术的观念中逐渐形成了一个关于彻头彻尾的魔鬼教派的想象。

起初，地方当局对宗教迫害者咄咄逼人的热情持保留态度。1484年，教宗英诺森八世（Innocenz Ⅷ.）在以"Summis desiderantes affectibus"为开头的名称命名的教谕中合法化了反巫术的措施。即使有这样的授权，多明我会宗教裁判所的审讯官海因里希·克雷默（Heinrich Kramer，拉丁语名字为Henricus Institoris）起初仍不能如他所愿地对巫术进行镇压。于是1486年他发表了《女巫之槌》(*Malleus Maleficarum*)。该书分为三个部分，目的是对迫害行为进行辩解以及在法律上对其进行系统化。该书多次再版，直至进入17世纪。过了很久之后该书才遭到了来自审慎的神学家们坚定的批判。虽然克雷默在书中写的是女巫和男巫，即将两个性别都考虑了进去，

---

① 该词德文为"Teufelkreis"，直译为"魔鬼圈"，引申义为"恶性循环"。——译者注

但是在他看来，女性显然对撒旦的诱惑缺乏抵抗力。这种污名化深植于由男性气质定义的宗教中的性准则上，后来，女性和女巫被相提并论，无数女性因此沦为受害者。

《女巫之槌》一开始就提出了一个旨在证明自身行为正当性的问题："是否有可能，巫师存在这种说法如此正统，以至于对反对观点的顽固辩护其实完全就是异端？"[17] 全书第一部分描述了女巫的罪行，第二部分专注于阐述施魔法迷惑人的各种形式及避免方法，第三部分总结了迫害的措施和审讯的形式，并在此基础上发展出了近代早期的审理程序的模式。女巫审讯作为异端审讯，以推断女巫犯下了不寻常的罪行为出发点。于是它适用于特别的形式：辩护是受限的，上诉是禁止的，也不必遵守酷刑限制，即使发出无罪的宣告，也是没有完全的法律效力的，仍有潜在的威胁。在中世纪末，女巫审讯还没有统一的法律依据，审讯还不普遍，许多教会法庭和世俗法庭对此仍持保留态度。但是，在 16 世纪至 18 世纪像传染病一样扩散的迫害行动中，大坝决堤了。

对教会法庭和世俗法庭强制措施力量的信任也导致了对动物的审讯，这在今天看来是不可思议的。尽管人们对人类的自由意志与独特性进行了各种哲学讨论，但刑事司法系统自 13 世纪起仍然对动物采取与人类相同的刑事诉讼程序。如果猪或者牛对人造成了伤害，那么它们就会被正式起诉，并且在宣读判决之后，或被打死、砍头、淹死、吊死、扼死、活埋或被断肢。即使动物没有以适当的方式参与到口头的诉讼中，即使人们对它们的拉丁文知识存在着绝对的怀疑，但是它们仍然被如此对待，"如同法律和理性所要求的那样" [法国克莱蒙莱蒙科尔内（Clérmont-les-Montcornet），1494]。[18]

而处理那些在开阔的大自然中躲避人类强制措施的生灵则更为困难。对付田鼠、鼹鼠、蝗虫和蠕虫等，首先应驱魔，然

270

后由教会法庭威胁发布或者发布逐出教会令。在一场蝗灾之后，1338/1339 年位于南蒂罗尔的卡尔达罗（Kaltern）的牧师基于陪审团给出的判决在他的布道坛上向外宣布，将这些昆虫逐出教会。

世俗当局在 1452~1519 年因为金龟子幼虫的问题多次向洛桑的教会法庭寻求帮助。程序手续得到了认真遵守。首先，一位全权代表向这些动物送达了传票，并确定会面日期。其次，法庭开庭审理案件，法官向一只或者几只被带来的害虫宣布驱逐令，并威胁如若不从将进一步审讯。一套来自 1452 年的仪式性的咒语是这样的："我驱除你们，带来疾病的虫子或者老鼠。全能上帝圣父、他的儿子耶稣基督与自他们两位而产生的圣灵与我同在，因此，你们要从这些河流湖泊、田地、葡萄园等地方消失，不再于此地之内居住，而是转移到那些你们无法伤害任何人的地方。我站在全能上帝和整个天庭和上帝的神圣教会这一边诅咒你们：无论你们往哪里去，你们都是被诅咒的，你们会一天一天地减少变弱，直到哪里也找不到你们的残余——除了那些对人类有益和有用的。"[19] 这种仪式性的逐出教会令作为极端措施被威胁实施或者实施。仿佛动物有灵魂似的，它们被威胁将永堕地狱受煎熬。1492 年，乌里（Uri）的领主们甚至从教宗本人那里求来了一条"金龟子幼虫教谕"（Engerlingsbulle）。只有至高的教士所下的诅咒才可以制止由虫子引起的损害。[20]

对身体和灵魂的暴力，对人类和动物的暴力——以此为威胁并加以实施，这一切是日常的、残酷的、致命的。这是中世纪末的特征，并被传递给了下一时期，随后的发展则有过之而无不及。这形成了欧洲在 1500 年前后这一时期精神觉醒背后的阴影。

印刷者与思想者

15 世纪后半叶，活字印刷术的发展对欧洲各地思想上的交流产生了革命性的影响。从严格意义上来说，这并不是一项欧洲的发明。此前在中国和朝鲜已经有了铜字印刷术，但是在那里并未达到全面批量生产的水平。美因茨的城市新贵、金匠约翰内斯·基恩斯弗莱施·古登堡（Johannes Gensfleisch zum Gutenberg，卒于公元 1468 年）被认为是现代印刷术的"发明者"。他的创新技术被迅速模仿，从而改变了文本的生产和传播，并因此改变了人们的学术对话以及阅读行为。20 世纪末 21 世纪初，知识和交流变得越来越数字化，这些实时的体验或许让今天的我们比处在 15 世纪和 16 世纪之交的人更清楚地意识到这场转变的力量。

在此之前，每个文本都是独一无二的，是长时间手工劳动的结果，而印刷术的发展奠定了文字更准确、远距离迅速传播的基础。旧有的、排外的学者网络得到扩展，并不断吸收新的群体，在地理空间上的扩张比以往任何时候都迅速。文字和思想的倍速传播逐渐囊括了所有的文本类型，包括《圣经》、神学著作以及实用文本合集、诗歌和史学著作。

同时，复制也促生了个性化的需求。从此之后，这种需求激励着知识分子从前人和同行中脱颖而出。此时，人们已不愿再忍受形式单一的发展，而是将自身所处的位置当作进步的最前端。学者和受过教育的人群组成的队伍日渐庞大，他们需要变得与众不同。随着时代对卓越的人才乃至天才的召唤，相关文辞变得越来越烦琐。浮华虚荣此前已经占据了思想者们的心思，而此时又有更大的舞台以烦琐的文字来展示这一面。语言行为（Performanz）强化了外表举止和风格化的重要性，成为个体有别于大众的明显标准。因此，在通过印刷机传播知识并使之神圣化的过程中，人类的"自我"概念以前所未有的增长速度被赋予意义。即使对"自我"的欲望有一些榜样，但此时它却是从一种新的进步乐观主义中毫无阻碍地展开的。

一场显著的技术革新是前提。1437~1454年，在历经多次实验之后，古登堡成功地印刷了一本《圣经》，每页分为两栏，每栏有42行。活字印刷术的应用当时已家喻户晓。创新的地方在于，古登堡完善了技术，使之达到优质的生产水平以及相对较高的产量。到1500年，欧洲大约有260处印刷点，共印刷了大约27000本书，平均印数为200~500本。新工艺的优点在于用各种各样的字母和符号制成一个付印稿样，这些字母和符号由铅（83%）、锌（9%）、锑（6%）、铜（1%）以及铁（1%）组成的金属合金浇铸而成，以任意顺序均匀排列，之后这个模板仍可继续使用。新式印刷机以葡萄汁压榨器为蓝本。

虽然这种方法很快就带来了更高的产量，但是在最初阶段付出的辛苦是不可低估的。每一页需要大约2600个字母，单单浇筑这些字母就需要花费半年的时间。在六台印刷机上，工作着六名排字工人，他们各自同时完成三页文字的排版工作：一页排版，一页印刷，一页重新拆散。为此需要大约46800个活字。第一部《圣经》印刷本有1282页，发行量约为180册，为了实现上述目标，古登堡用了大约20个工人，花费了两年半的时间。相较于一个职业抄写员花费三年的时间完成一本《圣经》手抄本，活字印刷术带来的量的增长已是十分明显的，当然主要还是因为这种新的方法很快就被人接受了。1455年，恩尼亚·席维欧·皮可洛米尼写信给在罗马的西班牙枢机胡安·德·卡瓦哈尔（Juan de Carvajal）称，他在1454年法兰克福帝国议会上看到了新的《圣经》印刷本的部分内容，"字体极其整洁工整，没有一处涂抹；大人您无须眼镜也能不费力地阅读"。[21]

早期的印刷品由于其对后来新技术应用的重要意义而被称为摇篮本（Inkunabel，来自拉丁文 incunabula，意为襁褓或摇篮）。起初，印刷的书籍和手抄本根本没有区别。当时手抄本由职业化的领薪水的抄写员串联完成，并辅以华丽的首字母作为装饰。于是，对于有价值的印刷品，人们还使用了由动物皮制作的昂贵的羊皮纸。然而，廉价纸张的广泛应用才真正刺激了书籍印刷的发展。造纸术也起源于东亚，通过穆斯林传入欧洲南部和西部。在这些地区，纸张作为书写材料自 12/13 世纪起获得了与为人所熟知的羊皮纸并列的地位。欧洲西部、中部和北部长期依赖从意大利进口的纸张产品。造纸坊在法国（特鲁瓦，1338）和德意志（纽伦堡，1389）的建立促进了这种新的书写材料的应用，这是 15 世纪文字被大量复制的一个前提条件。纸张与印刷术的结合使欧洲书写文化有了一种全新的物质性特征。

古登堡在美因茨的成功离不开他的资金提供者约翰内斯·福斯特（Johannes Fust，卒于公元 1466 年）在 1449 年和 1453 年对其进行的大胆投资。这种对资本的依赖后来掠夺了这位发明者的劳动果实，掠夺者正是约翰内斯·福斯特和皮特·舍费尔（Peter Schöffer，卒于公元约 1502/1503 年）。不久，书籍不仅在美因茨印刷，也开始在班贝格和莱茵河沿岸的城市，如斯特拉斯堡、科隆印刷。德国专家们将这种新的工艺带到了意大利和法国。截至 1500 年，仅在威尼斯就有大约 150 个印刷坊在竞争。罗马、巴塞尔、奥格斯堡、纽伦堡、巴黎、佛罗伦萨、米兰、里昂以及莱比锡等地也很快成为书籍制作的中心。关于这种"黑科技"的起源，种种夸张的讲述流传开来，其中就包括这样的消息：安东·柯贝格（Anton Koberger，卒于公元 1513 年）在纽伦堡的工坊据说使用了 100 名技工和 24 台印刷机。

在各种层面上的知识的传播和教育传授的强化既是文本和书籍激增的前提，也是它的结果。教会学校和城市学校为此奠定了基础。在意大利，这种基础是在市政机构中打下的；在法国或者英格兰，起到这种作用的是教区学校；而在神圣罗马帝国，教区学校和城市学校往往相互竞争。除密集教授古典语言的拉丁语学校之外，还有教授读、写、算甚至做生意的学校，后者更多是为商业和职业中的实际需求做准备。拉丁语学校的目标是引导学生进入大学学习，其本身常常发展成为繁荣的人文主义中心，比如在阿尔萨斯的塞莱斯塔市（Schlettstadt）。在 14 世纪和 15 世纪，在神圣罗马帝国、中东欧、苏格兰和斯堪的纳维亚也掀起了建立新大学的浪潮。博洛尼亚大学、帕多瓦大学、巴黎大学、牛津大学、剑桥大学等古老大学的优先地位并未因此消解，但是高等教育在多个地方变得更易获得，对于当局来说也更易估算。而来自学术上的压力在中世纪末就使得真正伟大的学者，比如库萨的尼古拉、列奥纳多·达·芬奇、鹿特丹的伊拉斯谟（Erasmus）等不再与某一个大学绑定。

15 世纪至 16 世纪的过渡期常常被贴上文艺复兴或者人文主义这样的时代标签。当时还没有出现明确的概念，但为后来对新事物的区分奠定了基础。在思想和艺术表现上，个人主义以及纯粹的文本和形式成为标志性的存在。像自然一样，语言和文字也应清晰、纯粹。由此出现的趋势是语言的规范化，这不仅影响了作为通用的学术语言的拉丁文的发展，也影响了越来越多作为文学语言而使用的各民族语言的发展。

回归古典思想主要是由语言学教育引发的。在 15 世纪末，人们逐渐将这些思想与被视为野蛮的过去区分开来。人文主义研究（studia humanitatis）也进一步包括了语言的语法和修辞，历史、诗歌和哲学的分量也在增加。1455 年，塔

西陀（Tacitus）所著的《日耳曼尼亚志》（*Germania*）被重
新发现，阿斯科利的以诺（Enoch von Ascoli）将这部手稿
从赫斯菲尔德修道院（Kloster Hersfeld）运送到梵蒂冈图书
馆（Vatikanische Bibliothek），这在意大利人文主义中产生
了新的学术上的历史阐释。塔西佗的看法是，日耳曼人既没有
混杂也没有迁移，而是一直在同一块土地上居住。他的看法引
发了学者圈关于移民和留守之人的种种争议：欧洲各族群是
从移居中产生的，还是作为原住民一直生活在他们的故土之
上？ [22] 与古典时期或者中世纪早期不同，特洛伊起源说或者
罗马起源说在这个时代已无法再提供足以让世界认可的可靠凭
据。此时，与先前的融合思想相竞争的是新的思想，即凯尔特
人（Kelten）、高卢人、日耳曼人是土生土长的，他们的血统
是纯粹的。

　　教宗图书馆管理员乔万尼·纳尼（Giovanni Nanni，卒
于公元 1502 年）以维泰博的安尼乌斯（Annius von Viterbo）
这一化名起草了一部关于欧洲各族群起源的著作，他声称该
著作来自公元前 4 世纪或者前 3 世纪迦勒底的祭司亲王贝罗索
斯（chaldäischer Priester-Prinz Berosus）。在这位伪贝罗
索斯（Pseudo-Berosus）的表述中，塔西佗的日耳曼之神忒
斯托［Tuisto，或称忒斯科（Tuisco）］成为诺亚的养子、莱
茵河畔第一位立法者。于是，德意志的人文主义者们抓住了
这个证据，证明相比于特洛伊人，德意志人的年代更为久远。
与塔西佗著作中日耳曼人统治区域模糊不清的东部边界相反
的是，这位伪贝罗索斯的表述更加清晰，因为他的图伊斯托
（Tuisto）① 是从顿河至莱茵河的萨尔马提亚（Sarmatien）的

---

① 图伊斯托（Tuisto）是古罗马历史学家塔西佗的《日耳曼日志》所记载的日耳曼人
　 的神话祖先。——编者注

统治者。此地的斯基泰人被解释为诺亚的第一批弟子,人文主义者们随后将斯基泰人的历史拿来为德意志所用,并将德意志文明塑造为世界上最古老的文明,置于所有与罗马相关的文化的对立面上。《百章之书》甚至将德语称为人类的原始语,因为此书认为亚当就是一名德意志人。即使在诺亚方舟上,人们也讲德语。从诺亚的儿子雅弗开始,这种语言就被带到了莱茵河畔。[23] 虽然民族对立长久以来占据着各族群和各王国的想法,但是这里出现的是新的论调,它们指出了通往狂热的民族主义的道路。

277

碎　片

　　1500 年前后的欧洲在历史的进程中无法认出清楚的方向和转折点。延续传统与地理发现、思想觉醒互相混合,而缺席的是社会或经济变革的显著加速。15 世纪至 16 世纪的过渡期是紧张的、开放的和支离破碎的,关于犹太人失去权利以及人的尊严的著作中的矛盾就证明了这一点。这些内容将出现在本书的结尾部分。

　　1492 年 3 月 31 日,成功征服自 711 年以来便成为穆斯林控制地区的格拉纳达之后,以及在克里斯托弗·哥伦布向西航行之前,卡斯蒂利亚、莱昂和阿拉贡的天主教双王费尔南多和以撒贝拉立下一道诏书,驱逐他们王国内所有的犹太人。这道诏书消灭了有数百年历史的繁荣的塞法迪(Sephardim)犹太社区,这是自罗马皇帝提图斯(Titus)在公元 70 年毁坏耶路撒冷圣殿以来犹太人经历的最大的灾难之一。在回顾神圣的宗教裁判所的工作之后,这道诏书终结了犹太人与基督徒的共存:"因此,我们采用教会人士、我们王国的高等贵族和低等贵族、我们议事会中内行又负责的人士的意见和建议,在深思熟虑之后得此结论:将所有犹太男女驱逐出我们诸王国,他们永远都不能再返回此地。"诏书还规定，犹太人若不服从，则将面临死刑和没收财产的危险，基督徒严格禁止与犹太人接触。[24]

三年之后，新基督徒（neofiti）被驱逐出普利亚的港口城市特拉尼（Trani）。[25] 他们的祖先在 200 年前部分地被迫改信基督教。尽管如此，数代之后这些拥有犹太根基的人对于他们所处的环境来说仍然是异类，并于中世纪末因出身而被迫害、流放或杀害。面对主流社会的贪欲，即使看似成功的同化或者皈依也被证明是无济于事的。

1487 年，乔万尼·皮科·德拉·米兰多拉（卒于公元 1494 年）邀请学者们前往罗马辩论 900 个论题。1496 年，在他的遗作中，以"论人的尊严"（Über die Würde des Menschen）为标题的序言被发表。教宗英诺森八世（1484~1492）起初判定 7 个论题（最终判定所有的 900 个论题）为异端邪说，这迫使该篇序言的作者逃亡，然而他基于神性的人类画像存在于世，这幅画像从犹太人、异教徒、穆斯林和基督徒的哲学理念中发展而来。乔万尼·皮科·德拉·米兰多拉认为，人是上帝创造的独一无二的作品，是神的形象，被置于世界之中心，供人沉思和选择。可自由塑造和自由决定的这种力量产生了人的特殊的尊严，这是由造物主许诺给造物的："我创造了你，既不是作为天上之物也不是作为地上之物，我创造了你，你既不是终有一死，也不是永生，因此你能够像你自己的塑造着那样按照自己的意愿，凭借自己的力量，将自己塑造成自己偏好的样子。你可以向下退化成兽，也可以按照自己的意志向上重生为神灵。"[26]

虽然对人的个性的强调有指向未来的意味，但是人以三个阶段——净化、醒悟、圆满——上升成为神这一点是基于中世纪初的伪亚略巴古的丢尼修（Pseudo-Dionysius Areopagita）

的哲学思想。在那些伴随人类的完善的哲学和神学中，也能找到这样的传统关联。然而，乔万尼·皮科·德拉·米兰多拉不仅将基督教权威作为他的资料来源，还引用查拉图斯特拉和穆罕默德等宗教创始人，以及其他犹太教、异教和伊斯兰教哲学家。教会作为救恩机构在人通往上帝的路上不再起什么作用。"你看，一个哲学家，他以适当的尺度分辨一切，所以你应尊敬他。他是天上的存在，不是地上的存在。你最终觉察到一个纯粹的观察者，他忘记了他的躯体，完全地退至内在的精神世界，他不是地上的造物，甚至也不是天上的造物，他是一个更加崇高的神性存在，虽然被人的肉身包裹着。还有谁不会赞叹人类呢。"[27]

　　犹太人被驱逐出西班牙，充满精神生活的人类以不可剥夺的尊严上升为神——这些 15 世纪末的文本内容既指向前进，也指向后退。在毫无目标的支离破碎的时代中，人们几乎觉察不到，终有一天，后世会将这个时代当作人类历史的分水岭。其实，空间、时间和历史进程中的开放性既模糊了欧洲所谓的统一性，也模糊了欧洲的时代划分。这块大陆在 1500 年前后既没有行动力，也无法引起人们的多少热爱。

　　欧洲这一概念仅在罕见情况下有用处，此时它是一个由不同的利益相关者所利用的概念。对这一概念的各种利用之间的差别在教宗与苏丹的大竞争中体现得淋漓尽致：恩尼亚·席维欧·皮可洛米尼作为教宗庇护二世，呼吁他的欧洲大陆作为共同的家和价值共同体来对抗奥斯曼的威胁；苏丹穆罕默德二世在君士坦丁堡——他在欧洲土地上的新的都城，展示了他对博斯普鲁斯海峡划分出的二海两地的统治。

　　该如何界定 1500 年前后的欧洲？它包括罗马、君士坦丁堡、巴黎、莫斯科，甚至蒙巴萨（Mombasa）、科泽科德和圣多明各吗？只有当时的拉丁地理学家给出了清晰的答案。他们的欧洲从西方的大西洋海岸直到东方的顿河或者博斯普鲁斯，从北方冰冷的海直到南方的地中海。然而，如此广阔的空间无法在社会、经济、宗教、文化或者政治上取得统一。因此，历史不得不包容欧洲的不确定性，并一次次地重新描绘这个大洲。

注　释

第一章　1200 年前后的欧洲

1. 译文出自翻译版：Johannes Helmrath, Krieg und Frieden, in: Europa und die Europäer. Quellen und Essays zur modernen europäischen Geschichte. Festschrift für Hartmut Kaelble, hg. von Rüdiger Hohls/Iris Schröder/Hannes Siegrist, Stuttgart 2005, S. 367。

2. Evelyn Edson, Dacia ubi et Gothia. Die nordöstliche Grenze Europas in der mittelalterlichen Kartographie, in: Europa im Weltbild des Mittelalters. Kartogra-phische Konzepte, hg. von Ingrid Baumgärtner/Hartmut Kugler, Berlin 2008, S. 173–189, Zitat S. 186 f.

3. Faksimile: Abraham Ortelius, Theatrum Orbis Terrarum [1572], Darmstadt 2006, Karte 20/21, Erläuterungen S. 122.

4. Heinrich von Lettland, Livländische Chronik, hg. von Albert Bauer, Darmstadt 1959, S. 6.

5. 关于此处引言及下文相关内容，参见 Caspar Hirschi, Boden der Christenheit und Quelle der Männlichkeit. Humanistische Konstruktionen Europas am Beispiel von Enea Silvio Piccolomini und Sebastian Münster, in: Leitbild Europa? Europabilder und ihre Wirkungen in der Neuzeit, hg. von Jürgen Elvert/Jürgen Nielsen-Sikora, Stuttgart 2009, S. 46–66, hier S. 49。

6. Quellen zur Geschichte der Welfen und die Chronik Burchards von Ursberg, hg. von Matthias Becher, Darmstadt 2007, S. 35.

7. Gernot Michael Müller, Die «Germania generalis» des Conrad Celtis. Studien mit Edition, Übersetzung und Kommentar, Tübingen 2001, S. 94/95.

8. Alexander von Roes, Noticia seculi, Die Schriften des Alexander von Roes, hg. von Herbert Grundmann/Hermann Heimpel, Weimar 1949, cap. 9, S. 79.

9. 同上，cap. 12, S. 85。

10. 证据史料来源 Achim Thomas Hack,Das Mittelalter als Epoche im Schulbuch. Periodisierung

und Charakterisierung, in: Das Bild des Mittelalters in europäischen Schulbüchern, hg. von Martin Clauss/Manfred Seidenfuß, Berlin 2007, S. 85–116。

11. 同上，S.86–89。

12. 早期史料来源参见 Jürgen Voss, Das Mittelalter im historischen Denken Frankreichs. Untersuchungen zur Geschichte des Mittelalterbegriffes und der Mittelalterbewertung von der zweiten Hälfte des 16. bis zur Mitte des 19. Jhs., München 1972; Uwe Neddermeyer, Das Mittelalter in der deutschen Historiographie vom 15. bis zum 18. Jh. Geschichtsgliederung und Epochenverständnis in der frühen Neuzeit, Köln/Wien 1988; Jean-Daniel Morerod, La base textuelle d'un mythe historiographique: le ‹Moyen Âge› des humanistes italiens, in: Retour aux sources. Textes, études et documents d'histoire médiévale offerts à Michel Parisse, Paris 2004, S. 943–953。

13. 史料来源参见 Joachim Ehlers, Hugo von St.Viktor. Studien zum Geschichtsdenken und zur Geschichtsschreibung des 12. Jhs., Wiesbaden 1973, S. 136–177。

14. 证据参见 Hans-WernerGoetz, Geschichtsschreibung und Geschichtsbewußtsein im hohen Mittelalter, Berlin 1999。

15. Henning Ottmann, Geschichte des politischen Denkens, Bd.2/2: Das Mittelalter, Stuttgart/Weimar 2005, S. 120.

16. 证据参见 Erich Meuthen, Gab es ein spätes Mittelalter?, in: Spätzeit. Studien zu den Problemen eines historischen Epochenbegriffs, hg. von Johannes Kunisch, Berlin 1990, S. 91–135, hier S. 94。

17. 证据参见 Johannes Fried, Das Mittelalter. Geschichte und Kultur, München 2008。

18. 证据参见 Erich Meuthen, Gab es ein spätes Mittelalter?, S.108。

19. 引言来自：Johan Huizinga, Herbst des Mittelalters. Studien über Lebens-und Geistesformen des 14. und 15. Jhs. in Frankreich und in den Niederlanden, hg. von Kurt Köster, 2. Aufl. Stuttgart 1975, S. 1。

20. Weitere Entwürfe in: Mittelalter und Moderne. Entdeckung und Rekonstruktion der mittelalterlichen Welt, hg. von Peter Segl, Sigmaringen 1997.

21. Honorius Augustodunensis, Gemma animae, in: Migne, Patrologia Latina, Bd. 172, Paris 1895, Sp. 541–738, hier cap. 130–134, Sp. 586.

22. 人口数据参见 Michael North, Europa expandiert 1250–1500, Stuttgart 2007, v. a. S. 312; Bernd Fuhrmann, Die Stadt im Mittelalter, Stuttgart 2006。

23. Der Königsspiegel. Konungsskuggsja, Leipzig/Weimar1978, cap.3, S.30. 提示来自：Martin Kaufhold, Europas Norden im Mittelalter, Darmstadt 2001, S. 151。

24. 史料来源参见 Torsten Hiltmann, Spätmittelalterliche Heroldskompendien. Referenzen adeliger Wissenskultur in Zeiten gesellschaftlichen Wandels. Frankreich und Burgund, 15.

Jh., München 2011。

25. 数字提示来自：Michael North, Europa expandiert (同注释 22), S. 330–332。

26. 原文参见 Hákonar Saga Hákonarsonar, hg. von Marina Mundt, Oslo1977, cap. 257, S. 144 f。

27. 史料来源参见 Jürgen Miethke/ Arnold Bühler, Kaiser und Papst im Konflikt. Zum Verhältnis von Staat und Kirche im späten Mittelalter, Düsseldorf 1988, 引言：S. 99, S. 124。

28. Conciliorum oecumenicorum decreta – Dekrete der ökumenischen Konzilien, Bd. 2: Konzilien des Mittelalters. Vom Ersten Laterankonzil (1123) bis zum Fünften Laterankonzil (1512–1517), hg. von Josef Wohlmuth, 3. Aufl. Pader– born 2000, S. 227–271.

29. Stephan Kuttner/ Antonio Garcíay García, A new eyewitness account on the Fourth Lateran Council, in: Traditio 20, 1964, S. 115–178, 此处内容来自 S. 123。

30. 史料来源参见 Hans-Joachim Schmidt, Kirche, Staat, Nation. Raumgliederung der Kirche im mittelalterlichen Europa, Weimar 1999; Götz-Rüdiger Tewes, Die römische Kurie und die europäischen Länder am Vorabend der Reformation, Tübingen 2001; Thomas Wetzstein, Die Überwältigung des Raumes. Studien zur Kommunikationsgeschichte des europäischen Hochmittelalters, Habilitationsschrift Heidelberg 2009。

31. Abélard, Historia calamitatum, hg. von Jacques Monfrin, 2.Aufl. Paris 1962, S. 38.

32. Johannes von Salisbury, Entheticus de dogmate philosophorum, hg. von Ronald E. Pepin, The ‹Entheticus› of John of Salisbury: A Critical Text, in: Traditio 31, 1975, S. 127–193, 此处内容来自 S. 139。

33. 史料来源参见 Gert Melville, «Unitas»e«diversitas». L'Europa medievale dei chiostri e degli ordini, in: Europa in costruzione. La forza delle identità, la ricerca di unità (secoli IX-XIII), hg. von Giorgio Cracco u. a., Bologna 2006, S. 357–384; Regulae – Consuetudines – Statuta. Studi sulle fonti normative degli ordini religiosi nei secoli centrali del Medioevo, hg. von Gert Melville/Cristina Andenna, Münster 2005。

34. Nikolas Jaspert, Zwei unbekannte Hilfsersuchendes Patriarchen Eracliusvor dem Fall Jerusalems (1187), in: Deutsches Archiv 60, 2004, S. 483–516, 此处内容来自 S. 512。

35. 史料来源参见 Gabriela Signori, Das 13.Jh. Eine Einführung in die Geschichte des spätmittelalterlichen Europas, Stuttgart 2007, S. 35–39。

36. 下文史料来源参见 Erwin Stickel, Der Fall von Akkon. Untersuchungen zum Abklingen des Kreuzzugsgedankens am Ende des 13. Jhs., Bern/Frankfurt/M. 1975。

37. 史料来源参见 Annette Seitz, Das lange Ende der Kreuzfahrerreiche in der Universalchronistik des lateinischen Europa (1187–1291), Husum 2010。

38. Fulchervon Chartres, Historia Hierosolymitana (1095–1127), hg. von Heinrich Hagenmeyer, Heidelberg 1913, Ⅲ 37, S. 748 f. Übersetzung von Hans Eberhard Mayer,

Geschichte der Kreuzzüge, 10. Aufl. Stuttgart 2005, S. 108 f.

39. Fidentius von Padua, Liber recuperationis Terre Sancte [(1274) 1290–1291], in: Projets de croisade (v. 1290–v. 1330), hg. von Jacques Paviot, Paris 2008, S. 54–169, 此处内容来自 cap. 9, S. 62 f。

第二章　1200~1500 年的欧洲

1. Matthaeus Parisiensis, Chronica maiora, hg. von Henry Richards Luard, Bd. 4, London 1877, S. 76 f. 进一步的史料来源参见 Felicitas Schmieder, Europa und die Fremden. Die Mongolen im Urteil des Abendlandes vom 13. bis in das 15. Jh., Sigmaringen 1994。

2. Heinrich von Lettland, Livländische Chronik, hg. von Albert Bauer, Darmstadt 1959, S. 281.

3. Der Aufstieg Moskaus. Auszüge aus einer russischen Chronik 1: Bis zum Beginn des 15. Jhs., bearb. von Peter Nitsche, Graz/Wien/Köln 1966, S. 74 f.

4. 史料来源参见 Wolfgang Stürner, Friedrich Ⅱ., Bd. Ⅱ: Der Kaiser 1220–1250, Darmstadt 2000, S. 504–506。

5. Conciliorum oecumenicorum decreta (同第一章注释 28), S. 297。

6. 史料来源及解释参见 Johannes Fried, Auf der Suche nach der Wirklichkeit. Die Mongolen und die europäische Erfahrungswissenschaft im 13. Jh., in: Historische Zeitschrift 243, 1986, S. 287–332。

7. Johannes von Plano Carpini, Kunde von den Mongolen 1245–1247, hg. von Felicitas Schmieder, Sigmaringen 1997, S. 23.

8. 史料来源参见 Juliane Schiel, Vom Geschehen zum Ereignis. Dominikanische Erzählungen über den «Mongolensturm» und den «Fall Konstantinopels» im Vergleich, erscheint voraussichtlich Berlin 2011。

9. Johannes von Plano Carpini IV 2, S. 55 f.

10. 同上 V 24, S. 72。

11. 同上 V 18, S.69; V 22, S.71。

12. Wilhelm von Rubruk, Itinerarium, in: Sinica Franciscana, Bd. I: Itinera et relationes fratrum minorum saeculi XIII et XIV, hg. von P. Anastasius van den Wyngaert OFM, Quaracchi/Firenze 1929, S. 145–332, 此处内容来自 S. 171, 187。不完全正确的翻译版：Wilhelm von Rubruk, Beim Grosskhan der Mongolen 1253–1255, hg. von Hans Dieter Leicht, Lenningen 2003, S. 40, 59。

13. 同上 S. 211。

14. 同上 S. 189, 213, 214 f。

15. Die Mönche des Kublai Khan. Die Reise der Pilger Mar Yahballaha und Rabban Sauma nach Europa, hg. von Alexander Toepel, Darmstadt 2008, S. 88.

16. 同上 S. 80 f. 关于欧洲传统的证据参见 Michail A. Bojcov, Wie der Kaiser seine Krone aus den Füßen des Papstes empfing, in: Zeitschrift für historische Forschung 32, 2005, S. 163–198。

17. Mongolische Selbstsicht: The secret history of the Mongols. A Mongolian epic chronicle of the thirteenth century, hg. von Igor de Rachewiltz, 2 Bde., Leiden/Boston 2006. Reisen im frühen 15. Jh.: Folker Reichert, Johannes von Soldania. Ein persischer Erzbischof in österreichischen Handschriften, in: Österreich im Mittelalter. Bausteine zu einer revidierten Gesamtdarstellung, hg. von Willibald Rosner, St. Pölten 1999, S. 349–365.

18. 史料来源及提示参见 Folker Reichert, Erfahrung der Welt. Reisen und Kulturbegegnung im späten Mittelalter, Stuttgart/Berlin/Köln 2001, S. 193–197。

19. 关于腓特烈二世与诸教宗之间的争端的史料来源总结参见 Klaus van Eickels/Tania Brüsch, Kaiser Friedrich Ⅱ. Leben und Persönlichkeit in Quellen des Mittelalters, Düsseldorf/Zürich 2000, 此处内容来自 S. 402; Stefan Weinfurter, Der Papst weint. Argument und rituelle Emotion von Innocenz Ⅲ. bis Innocenz IV., in: Die Spielregeln der Mächtigen. Mittelalterliche Politik zwischen Gewohnheit und Konvention, hg. von Claudia Garnier/Hermann Kamp, Darmstadt 2010, S. 121–132。

20. 证据参见 Thomas Ertl, Religion und Disziplin. Selbstdeutung und Weltordnung im frühen deutschen Franziskanertum, Berlin/New York 2006, S. 136。

21. van Eickels/Brüsch, Kaiser Friedrich Ⅱ., S. 358 f.

22. 同上 S. 347–350。

23. 同上 S. 366–375。

24. Monumenta Germaniae Historica. Constitutiones et acta publica imperatorum et regum, Bd. 2: 1198–1272, hg. von Ludwig Weiland, Hannover 1896, Nr. 224, S. 312.

25. van Eickels/Brüsch, Kaiser Friedrich II., S. 402 f.

26. Conciliorum oecumenicorum decreta (同第一章注释 28), S. 278–283。

27. van Eickels/Brüsch, Kaiser Friedrich Ⅱ., S. 408 f.

28. 同上 S. 425–432。

29. Fritz Bleienstein, Johannes Quidort von Paris, Über königliche und päpstliche Gewalt (De regia potestate et papali). Textkritische Edition mit deutscher Übersetzung, Stuttgart 1969, S. 225–227。

30. 证据参见 Ottmann (同第一章注释 15), S. 232–259。

31. Monumenta Germaniae Historica. Constitutiones et acta publica imperatorum et regum,

Bd. 4: 1298~1313, hg. von Jakob Schwalm, Hannover 1906 und 1908–1911, Nr. 801, S. 801–804.

32. 同上 Nr. 811, S. 812–814。

33. 同上 Nr. 1253, S. 1369–1373。

34. Europäische Verfassungsgeschichte, hg. von Dietmar Willoweit/Ulrike Seif, München 2003, S. 3–25.

35. 同上 S. 26–33。

36. Quellen zur deutschen Verfassungs-, Wirtschafts- und Sozialgeschichte bis 1250, hg. von Lorenz Weinrich, Darmstadt 1977, Nr. 95, 114.

37. Herrschaftsverträge des Spätmittelalters, bearb. von Werner Näf, 2. Aufl. Bern/ Frankfurt/M. 1975.

38. Monumenta Germaniae Historica. Constitutiones et acta publica imperatorum et regum, Bd. 2. Supplementum: Die Konstitutionen Friedrichs II. für das Königreich Sizilien, hg. von Wolfgang Stürner, Hannover 1996.

39. 史料来源参见 Armin Wolf, Gesetzgebung in Europa 1100–1500. Zur Entstehung der Territorialstaaten, 2. Aufl. München 1996。

40. 下文内容整理参见 Gabriela Signori, Das 13. Jh. (同第一章注释 35)。

41. 证据参见 Hans-Werner Goetz, Geschichtsschreibung (同第一章注释 14)。

42. 史料来源参见 Norbert Kersken, Geschichtsschreibung im Europa der «nationes». Nationalgeschichtliche Gesamtdarstellungen im Mittelalter, Köln/Weimar/Wien 1995。

43. Continuatio Novimontensis, hg. von Wilhelm Wattenbach, Monumenta Germaniae Historica. Scriptores, Bd. 9, Hannover 1851, S. 671–676. 进一步的史料来源参见 Arno Borst, Das Erdbeben von 1348. Ein historischer Beitrag zur Katastrophenforschung, in: Historische Zeitschrift 233, 1981, S. 529–569. Quellen im Zeitvergleich: Katastrophen. Vom Untergang Pompejis bis zum Klimawandel, hg. von Gerrit Jasper Schenk, Ostfildern 2009。

44. Die Pest 1348 in Italien. Fünfzig zeitgenössische Quellen, hg. und übersetzt von Klaus Bergdolt, Heidelberg 1989, S. 19–32, 此处内容来自 S. 19。

45. 同上 S. 21。

46. 同上 S. 30 f。

47. 同上 S. 38–51。

48. 同上 S. 32–38 (Franziskaner Michele de Piazza)。

49. 同上 S. 51–55。

50. 同上 S. 55–65。

51. 同上 S. 76–81。

284

52. 同上 S. 81–91。

53. 有关数字、史料来源和争议的提示参见 Ulf Dirlmeier/Gerhard Fouquet/Bernd Fuhrmann, Europa im Spätmittelalter 1215–1378, München 2003, S. 18 f., 165–169。

54. 下文陈述及引言来自 Die Limburger Chronik des Tilemann Elhen von Wolfhagen, hg. von Arthur Wyss, Berlin 1883。德文翻译版: Die Limburger Chronik des Tilemann Elhen von Wolfhagen, hg. von Karl Reuss, Limburg/Lahn 1961, S. 17–21。

55. 史料来源提示参见 Simone Haeberli, Christliche Skepsis gegenüber angeblichen jüdischen Schandtaten. Mittelalterliche Chronisten bezweifeln die jüdische Urheberschaft von Ritualmorden, Hostienfreveln und Brunnenvergiftungen, in: Judaica. Beiträge zum Verstehen des Judentums 65, 2009, S. 210–238, 引言来自 S. 234。

56. 阶段及史料记录参见 František Graus, Pest – Geissler – Judenmorde. Das 14. Jh. als Krisenzeit, 2. Aufl. Göttingen 1988, S. 159 ff。

57. 引言来自 Haeberli, Christliche Skepsis, S. 234 f。

58. Die Pest 1348 (同第二章注释 44), S. 151–155。

59. 同上 S. 170。

60. 引言来自 Die Limburger Chronik (同第二章注释 54), S. 31–41。

61. 同上 S. 26。

62. Otto von Freising und Rahewin, Gesta Friderici I. imperatoris, hg. von Georg Waitz, 3. Aufl. Hannover/Leipzig 1912, II 1, 102 f.

63. Die Schriften des Alexander von Roes (同第一章注释 8), S. 47。

64. Matthaeus Parisiensis, Chronica maiora, Bd. 3, hg. von John Richards Luard, London 1876, S. 626.

65. 下文史料来源参见 Gert Melville, Vorfahren und Vorgänger. Spätmittelalterliche Genealogien als dynastische Legitimation zur Herrschaft, in: Die Familie als sozialer und historischer Verband. Untersuchungen zum Spätmittelalter und zur Frühen Neuzeit, hg. von Peter-Johannes Schuler, Sigmaringen 1987, S. 203–309, 此处内容来自 S. 255–258。

66. 关于马西利乌斯及下文的史料来源参见 Henning Ottmann, Geschichte (同第一章注释 15), S. 260–297; Jürgen Miethke, Politiktheorie im Mittelalter. Von Thomas von Aquin bis Wilhelm von Ockham, Tübingen 2008。

67. 史料来源参见 Jürgen Miethke/Arnold Bühler, Kaiser und Papst (同第一章注释 27), S. 146–150。

68. Zweisprachige Ausgabe: Quellen zur Verfassungsgeschichte des römisch-deutschen Reiches im Spätmittelalter (1250–1500), hg. von Lorenz Weinrich, Darmstadt 1983, S. 314–377.

69. 史料来源参见 Marie-Luise Heckmann, Stellvertreter, Mit– und Ersatzherrscher. Regenten,

Generalstatthalter, Kurfürsten und Reichsvikare in Regnum und Imperium vom 13. bis zum frühen 15. Jh., 2 Teile, Warendorf 2002, S. 758–787。

70. 文本参见 Nicholas Pronay/John Taylor, Parliamentary Texts of the Later Middle Ages, Oxford 1980, S. 11–114。

71. 德文翻译版来自 Kersten Krüger, Die Unionsakten der Jahre 1397, 1436 und 1438, in: «huru thet war talet j kalmarn». Union und Zusammenarbeit in der Nordischen Geschichte. 600 Jahre Kalmarer Union (1397–1997), hg. von Detlef Kattinger/Dörte Putensen/Horst Wernicke, Hamburg 1997, S. 153–170。

72. Lateinisch-deutsche Ausgabe: Francesco Petrarca, Die Besteigung des Mont Ventoux, hg. von Kurt Steinmann, Stuttgart 1995, 引言来自 S. 5, 23, 25。

73. 翻译版: Europäische Geschichte. Quellen und Materialien, hg. von Hagen Schulze/Ina Ulrike Paul, München 1994, S. 656。

74. Conciliorum oecumenicorum decreta（同第一章注释 28）, S. 314–318.

75. 下文史料来源参见 Bernd Schneidmüller, Inszenierungen und Rituale des spätmittelalterlichen Reichs. Die Goldene Bulle von 1356 in westeuropäischen Vergleichen, in: Die Goldene Bulle. Politik – Wahrnehmung – Rezeption, Bd. 1, hg. von Ulrike Hohensee u. a., Berlin 2009, S. 261–297。

76. 图片来自 Carra Ferguson O'Meara, Monarchy and Consent。The Coronation Book of Charles V of France. British Library MS Cotton Tiberius B. VIII, London/Turnhout 2001.

77. Faksimile: James Ⅲ, King of Majorca, Leges Palatinae. Prefaced of Joan Domenge i Mesquida, Barcelona 1994, Blatt 1r.

78. Julia Dücker, Ein Bild des spätmittelalterlichen Königreichs Polen, in: Bild und Ritual. Visuelle Kulturen in historischer Perspektive, hg. von Claus Ambos/ Petra Rösch/Bernd Schneidmüller/Stefan Weinfurter, Darmstadt 2010, S. 197–209.

79. Burgund und seine Herzöge in Augenzeugenberichten, hg. von Christa Dericum, München 1977, S. 189–191.

80. Comptes de l'argentier de Charles le Téméraire duc de Bourgogne, Bd. 3: Année 1470, hg. von Valérie Bessey/Véronique Flammang/Émilie Lebailly unter Leitung von Werner Paravicini, Paris 2008, Nr. 1899.

81. 翻译版: Marsilius von Padua, Der Verteidiger des Friedens (Defensor pacis), hg. von Horst Kusch, 2 Bde., Darmstadt 1958, S. 121/123。

82. Deutsche Reichstagsakten unter Kaiser Friedrich Ⅲ., 1. Abt. 1440~1441, hg. von Hermann Herre, Gotha 1914, S. 648–759, 此处内容来自 S. 681. 详见 Rolf de Kegel, Johannes von Segovia, Liber de magna auctoritate episcoporum in concilio generali, Freiburg/Schweiz 1995, S. 141 ff。

83. 印刷本：Notices et extraits des manuscrits de la Bibliothèque du Roi, Bd. 2, Paris 1789, S. 624。

84. Gianfrancesco Pico della Mirandola, Über die Vorstellung. De imaginatione, hg. von Eckhard Kessler, 3. Aufl. München 1997, S. 79.

85. 引言来自 Kritobulos von Imbros: Mehmet II. erobert Konstantinopel. Die ersten Regierungsjahre des Sultans Mehmet Fatih, des Eroberers von Konstantinopel 1453. Das Geschichtswerk des Kritobulos von Imbros, hg. von Diether Roderich Reinsch, Graz/Köln/Wien 1986, S. 127。

86. 下文引言来自 Die letzten Tage von Konstantinopel。被认为是 Georgios Sphrantzes 所作的 *Chronicon Maius* 中关于 1453 年君士坦丁堡沦陷的部分，bearb. von Endre von Ivánka, Graz/ Wien/Köln 1973, S. 68 f., 74 f., 80, 82 f.［对该版本的来源批判整理仍需修订］。进一步的史料来源参见 Roger Crowley, Konstantinopel 1453. Die letzte Schlacht. Aus dem Englischen übersetzt von Helmut Dierlamm/Hans Freundl, 2. Aufl. Stuttgart 2009; Almut Höfert, Den Feind beschreiben. «Türkengefahr» und europäisches Wissen über das Osmanische Reich 1450–1600, Frankfurt/New York 2003。

87. 引用自 Klaus Kreiser, Geschichte Istanbuls. Von der Antike bis zur Gegenwart, München 2010, S.50 f., 此处根据克劳斯·克莱瑟的书面建议做了更正（被引用的原文中的"两个大洲"这里改为两块陆地之意，这样与本书下文提到的"这篇阿拉伯文的铭文并不知晓欧洲这个概念"相一致——译者注）。

88. Kritobulos von Imbros（同第二章注释 85），S. 127。

89. 同上 S. 44 f。

90. 史料来源参见 Şevket Küçükhüseyin, Die osmanische Hofgeschichtsschreibung im Dienste von Identitätskonstruktion und Herrschaftslegitimation, in: Integration und Desintegration der Kulturen im europäischen Mittelalter, hg. von Michael Borgolte/Julia Dücker/Marcel Müllerburg/Bernd Schneidmüller, Berlin 2011。

91. 史料来源参见 Erich Meuthen, Der Fall von Konstantinopel und der lateinische Westen, in: Historische Zeitschrift 237, 1983, S. 1–35。

92. 同上 S. 6。

93. 引言来自同上 S. 19–21。

94. 证据参见同上 S. 34 f。

95. 史料来源总结参见 bei Johannes Helmrath（同第一章注释 1），S. 366–369。

96. 证据见 František Graus, Fälschungen im Gewand der Frömmigkeit, in: Fälschungen im Mittelalter, Bd. 5, Hannover 1988, S. 260–282, 此处内容来自 S. 276 f. 进一步的史料来源参见 Arnold Angenendt, Heilige und Reliquien. Die Geschichte ihres Kultes vom frühen Christentum bis zur Gegenwart, 2. Aufl. München 1997。

97. Conciliorum oecumenicorum decreta（同第一章注释 28），S. 409。

98. 证据参见 Hans-Joachim Schmidt, Kirche, Staat, Nation（同第一章注释 30), S. 470 ff。

99. Conciliorum oecumenicorum decreta（同第一章注释 28), S. 438 ff。

100. Quellen zur Kirchenreform im Zeitalter der großen Konzilien des 15. Jhs., Bd. 2: Die Konzilien von Pavia/Siena (1423/24), Basel (1431–1449) und Ferrara/ Florenz (1438–1445), hg. von Jürgen Miethke/Lorenz Weinrich, Darmstadt 2002, S. 396 f.

101. Kirchen– und Theologiegeschichte in Quellen, Bd.2: Mittelalter, hg. von Reinhold Mokrosch/Herbert Walz, Neukirchen-Vluyn 1980, S. 220 f.

102. 证据参见 Wolfgang Reinhard, Geschichte der europäischen Expansion, Bd. 1: Die Alte Welt bis 1818, Stuttgart u. a. 1983, S. 25. S. 28 ff。这同时也是下文进一步的史料来源。

103. 引言来自 Reinhard, S. 25/27。

104. Quelle: Die großen Entdeckungen, hg. von Matthias Meyn u. a., München 1984, S. 54 f.

105. 同上 S. 52–54。

106. 同上 S. 61。

107. 同上 S. 64f。

108. 同上 S. 72。

109. 同上 S. 86。

110. 同上 S. 86–88。

111. 史料来源与信息参见 Reinhard, Geschichte（同第二章注释 102), S. 50–60。

112. 证据参见同上 S. 52。

113. Die großen Entdeckungen（同第二章注释 104), S. 145。

114. 同上 S. 11。

115. 同上 S. 113。

116. 同上 S. 17。

第三章　1500 年前后的欧洲

1. 概括展示方面研究的分化参见 Michael North, Europa expandiert（同第一章注释 22）, S. 318 ff.; Erich Meuthen, Das 15. Jh., 4. Aufl., überarbeitet von Claudia Märtl, München 2006, S. 3 ff., 121 ff。

2. 证据参见 Thesaurus proverbiorum medii aevi. Lexikon der Sprichwörter des romanisch-germanischen Mittelalters, begr. von Samuel Singer, Bd. 1, Berlin/New York 1995, S. 32; Lutz Röhrich, Das große Lexikon der sprichwörtlichen Redensarten, Bd. 1, Freiburg/Basel/Wien 1991, S. 66 f。

3. 提示参见 Rolf Hammel-Kiesow/Matthias Puhle/Siegfried Wittenburg, Die Hanse, Darmstadt 2009, S. 108。

4.   综 述 (及 史 料 来 源 提 示) 参 见 Michael North, Kleine Geschichte des Geldes. Vom Mittelalter bis heute, München 2009。

5.   史料来源及提示参见 Karl-Heinz Ludwig/Volker Schmidtchen, Metalle und Macht. 1000 bis 1600, Berlin 1992。

6.   Conciliorum oecumenicorum decreta (同第一章注释 28), S. 265。

7.   史料来源参见 Popular protest in late medieval Europe. Italy, France, and Flanders, hg. von Samuel K. Cohn, Manchester/New York 2004。进一步的提示参见 Samuel K. Cohn, Lust for Liberty. The Politics of Social Revolt in Medieval Europe, 1200–1425. Italy, France, and Flanders, Cambridge, Mass./London, England 2006; Peter Blickle, Unruhen in der ständischen Gesellschaft 1300–1800, 2. Aufl., München 2010。

8.   文本来自 Quellen zur Geschichte des Bauernkrieges, hg. von Günther Franz, Darmstadt 1963, S. 174–179; 另参见: http://stadtarchiv.memmingen.de/918.html (2010.9.15查阅)。

9.   史料来源参见 Malte Prietzel, Kriegführung im Mittelalter. Handlungen, Erinnerungen, Bedeutungen, Paderborn u. a. 2006; Martin Clauss, Kriegsniederlagen im Mittelalter. Darstellung – Deutung – Bewältigung, Paderborn u. a. 2010。

10.   Der Aufstieg Moskaus 1 (同第二章注释 3), S. 155, 158。

11.   同上 S. 171 f.。

12.   Der Aufstieg Moskaus. Auszüge aus einer russischen Chronik 2: Vom Beginn des 15. bis zum Beginn des 16. Jhs., bearb. von Peter Nitsche, Graz/Wien/Köln 1967, S. 191.

13.   史料来源参见 Europäische Geschichte (同第二章注释 73), S. 1105 f. (引言有改动)。

14.   Valentin Groebner, Ungestalten. Die visuelle Kultur der Gewalt im Mittelalter, München/Wien 2003, 下文史料来源见 S. 139–141。

15.   Burgund und seine Herzöge (同第二章注释 79) , S. 293。

16.   史料来源: Le registre d'inquisition de Jacques Fournier évêque de Pamiers (1318–1325), 3 Bde., hg. von Jean Duvernoy, Toulouse 1965. Auswertung durch Emmanuel LeRoy Ladurie, Montaillou. Ein Dorf vor dem Inquisitor 1294–1324, Frankfurt am Main/ Berlin/Wien 1980。

17.   Heinrich Kramer (Institoris), Der Hexenhammer. Malleus Maleficarum, hg. von Günter Jerouschek/Wolfgang Behringer, 8. Aufl. München 2010, S. 139.

18.   史料来源参见 Michel Pastoureau, Une histoire symbolique du Moyen Âge occidental, Paris 2004; Peter Dinzelbacher, Das fremde Mittelalter. Gottesurteil und Tierprozess, Essen 2006, S. 103 ff。

19.   引言来自 Dinzelbacher, Das fremde Mittelalter, S. 117 f.

20.   同上 S. 116–119。

21.   证据参见 Albert Kapr, Johannes Gutenberg. Persönlichkeit und Leistung, 2. Aufl. Leipzig/

Jena/Berlin 1988, S. 168。

22. 史料来源参见 Caspar Hirschi, Wettkampf der Nationen. Konstruktionen einer deutschen Ehrgemeinschaft an der Wende vom Mittelalter zur Neuzeit, Göttingen 2005。

23. Der Oberrheinische Revolutionär. Das buchli der hundert capiteln mit XXXX statuten, hg. von Klaus H. Lauterbach, Hannover 2009, S. 135.

24. Juden in Europa. Ihre Geschichte in Quellen, Bd. 1: Von den Anfängen bis zum späten Mittelalter, hg. von Julius H. Schoeps/Hiltrud Wallenborn, Darmstadt 2001, S. 218–222, 引言来自 S. 220。

25. 史料来源参见 Benjamin Scheller, Die Stadt der Neuchristen. Konvertierte Juden und ihre Nachkommen im spätmittelalterlichen Trani zwischen Inklusion und Exklusion, erscheint voraussichtlich Berlin 2011。

26. Giovanni Pico della Mirandola, Oratio de hominis dignitate/Rede über die Würde des Menschen. Lateinisch/deutsch, hg. von Gerd von der Gönna, Stuttgart 2009, S. 9.

27. 同上 S. 11/13。

图片版权说明

历史事件年表

1187 年   苏丹萨拉丁在哈丁战役中消灭基督教十字军军队，征服耶路撒冷。

1189~1192 年   欧洲王侯举行第三次十字军东征，但夺回圣地的目标没有达成。1190 年，皇帝腓特烈一世死于十字军东征途中。

1198 年   神圣罗马帝国的双重选举，选出了两位国王。1201/1202 年，教宗英诺森三世主张在德意志国王选举中的审查权。

1200 年前后 / 之后   在意大利、法国和英格兰建立了第一批大学（如博洛尼亚大学、巴黎大学、牛津大学、剑桥大学）。

1202~1204 年   在第四次十字军东征中，君士坦丁堡被一支十字军军队征服，并在此建立了一个拉丁帝国（延续至 1261 年）。

1212 年   卡斯蒂利亚国王阿方索八世在纳瓦斯—德托罗萨（安达卢西亚）战胜了摩尔人。教宗英诺森三世命令整个拉丁礼基督教世界庆祝这次胜利。

1215 年   第四次拉特朗大公会议召开。

     英格兰国王约翰承认英格兰王国内的自由权利（自由大宪章）。

1220 年   腓特烈二世在罗马加冕为皇帝。

1222 年   匈牙利国王安德烈二世签订关于贵族的自由权利的条约。

1227、1239 年   教宗格列高利九世将皇帝腓特烈二世逐出教会。

1228/1229 年   皇帝腓特烈二世在其十字军东征途中进入耶路撒冷圣墓教堂。

1231 年   皇帝腓特烈二世颁布《梅尔菲宪章》（《奥古斯都法典》）。

1234 年   教宗格列高利九世公布教令集"格列高利九世教令集"。

始于 1237 年   蒙古骑兵摧毁东欧：1240 年毁灭基辅，1241 年列格尼卡战役（西里西亚）、穆希战役（匈牙利）。

1244 年   基督徒最终失去耶路撒冷。

1245 年	教宗英诺森四世在第一次里昂大公会议上废黜腓特烈二世之帝位。
1252 年	佛罗伦萨和热那亚开始铸造金币，1284 年威尼斯也开始铸造金币。
1245~1255 年	方济各会与多明我会成员前往蒙古侦查。
1261 年	皇帝米海尔八世夺回君士坦丁堡。
始于 1266 年	（安茹）国王查理一世在西西里王国施行统治，并在地中海区域实施大规模扩张的政策。
始于 1273 年	（哈布斯堡）国王鲁道夫试图加强在神圣罗马帝国之内君主的权力基础。
1274 年	第二次里昂大公会议：确立教宗选举在秘密会议室中进行。
1282 年	西西里晚祷：这次起义使国王查理一世丢失了西西里，西西里归于阿拉贡王国。
1291 年	马穆鲁克征服阿卡，圣地的基督教十字军统治终结。
1300 年	罗马教会将该年定为首个禧年。
1302 年	教宗卜尼法斯八世在教谕"Unam sanctam"中提出了他在教会和世界中的全面统治的主张。
1307 年	在法国审判圣殿骑士团，1312 年解散该骑士团，1314 年最后的大团长雅克·德·莫莱在巴黎被处以火刑。
始于 1309 年	阿维尼翁被扩建为教宗的居所（延续至 1377/1417 年）。
1311/1312 年	维埃纳大公会议召开。
1337/1344 年	马略卡国王雅各布三世、阿拉贡国王佩德罗四世确立宫廷与统治的组织秩序。
1337~1453 年	英格兰与法国在百年战争中争夺法兰西王国的王位继承权。其中的大战役：1346 年克雷西会战、1356 年莫佩尔蒂/普瓦捷会战、1415 年阿金库尔战役。
1338 年	德意志选帝侯与皇帝路德维希四世分别宣布他们关于选举罗马国王的法律概念，并否定教宗的主张。
1341 年	弗朗切斯科·彼特拉克在罗马加冕为桂冠诗人。
1347~1352 年	鼠疫造成大部分欧洲人口的死亡。
1348、1356 年	阿尔卑斯及周边地区发生地震。
1348~1351 年	西欧与中欧大范围迫害犹太人，大量犹太社区被消灭。
1356 年	皇帝查理四世与选帝侯在金玺诏书中调整罗马国王选举程序以及选帝侯之权。

1357/1358 年	埃田·马尔塞领导的巴黎起义爆发，与此同时法国"札克雷"暴动也爆发。
1362 年	北海区域遭受灾难性的风暴潮。
1374 年	法国国王查理五世颁布关于王位继承的训令。
1378 年	佛罗伦萨爆发梳毛工起义。
1378~1417 年	西方教会大分裂，两位（1409 年以来三位）教宗争夺在拉丁礼基督教中的正统地位。
1380 年	丹麦与挪威合并为一个王国。 俄罗斯军队首次战胜蒙古人。
1381 年	英格兰爆发农民起义（"农夫造反"）。
1386 年	立陶宛大公雅盖沃接受基督教并得到波兰王国。
1389 年	土耳其人在科索沃平原战胜塞尔维亚人。
1396 年	基督徒对土耳其人发动的十字军东征在尼科波利斯失利。
1397 年	卡尔马联盟文件调整斯堪的纳维亚诸王国中的政治秩序（于 1436 年以及 1438 年增补）。
1399、1400 年	英格兰国王理查二世、罗马国王文策尔被废黜。
1409 年	比萨大公会议召开。
1410 年	在坦能堡之战中波兰人战胜条顿骑士团。
1414~1418 年	康士坦斯大公会议召开，会议颁布的教令"Haec sancta"（1415）以及"Frequens"（1417）定义了教会会议至上主义的原则，1415 年扬·胡斯被判为异端并被处以火刑。
1415 年	葡萄牙征服休达，开始在大西洋区域扩张，相关行动由葡萄牙"航海家"恩里克王子组织，至 1460 年止。
1417 年	教宗马丁五世当选，教会分裂终结。
1429 年	贞德打破英军对奥尔良的包围，拉开了百年战争转折点的序幕，1453 年法国获胜。
1431 年	贞德在被英格兰人俘虏之后，被判为异端，在鲁昂被处以火刑，1456 年平反异端审判，1920 年贞德被封为圣徒。
1431~1449 年	巴塞尔大公会议召开。
1434 年	葡萄牙船长吉尔·埃阿什绕航博哈多尔角。
1437 年	巴塞尔大公会议分裂，教宗尤金四世的支持者前往费拉拉和佛罗伦萨，巴塞尔会议于 1448 年转移至洛桑，并于 1449 年解散。

1448~1454 年	约翰内斯·基恩斯弗莱施·古登堡改良活字印刷术。
1452 年	腓特烈三世作为最后的罗马皇帝在罗马接受冠冕。
1453 年	君士坦丁堡被苏丹穆罕默德二世的军队征服并成为奥斯曼帝国新的都城。
1454 年	在法兰克福帝国议会上以及在里尔举行的勃艮第雉鸡宴上，呼吁对土耳其人发动十字军东征。
1456 年	苏丹穆罕默德二世成功征服雅典，但他对贝尔格莱德的围攻失败了。
1460 年	教宗庇护二世在教谕"Execrabilis"中明确规定禁止向大公会议提出申诉。
1476 年	瑞士人在格朗松和穆尔滕的战役中战胜勃艮第公爵大胆查理。
1477 年	大胆查理在南锡战死，勃艮第统治由此终结。
1479 年	在阿尔卡索瓦什–托雷多和约中，葡萄牙王国与西班牙诸王国划分它们在全球的统治范围。
1484 年	在教谕"Summis desiderantes affectibus"中，教宗英诺森八世规定针对巫术的措施。1486 年多明我会宗教裁判所的审讯官海因里希·克雷默（拉丁语名字为 Henricus Institoris）撰写了《女巫之槌》。
1488 年	在巴尔托洛梅乌·迪亚士的带领下，葡萄牙船队成功绕航非洲最南端。
1492 年	西班牙双王征服摩尔人统治的格拉纳达，收复失地运动就此结束。
1492~1504 年	克里斯托弗·哥伦布四次向西横渡大西洋。1507 年这块"新"大陆以亚美利哥·韦斯普奇的名字命名。
1494 年	在《托尔德西里亚斯条约》中，西班牙诸王国与葡萄牙王国最终确定了他们的扩张区域。
1494/1495 年	法国国王查理八世进军意大利。
1498 年	在瓦斯科·达伽马的带领下，葡萄牙人成功绕航非洲，越过印度洋抵达印度（科泽科德）。
始于 1517 年	宗教改革与宗派化。
1521 年	在斐迪南·麦哲伦的带领下，葡萄牙人完成了环球航行。
1530 年	查理五世作为最后的皇帝在博洛尼亚从教宗手中领受冠冕。

进一步阅读

　　本书出自笔者对史料的研究以及对大量出版物的研读。为学术诚信起见，笔者乐于将所有相关文献一一道来。然而，这种望不到边际的文献列表恐怕更多地是在表现笔者本人的学问，而对于想要借助精确的指向来进一步钻研的各位读者却用处不大。本书完整的参考文献请见 C.H. 贝克出版社网站：www.chbeck.de/go/Grenzerfahrung-und-monarchische-Ordnung，整个系列丛书的参考文献请见网址：www.chbeck.de/go/geschichte-europas。在这里给读者一些简明的阅读建议：在有限度的选择中，主要列举近期[1]出版的一些德语书籍，在这些书中可以找到进一步的信息。

　　"奥登堡历史概论"（Oldenbourg Grundriss der Geschichte）系列丛书提供了在研究的基本问题与趋势、史料与文献这两方面的入门：Ulf Dirlmeier/Gerhard Fouquet/Bernd Fuhrmann 著《中世纪晚期的欧洲 1215~1378》（*Europa im Spätmittelalter 1215~1378*）第二版，慕尼黑，2009；Erich Meuthen 著《15 世纪》（*Das 15. Jahrhundert*）第四版，Claudia Märtl 修订，慕尼黑，2006。"西德勒欧洲史"（Siedler Geschichte Europas）丛书有力地体现了作为文化力量和政治力量的宗教：Michael Borgolte 著《基督徒、犹太人、穆

---

[1]　本书德语原版首次于 2011 年出版。——编辑注

斯林：古典时期的遗产与西方的崛起 300~1400》(*Christen, Juden, Muselmanen. Die Erben der Antike und der Aufstieg des Abendlandes 300 bis 1400 n. Chr.*)，慕尼黑，2006；Heinz Schilling 著《新时代——从基督教欧洲到诸国家之欧洲，1250~1750》(*Die neue Zeit. Vom Christenheitseuropa zum Europa der Staaten, 1250 bis 1750*)，柏林，1999。关于欧洲历史及地区的多样性的内容出现在"欧洲历史手册(UTB)"[Handbuch der Geschichte Europas (UTB)] 丛书中：Michael Borgolte 著《欧洲发现自身的多样性 1050~1250》(*Europa entdeckt seine Vielfalt 1050~1250*)，斯图加特，2002；Michael North 著《欧洲扩张 1250~1500》(*Europa expandiert 1250~1500*)，斯图加特，2007。

当前的全球化体验最近引起了将欧洲嵌入普世历史的趋势，主要体现在 WBG 出版社世界史丛书中。卷三：Johannes Fried/Ernst-Dieter Hehl 编《对世界的解读以及世界的宗教 600~1500》(*Weltdeutungen und Weltreligionen 600 bis 1500*)，达姆施塔特，2010；卷四：Walter Demel 编《发现与新秩序 1200~1800》，达姆施塔特，2010；Thomas Ertl/Michael Limberger 编《世界 1250~1500》(*Die Welt 1250~1500*)，维也纳，2009；Thomas Ertl 著《丝绸、胡椒与加农炮：中世纪时期的全球化》(*Seide, Pfeffer und Kanonen. Globalisierung im Mittelalter*)，达姆施塔特，2008。以下作品收集了新的研究视角：Rainer C. Schwinges/Christian Hesse/Peter Moraw 编《中世纪后期的欧洲：政治—社会—文化》(*Europa im späten Mittelalter. Politik –Gesellschaft – Kultur*)，慕尼黑，2006；Michael Borgolte/Julia Dücker/Marcel Müllerburg/Bernd Schneidmüller 编《中世纪欧洲诸文化的融合与反融合》(*Integration und Desintegration der*

Kulturen im mittelalterlichen Europa），柏林，2011。

下列书籍同样作为必不可少的参考书：《中世纪辞典》（*Lexikon des Mittelalters*）共 9 卷，慕尼黑 / 苏黎世，1980~1998；Gert Melville/Martial Staub 编《中世纪百科全书》（*Enzyklopädie des Mittelalters*）共 2 卷，达姆施塔特，2008。此外还有丰富的各种手册，包括《欧洲历史手册》（*Handbuch der Europäischen Geschichte*）卷 2：Ferdinand Seibt 编《中世纪盛期与后期的欧洲》（*Europa im Hoch- und Spätmittelalter*），斯图加特，1987；Jan A. van Houtte 编《中世纪欧洲经济史与社会史》（*Europäische Wirtschafts und Sozialgeschichte im Mittelalter*），斯图加特，1980；Karl-Heinz Ludwig/Volker Schmidtchen 著《金属与权力 1000~1600》（*Metalle und Macht. 1000 bis 1600*），柏林，1992。

以下文献对于全面概述非德文作品亦有帮助：Patrick Boucheron 编《15 世纪的世界历史》（*Histoire du monde au XVe siècle*），巴黎，2009；David Abulafia 编《新剑桥中世纪历史》（*The New Cambridge Medieval History*）卷 5：1198~1300，剑桥，1999；Michael Jones 编《新剑桥中世纪历史》（*The New Cambridge Medieval History*）卷 6：1300~1415，剑桥，2000；Christopher Allmand 编《新剑桥中世纪历史》（*The New Cambridge Medieval History*）卷 7：1415~1500，剑桥，1998；Thomas A. Brady jr./Heiko A. Oberman/James D. Tracy 编《欧洲历史手册 1400~1600：中世纪晚期、文艺复兴与宗教改革》（*Handbook of European History, 1400–1600: Late Middle Ages, Renaissance and Reformation*）卷 1：结构与主张（Structures and Assertions）、卷 2：远见、计划与结果（Visions, Programs and Outcomes），莱顿，1994/1995；Norman Davies 著《欧洲：一部

294

发展史》（*Europe – a History*），牛津，1996；David Nicholas 著
《欧洲的转变 1300~1600》（*The Transformation of Europe 1300–1600*），伦敦，1999。此外还可比较：Benedict Anderson 著《想象的共同体——民族主义的起源与散布》（*Imagined Communities. Reflections on the Origin and Spread of Nationalism*）第二版，伦敦 / 纽约，1991；Patrick J.Geary 著《民族的迷思：欧洲的中世纪起源》（*The Myth of Nations. The Medieval Origins of Europe*），普林斯顿 / 牛津，2002。

　　作为初步史料读本或者中世纪地图集的是：Hagen Schulze/Ina Ulrike Paul 编《欧洲历史：史料与素材》（*Europäische Geschichte. Quellen und Materialien*），慕尼黑，1994；Evelyn Edson/Emilie Savage-Smith/Anna-Dorothee von den Brincken 著《中世纪时期的宇宙：基督教世界与伊斯兰世界的地图》（*Der mittelalterliche Kosmos. Karten der christlichen und islamischen Welt*），英文版译者 Thomas Ganschow，达姆施塔特，2005。

关于本书

　　1200~1500 年的欧洲史：如果要用不到 300 页的文字来讲述这段 300 年的历史，那么就必须对相关内容进行编排、组织和舍弃。因此，本书既没有提供过去生活的多样性，也没有讲述诸民族的历史。本书遵循政治史的优先次序设置，突出的是欧洲这个主题以及中世纪后期作为时代划分的脆弱性。一切都始于一种双重的不确定性：无论是作为一个有意义的空间尺度的欧洲，还是当今时代划分下出现的中世纪——更不用说中世纪晚期——这个概念，对于处在 1200~1500 年这个时期的人来说都是陌生的。两者都是后世之人以自己的视角在回溯这段历史时才建构的概念。先前的时代则建构了不同的编排分类方法。重新发现这些编排分类方法是值得的，因为我们对于过去的构建也只是一个插曲。

　　本书所讲述的是 1200~1500 年欧洲的文化、社会、经济以及政治发展状况。在本书的主体部分，不同的发展脉络交织在一起，形成了节点——分别位于 13 世纪、14 世纪和 15 世纪的中期。其中，欧洲的外部边界和内部结构得到刻画。这里的叙事程序性地拼接了来自亚洲的基本挑战以及充满张力的欧洲秩序蓝图。围绕普世创造力的竞争以及实践中体验到的多样性表明了欧洲历史的基本特征——持续的变化。这意味着，欧洲历史不应被描述为是落后且统一的，而应着眼于各种张力、无目标性以及碎片化。在 1200~1500 年的数百年里，我们遇到了各种思维模式和生活现实，它们都与目标明确的发展史格格不入。相反，它们展示给我们的是差异性的力量，抛弃对历史的工具化利用，将历史本身的尊严归还给历史。于是，在与过去的对话中，原始资料一再发出自己的声音。本书简短的尾注仅提及资料来源（尽可能采用德文译文），旨在鼓励读者阅读中世纪文本。而"进一步阅读"中列出的书籍以及网站上完整的参考文献则旨在引导读者进行研究。

今日我们将欧洲一体化视为一种价值观和目标，这与1200~1500 年那个时代的观点完全不同。目前仍有争议的是，哪些文化应属于欧洲大家庭，以及如何区分这个大家庭与外部世界。13 世纪、14 世纪和 15 世纪的历史无法直接帮助我们回答当前的各种问题。然而，本书中相关联的各个历史节点向我们表明，欧洲一直在接受来自外界的推动力。中世纪的欧洲并不是一个文化统一体，而是整个世界极具吸引力的一个组成部分。所有统一体的不断瓦解与欧洲诸文化的整合力相对应。

在海德堡大学若干个学期的教学是完成本书的基础。我要感谢我的同事，与他们的合作给我带来了决定性的推动力，尤其是在德国科学基金会重点项目"欧洲中世纪诸文化的融合与反融合"（DFG-Scherpunktprogramm "Integration und Desintegration der Kulturen im europäischen Mittelalter"）以及海德堡特别研究领域"礼俗变迁动态"（Heidelberger Sonderforschungsbereich "Ritualdynamik"）框 架 下 的合作。我在海德堡大学马西利乌斯学院（Marsilius-Kolleg der Universität Heidelberg）做研究员的那一年使我的思维超越了历史这门学科的不确定性。在与有着完全不同的学术文化背景的同事的谈话中，我找到了设计本书结构所需的距离感。

特别感谢 Barbara Balß, Andrea Briechle, Manuel Kamenzin, Stefan von der Lahr, Christoph Mauntel, Klaus Oschema, Rudolf Schieffer 以及 Gabriele Schneidmüller 在本书撰写过程中提供的许多宝贵意见和修改建议。

图书在版编目（CIP）数据

边境体验和君主秩序：1200~1500年的欧洲 /（德）
贝恩德·施耐德穆勒著；刘博译. -- 北京：社会科学
文献出版社，2024.11
（贝克欧洲史）
书名原文：Grenzerfahrung und monarchische
Ordnung: Europa 1200-1500
ISBN 978-7-5228-3495-5

Ⅰ.①边… Ⅱ.①贝… ②刘… Ⅲ.①欧洲–历史–
1200-1500 Ⅳ.①K504

中国国家版本馆CIP数据核字（2024）第072791号

审图号：GS（2024）2114号

·贝克欧洲史·
边境体验和君主秩序：1200~1500年的欧洲

著　者 /［德］贝恩德·施耐德穆勒（Bernd Schneidmüller）
译　者 / 刘　博

出 版 人 / 冀祥德
组稿编辑 / 段其刚
责任编辑 / 阿迪拉木·艾合麦提　陈嘉瑜
责任印制 / 王京美

出　　版 / 社会科学文献出版社·教育分社（010）59367151
　　　　　　地址：北京市北三环中路甲29号院华龙大厦　邮编：100029
　　　　　　网址：www.ssap.com.cn
发　　行 / 社会科学文献出版社（010）59367028
印　　装 / 北京盛通印刷股份有限公司

规　　格 / 开　本：889mm×1194mm 1/32
　　　　　　印　张：9.125　字　数：229千字
版　　次 / 2024年11月第1版　2024年11月第1次印刷
书　　号 / ISBN 978-7-5228-3495-5
著作权合同 / 图字01-2018-7841号
登记号
定　　价 / 79.00元

读者服务电话：4008918866